協助孩子反敗為勝

他不笨，為什麼表現不夠好？

蔡典謨 ◆ 著

　　天下父母心，望子成龍，望女成鳳；如今藉由此書與學者對話，分享專家著書立說及專業成長的喜悅，這是何等難得的機會！我有幸先睹為快，一口氣讀下來，如同行雲流水，從知識饗宴中走過，書中情境引人入勝，興味盎然，又有漫畫穿插其間，平添許多趣聞。本書學理與人生體驗並重，小故事又能印證大道理，可讀性高，說服力強。文筆流暢，生動有趣，字裡行間，發人深省。蔡教授是我國特教界名師，傳承美國資優教育泰斗任汝理學說，以本土化、多向度、全方位的實徵性研究途徑，驗證了親情與教育愛密切結合，確實可以協助孩子更進步、更出色、更卓越，因為每個孩子都有無限的潛力！天生我材必有用，行行出狀元！

國立台灣師範大學校長

簡茂發

　　成功並非特定人的專利，人人都有成功的機會。這個成功的機會要轉成為事實，端看個人是否有追尋成功的使命與目標；個人是否能發掘出自己的潛能所在；是否有堅定的毅力朝向最合宜的方向努力；是否能面對一時的困境而尋求解決；是否能有自助人助的行動；最後還得能不自滿，永遠追求卓越。這本書，可以協助任何孩子獲致個人最大的成功，特此推薦。

國立高雄師範大學校長

戴嘉南

現實治療的創始人 Dr. William Glasser 於一九六〇年代發表其名著《沒有失敗的學校》（Schools Without Failure）乙書，指出師生間流暢的溝通，學習的內容又能與學生的生活相聯結，就可以導致學生成功的認同。直至今日，蔡典謨博士以其豐富的專業知識，用淺顯流暢的文筆，敘述深奧的學理，並附以許多實例，完成《協助孩子反敗為勝》乙書，把「沒有失敗的學校」更精緻地提升為「沒有失敗的學生」。近年來教育當局不斷地強調「要把每一位學生都帶上來」，如今透過蔡教授的大作，這不再是乙句口號，而是活潑生動開啟心靈潛能的良方，導向成功的認同。

國立高雄師範大學前校長

黃正鵠

父母是孩子一生中第一位老師，望子成龍，望女成鳳，不是不可能；只要您把握正確的管教方法與策略，您會是個贏家。蔡典謨教授《協助孩子反敗為勝》一書，有理論依據、有實例見證，是一本值得您信賴的教育葵花寶典。

台北市教育局長

吳清基

　　蔡典謨教授在這本書裏，點出了孩子課業失敗的癥結，理出了孩子學習成功的訣竅，娓娓道來，引人入勝，可比美葛拉瑟（William Glasser）博士的《沒有失敗的學校》（1969）名著。欲成為成功的父母或老師，這是一本不可錯過的好書。

　　　　　　　　　　　　　　　世界資優兒童協會前會長
　　　　　　　　　　　　　　　國立台灣師範大學教育學院院長

永不放棄孩子

蔡典謨

　　一九六八年台灣開始實施九年國民教育，小學畢業不必經過考試，即可直接進入國中。在此之前，小學生要進初中，都必須參加入學考，通過者才能繼續升學。當時升學競爭，造成學校為求升學率而將學生分為兩類班級。有能力者放入「升學班」，全力照顧；表現差，沒指望升學的則編入所謂的「放牛班」，如果不能升學，小學畢業大概就只能留在鄉下幫忙種田、放牛了。

　　桃園鄉下有個放牛班的孩子，辛苦忙完農事，仰望無邊的天際，思索自己的未來：「無論將來做什麼工作，我絕不能跟老爸一樣做個辛苦的農夫！」目不識丁的佃農父母，除了種田別無他法，家中又有九個孩子，食指浩繁，經常寅吃卯糧，因此家中只要有能力幹活的，一有時間便得幫忙農事，這些辛苦的體驗，讓他萌生改行的念頭。排除了農夫，放眼望去，村子裡最好的工作就是老師、衛生所的護士，但這些工作都得先升學，不然開雜貨店當個老闆也不錯，但哪來的本錢？搜索枯腸之後，靈光一現：「剃頭師傅！」先當個學徒，習得一技之長後，將來開一家理髮店，再也不必風吹日曬雨淋，像爸爸那麼辛苦了。

　　也許這個孩子無緣剃頭，也許這個孩子運氣好，就在他畢業

那年，家裡附近新成立一所私立初中，第一次招生不足，因為好學生都上了公立初中就讀。學校只好四處招攬學生，請了國小校長幫忙，校長翻翻畢業紀念冊，細數之下，就只剩放牛班的孩子沒升學。於是親赴小孩家遊說，父親靦腆的說：「我家孩子很笨，恐怕沒能力考上初中。」校長立刻吹捧孩子比班上十多個同學還聰明，應該讓孩子試試。校長親自登門，老爸只好讓孩子去考考看。於是孩子參加了第二次的招生考試。兩週後，錄取的成績單寄來，蒙蒼天垂憐，放牛班的孩子居然考上了初中！（事實上，當時參加第二次考試的學生，在招生不足的情況下全部都錄取了。）

這個結果，讓父母一則以喜，一則以憂。喜的是這個傢伙竟然考得上初中；憂的是學費打哪來？媽媽愛子心切，只好硬著頭皮向雜貨店老闆借錢，這下放牛班的孩子終於也能上初中了。程度原本就差，因此，到了初中還是一樣被編入能力分班最末段的班級。

初一下學期，有一次導師個別談話，「你家裡環境這麼差，不好好用功讀書，將來怎麼有可能改善環境呢？」醍醐灌頂的話，驚醒了這個孩子，「是的，我要脫離苦日子，唯有努力唸書才有辦法！」他幡然醒悟之後，完全變了一個人似的，只要得空，便時時刻刻捧著書本苦讀。他最盼望下雨的日子，這樣就用不著到田裡幫忙，也就可以有更多唸書的時間。

走過焚膏繼晷的日子，成績不斷進步，升上初二，他被編進了最好的班級。初中畢業考進了桃園的武陵中學，其後並順利考進台灣師範大學，繼而研究所，並留美獲得博士，成為一名大學

教授。剃頭師傅當不成，但他改善家庭環境的夢想是實現了。

這是一個真實的故事，故事的主角正是本書作者。這個故事告訴我們：每個孩子都有旺盛的生命力，雖然有些孩子暫時沒有什麼表現，但只要我們不放棄孩子，給他機會，適時拉他一把，孩子的潛力終會發揮出來的。

每個孩子雖然都有很大的潛能，但潛能沒有發揮，成就表現低於其能力的現象也很普遍，甚至有些孩子能力不差，但表現平平，形成高智商低成就，是人才的浪費，也是社會很大的損失。

在親職座談上，家長總喜歡問：「孩子不笨，為什麼功課總是無起色？」孩子在求學期間，如果成就表現不佳，不只是人才的浪費，也可能造成其信心低落，學習態度消極，結果受師長的排斥，其特長與優點也不易受重視，影響了升學及發展的機會。

凡是正常智能的孩子都有很大的進步空間，因此，父母及教育人員應了解孩子的潛在能力，提供適當的環境，運用有效的教養方法，幫助孩子發揮潛力。如果成就表現比預期差，更應及早發覺，運用有效的策略，幫助孩子克服低潮。父母及教育人員適時的拉一把，可能就是孩子反敗為勝的關鍵。

放牛班孩子反敗為勝而成為學者的經歷，讓筆者對孩子的教育懷抱使命感，學術研究一直著重在如何幫助孩子發揮潛能，對表現傑出，以及低成就的孩子曾進行有系統的研究，因此本書的出版即是以過去的研究發現做為依據，針對如何幫助孩子發揮潛力，提升課業成績，提出一些可以運用的策略供父母及教育人員參考。

為使讀者易於了解，書中列出許多實例，寫法也盡量通俗。

全書共分六章，前四章重點在幫助讀者了解孩子潛能、低成就的現象，以及孩子表現不佳的原因；第五章是幾個反敗為勝的真實例證；最後一章則為提升課業成績的實用策略。

父母及教育人員無不希望把每個孩子帶上來，也為孩子付出許多努力。努力要有成果，方法很重要；方法有效，心血就不會白費。期望本書的出版能讓父母更了解及珍惜家中的孩子，並藉由有效的教養策略，協助他們發揮潛力，提升成就，為社會造就更多各行各業的優秀人才！

感　謝

謝謝您們

～受訪的孩子與父母們～

由於您們無私的提供從失敗中再站起來的經驗

讓我們學到了反敗為勝的寶貴方法

謝謝您

～讀者～

由於您閱讀本書

有機會運用書中策略協助孩子發揮潛力

社會人才得以避免浪費

謝謝妳

～戴伶智小姐～

由於妳的漫畫

使得本書更活潑、更有趣

非常感謝您明智的選擇本書！

　　本書共分六章，前四章主要在探討孩子的潛能、其潛能是否發揮、成績不佳有哪些現象，以及從個人、家庭及學校三方面討論為什麼孩子成績不好？後面兩章分別是反敗為勝的真實案例與幫助孩子進步的有效策略。

　　讀者看完本書第二、三、四章時，有整體概念之後，可利用書中所附之「能力檢核表」、「成就與能力落差檢核表」，以及「成績不佳原因檢核表」來檢測孩子的學習狀況，找出與孩子較為接近的特徵與情況，再運用第六章「協助孩子反敗為勝的策略」來協助孩子提升課業成就。

　　本書第五章提供七個反敗為勝的成功實例，這些實例可以幫助讀者在協助孩子反敗為勝的過程中增強信心。他們寶貴的經驗，經系統化的歸納整理後，均融入於第六章的策略中，因此讀者看完第五章之後，再閱讀第六章，實例與策略可以彼此相互印證。

　　第六章之「協助孩子反敗為勝的策略」，共提供十六種策略，這些策略引用不少實例，讀者可配合第二及第四章閱讀，例如，讀到「策略一　了解孩子」時，可以回頭看第二章之「如何了解孩子的能力」，並使用「能力檢核表」來檢核自己孩子的能

力，其餘策略閱讀方式均雷同，將策略與第二、四章內容配合使用。

　　本書之撰寫大部分來自筆者多年之學術研究，部分則參酌國內外相關研究，因此在文中會引述資料來源。為使讀者方便閱讀，引述盡量減少，但所有參考資料均附於書後之「參考書目」中，有興趣更進一步研究的讀者，可以參考該書目。

　　孩子的個別差異很大，每個孩子均有其獨特的問題及形成的原因。讀者閱讀本書之目的主要在幫助孩子，因此，本書所提供的策略，讀者可配合自己孩子的特徵予以調整，有效則繼續運用；無效則檢討改進，不必一成不變。

　　記住：千萬不要對孩子失去信心！孩子的問題形成常是日積月累，要改變需要時間，只要孩子、父母與師長永不放棄，孩子絕對能夠反敗為勝，邁向成功之路！

　　讀者閱讀本書，若發現任何問題或有任何意見，歡迎賜告。

≫蔡教授專欄 http://www.psy.com.tw/tsai/index.htm

目錄

第一章

成功與失敗

一個人邁向目標的途中，難免遭遇失敗、挫折，
若能檢討原因，從經驗中獲得成長，
以積極的態度處理失敗，
失敗就會是反敗為勝的基礎。

❦ 沒有未曾失敗的人 ❦

　　勝利與成功能提高自尊，讓人覺得滿意快樂；相反的，失敗的滋味不好受，可能傷害自尊心，讓人覺得沮喪、不快樂。因此，人的一生，常在追求勝利、成功及避免失敗，可惜總是有起有落，甚至不如意常十之八九。

　　父母與教育人員總希望孩子勝利成功，但環顧今日學校環境，其實是一個失敗機會很多的地方。

學校充滿著失敗的機會

　　學校一般都很強調競爭，考試成績要頂尖；老師表揚考高分者；每次考試公布成績及排名──這種種都在製造成功與失敗。絕大部分的同學都嘗過失敗的滋味，因為第一名只有一個。被頒獎表揚、被老師誇讚的總是少數幾個。大家想想：學校有多少大大小小的考試？幾乎每天都有，甚至一天要考好幾次，也就是孩子每天都可能感受到失敗，甚至一天要失敗好幾次！不只考試會失敗，其他地方失敗的機會還很多：各項競賽如音樂比賽、國語文競賽、科展、賽跑、拔河……等輸了；班級幹部沒被提名，或提名而沒選上；挨老師罵，遭同學嘲笑、排擠等等，都可能是失敗，說「失敗」是學生生活的一部分，一點都不為過。

失敗的態度影響潛能發展

失敗的觀點因人而異，即使同一件事，有人覺得失敗，有人覺得不算什麼。從老師的觀點來看，學生得八十分，也許不算什麼失敗，獎勵第一名是要大家模仿。但學生不一定這樣認為，有的學生訂的目標可能是九十五分，因此考了八十分，他會覺得太爛了。有些孩子甚至考了九十五分，他都會很自責、挫折，因為他沒有拿到滿分。即使考了很高的分數，有的孩子仍然因為不是第一名而覺得失敗挫折。

失敗以後的反應，也是因人而異。成就高的人常視失敗為一種學習歷程，失敗了會檢討問題所在，可能努力不夠、工作太難或對手太強，因此積極補救缺點、重新設定目標，從失敗經驗中獲得成長。

有人失敗了就認為自己不行或歸咎於外在因素。認為自己不行，可能因此喪失自信心。一個缺乏自信的人較易緊張、焦慮、猜忌或被動，較容易採取消極逃避的方法來避免失敗。孩子如果屢經失敗而認為自己能力不好，會影響努力的動機，孩子可能相信努力將是白費的，反正自己不行，再努力也沒有用。

另一方面，如果將失敗歸咎於外在因素，如考試差就怪老師不會教、出難題，怪父母沒幫忙，怪運氣差，怪東怪西，就是不怪自己。這種推卸責任的方式雖然可以維護自己的自尊心，但卻影響孩子未來的努力，因為他會覺得「努力有什麼用，老師就是要考倒我」、「反正我的運氣就是那麼差」。

　　由此可見，想法會影響一個人的潛能發展。把失敗歸咎於自己不夠努力或方法不對的人，比較能夠有進步的空間，因為努力是可以由自己掌控的，「這次沒控制好時間，下次一定要注意把握時間」。相反的，認為失敗是外在因素造成的，不是自己可以控制的，就比較不會積極去改進，潛力就不容易發揮出來。經常責怪別人，容易引人反感，受人排斥，結果帶來更多的失敗；強調自己能力不行，會使自信心降低，失去嘗試的勇氣，以至於減少了成功的機會。若不但沒有積極去改進，反而只在失敗的漩渦中呻吟，認為失敗了就像天要塌下來一樣，不斷為失敗而沮喪、焦慮，結果可能真的一敗塗地，就此一蹶不振。

從失敗中成長

　　處在今日競爭激烈的社會裡，要想成功，必少不了競爭，有競爭便有輸贏。每個人從小到大，經歷的競爭不計其數，要完全避免失敗是不可能的。一個頂尖的奧運金牌選手、世界紀錄的保持者，過不了多久，就會被下一個更傑出的選手打敗，試問：有多少人能在各方面都永遠保持頂尖呢？

　　失敗並不可怕，世界上許多傑出貢獻的名人也曾被認為是失敗者。英國首相邱吉爾曾在六年級時被當；愛因斯坦高中成績一塌糊塗，大學也沒考上；愛迪生的老師說他笨得無法教，而他發明電燈的過程中，失敗了三千次，最後卻擁有一千零九十三件專

愛迪生，你做燈泡已經失敗三千次了。

我沒失敗，我已經發現三千種不能做燈泡的方法。

利；華德迪士尼曾被報社解雇，因為他「沒有好的構想」，但他繼續努力創造了米老鼠、唐老鴨及老少喜愛的迪士尼世界；喬登在高中時曾因籃球打不好而進不了籃球校隊，但他繼續努力，終於成為世界知名的籃球明星；李安中學成績普通，但他不斷在戲劇方面努力，而成為世界知名的導演；國父孫中山先生革命，也是歷經九次失敗，第十次總算成功了。

　　失敗卻要不失望，是一件難事；失敗後覺得不快樂，是很正常的事。人人都會經歷失敗，因此要學習如何面對失敗、處理失敗。一個人不會因為失敗，就此不能成功，因為世界上成功的人都曾經歷失敗。因此，失敗了，不需灰心，不必放棄。一個人邁向目標或完成工作的途中，難免失敗、阻礙，重要的是要能面對問題，了解失敗的原因，積極補救缺點，從失敗的經驗中獲得成長。以積極的態度處理失敗，失敗就會成為反敗為勝的基礎。

　　孩子的可塑性大，生命力旺盛，一旦成就表現不佳，成績不理想，父母及教育人員要保持理性，給孩子情緒上的支持，並協助孩子檢討失敗的原因。失敗的原因可能多方面，除前面提到孩子對失敗原因的看法外，信心不足、動機不強、方法不對、努力不夠等，都可能造成孩子表現不佳。表現不佳除孩子本身的原因外，也可能受學校課程、教材、教法、作業、課外活動或老師、同學等影響，甚至家庭環境及父母教養方式等，也都會影響孩子的成就，本書第四章有進一步的分析描述。

　　父母與教育人員如能檢討失敗的原因，針對癥結問題，運用本書所提供的策略，積極克服，協助孩子發揮潛力，假以時日，必能見到孩子進步。

⚘ 人人追求成功 ⚘

世界上每一個人都有旺盛的生命力與豐富的潛能，若能善加發揮，就可以產生巨大的活力將人帶向成功。成功不是少數人的專利，只要有意願，人人都可以追求成功。

一枝草一點露

成功的偉人故事常令人鼓舞喝采，一般人多少也曾體驗過勝利成功的滋味，一種充滿自尊、滿足、令人愉悅的感覺。在人生的舞台上，勝利成功的人常受到觀眾歡呼鼓掌，這種美好的經驗人人都應該去體會。世上沒有永遠只能為人鼓掌的觀眾，只要採取行動，總有表演的舞台，天生我材必有用，世界之大，一定有展現才能的機會。

一般來說，最令父母師長快樂的事莫過於看到孩子成功。事實上，沒有一個孩子天生注定是個失敗者，每個孩子都有很大的潛能，也都有成功的空間。心理學家認為人的腦力是由大約一百四十億個腦細胞所產生出來的，人類終其一生可能用不到大腦的10%，可見人類潛力之大。因此，只要父母及教育人員運用有效的方法幫助孩子發揮潛能，他們都會有舞台展現成功。

成功如何論定

　　成功如何論定？輸贏由誰來決定？對象不同，看法也會有出入。同樣考八十分，甲生可能覺得考得很好了，因為他期望的分數是七十五分；乙生可能認為考得太差了，因為與他的期望分數九十五分差距甚大。也有可能孩子覺得考得已經不錯了，父母卻認為考太差，因為鄰居小孩考了九十分；或者老師覺得給八十分已經夠好了，但是孩子仍耿耿於懷，因為鄰座同學不唸書卻也能考九十五分。

　　成功的看法不只因人而異，也會因重視的領域不同而有所差異。例如美國許多學校重視運動明星，因此球打得好的學生被視

為成功的，很會唸書的學生則被視為書呆子。反觀國內，則又過分重視功課表現，特別是與升學有關的主科，主科優異的學生常被視為好學生、學校表揚的模範、老師誇讚的高材生。班上或全校前三名者，往往才會受到表揚，在這種重視主科成績及團體比較的學校環境中，功課不是頂尖的學生，他們認為要成功會比較困難。

一個孩子如果覺得自己是成功的，自信心會因此而增強，自尊心獲得滿足，生活也比較快樂。成功的感覺也會影響孩子未來的努力，孩子如果覺得自己是成功的，成功是有可能的，未來就會有意願繼續努力追求成功。另外，父母及教育人員如果覺得孩子表現很成功，這種感覺會提升大人的成就感，覺得心血沒有白費，對孩子也會有積極正面的期待；此種期待則會影響父母及教育人員的行為，進一步朝向幫助孩子表現成功，以符合自己的期待。因此，孩子表現成功、覺得自己成功，以及父母與教育人員覺得孩子表現成功，對孩子的未來成功是相當重要的。

學校成功的指標過於狹隘

課業表現與孩子未來的成就間不一定有絕對的關係。放眼社會，職業何其多，新的職業不斷被創造出來，人人頭上一片天，只要肯努力，總有立足的地方。賣擔仔麵的小販如果不斷改進，小小一碗麵也能遠近馳名、門庭若市，在大眾的眼裡，這個小販是個成功的老闆；有一個孩子熱愛電腦，一天到晚玩電腦，連大學都不愛唸，他就是微軟的比爾蓋茲，世界上最有錢的人之一，

毫無疑問，他被許多人視為成功的傑出傳奇人物。

我們都知道行行出狀元，但「成功」在學校的定義卻很狹隘。如果狹義限制成功的範圍，如：學校主科成績表現傑出的才算成功，結果可能限制了孩子的潛能發展，孩子即使有其他方面的潛能，也會因為父母及師長不重視而喪失發展的機會；更糟的是，孩子可能覺得沒有成功的機會，根本放棄追求成功的意願。一個人如果連想成功的意願都沒有，那麼要成功則無異緣木求魚。在學校，如果成功沒指望，當然不容易受到老師、同學的肯定。有些孩子可能會轉而尋求校外的慰藉，而形成不良少年或幫派的行為問題。

在今日這個多元的社會裡，所需要的人才也是多元的，各行各業的人才都能對社會有所貢獻，也都會受到社會的肯定。因此，我們應擴大視野，論斷孩子的成敗，不應以學校主科為限，而應積極找出孩子的潛力，針對孩子的優點予以肯定。如有些人體育很好、籃球打得很棒；有些人很有領導能力、活動辦得很出色；有些人美術、作文、電腦、家政手藝很好；甚至熱心助人、人緣佳、做事認真負責等，都是值得鼓勵的優點，而這些優點，正是他極容易成功的地方。

社會所需要的人才是多元的，學校成功的指標也要能鼓勵各種各樣的才能。各個孩子都有其可取之處，找出孩子的優點予以肯定，都能使他們在某方面成功。在成長的過程中，孩子若能累積成功的經驗，能使其增進信心，學習追求成功的方法，而且也為其未來奠定事業成功的基礎。

孩子成功需要推手

　　孩子成功是每個父母最希望看到的，但成功不是偶然。孩子在成長過程中，經濟、情緒都要靠父母提供與支持，所安排的學習環境與教育方式也都會影響孩子的發展。一個孩子不可能在每個領域都出類拔萃，樣樣領先群倫，若能將能力適度發揮，潛能沒有浪費，其實就算是成功。父母及師長要協助孩子找出自己的優點，並提供支持性的環境，幫助其發揮，特別是在擅長的領域努力，最易見功效。孩子若有所表現，不但是成功的基礎，亦能提高其自信與追求成功的意願。

　　優異的表現不一定會讓孩子感受到成功，因為其可能訂下了過高的期望標準。因此，父母、師長需要協助孩子訂定合理的期望與抱負水準，讓孩子體會到有耕耘就會有收穫，有努力就會邁向成功。相反的，如果父母師長不了解孩子的能力，而設定過低的期望，任憑孩子聰明才智荒廢，不僅是個人的損失，也是社會人才的浪費。

　　了解孩子能力的優點，訂定合宜的期望，以及提供適當的環境外，其實還有許多因素，如價值觀念、習慣、人際關係、讀書方法、身心健康、同學、手足等，都會對孩子的成功發生影響，而這些因素都可以透過父母及師長的介入而改變。即便父母師長做了最佳的安排，孩子還是難免有失敗的時候。這個時候最重要的就是父母師長能夠拉孩子一把。

　　我們都希望孩子成功，孩子成功需要推手，父母師長就是最

佳推手。推手已充滿愛心，但要將孩子推向成功，還需要有方
法。父母及師長能隨著孩子改變而不斷成長，學習幫助孩子發揮
潛能的有效方法，孩子沒有不成功的道理。縱使孩子失敗了，也
會因為大人的愛心加上有效的推力，終將反敗為勝。

第二章

發掘孩子的潛能

人終其一生僅用到腦力的十分之一，
每個孩子都有很大的潛力，
都有其可取的地方。
找出孩子的優點，
幫助他在擅長的領域盡量去發揮、突破，
孩子終將出人頭地。

　　孩子的能力有其限度，不可能處處領先，樣樣第一，重要的是，父母及教育人員要了解孩子有哪些能力？能力達到什麼程度？哪些能力特別好？以及能力是不是適度發揮了？

如何了解孩子的能力

　　能力是抽象的概念，潛藏在孩子身上到底有哪些能力？能力到達什麼樣的程度？常因對孩子了解程度的不同，或了解的角度不同而有不同的解釋。由於潛能不是可以具體摸得到的東西，只能用一些參考的指標來推論，在教育上一般用來推斷能力高低的方式有下列幾項：智力測驗、性向測驗、成就測驗及學校成績等。

　　智力測驗包括非語文智力測驗及語文智力測驗；以個別方式實施稱為個別智力測驗，以團體方式實施稱為團體智力測驗。傳統的智力測驗強調語言和數理邏輯能力，如語文理解、語文流暢、數字、視覺空間、記憶、知覺速度及推理等。既然是測驗，結果當然會得到測驗分數，但是分數本身如果沒有經過比較，很難看出高低。因此，智力測驗的結果一般都採用方便比較的標準分數，例如：智商（IQ）、百分等級、標準差、T分數等。

　　所謂「IQ」，就是智力商數（intelligence quotient），它的計算方式，是某人做了智力測驗所獲得的原始分數，除以同年齡的孩子做該測驗所獲得的平均分數，再乘以100；也就是拿同年齡

的團體平均成績與某一個體比較，假如一個孩子答對的題數跟同年齡孩子的平均成績一樣，他的智商就是 100。所以，如果一個孩子IQ 100，我們就可以知道這孩子的智力屬於中等；如果IQ 超過 100，他就比一般孩子聰明，超出 100 越多，表示越聰明；如果IQ超過130，那就很聰明了，因為一百個人中可能不到三個人能達到 IQ 130。

百分等級就是將測驗成績用一百個人的相對位置來表示，例如孩子的智力測驗分數百分等級是 95，表示這孩子的智力在一百個人中，他是屬於最聰明的五個之一。

有時我們也會看到採用標準差來代表孩子的智力。使用標準差要指出是平均數以上或以下，平均數以上表示比一般人聰明。大部分孩子的智力都落在平均數上下一個標準以內，這樣的孩子占了 68.26%，平均數以上一到二個標準差的孩子占了 13.59%，二至三個標準差就很聰明了，因為只有 2.14%。如果看到孩子的分數以 T 分數表示，那 T 分數 50 分表示中等，超過 50 分表示比一般人聰明。

性向測驗也是能力測驗的一種，除非是綜合性向測驗，否則性向測驗一般均指某方面的能力，例如語文性向、數理性向、音樂性向、美術性向等，所測驗的是單科的能力。

成就測驗及學校成績都代表一個孩子的成就表現，只是成就測驗是標準化的測驗工具，其測驗結果一般都會用標準分數來表示，例如 T 分數或百分等級等。學校成績包括小考、段考、月考、期中考、學期考等，一般都用 0 到 100 分來表示，由於不是標準分數，因此要由與其他人的分數來比較，才能知道分數的高

低。例如孩子數學這次考八十五分，算是高分？還是考太差？那就要看班上一般都考幾分。如果班上其他人都考七十分以下，八十分不但是最高分，而且孩子的數學能力可能比班上同學高出很多。

另外，不同科目間的比較也不能光看分數高低，例如孩子這次的國文考八十五分，那是不是國文考得比數學好呢？這也要看班上同學國文這次都考了幾分，如果 50%以上的人都超過八十五分，那麼孩子這次的國文成績就不算高了。所以，參考學校成績要注意某一分數的相對位置，不同科目間、不同老師間，評分方式與標準可能不同，分數高低的解釋方式也可能不同。

以上幾種方式中，智力測驗最常用來表示一個人的能力，但我們在使用智力測驗的分數時，仍然要注意下列幾點：

一、年齡越小，智力測驗的結果越不穩定。因此，不必太早為孩子做智力測驗，幼兒的智力測驗分數仍會隨年齡增加而有變化。

二、智力測驗的結果難免有誤差，施測的環境、過程、人員、受測者種種有關因素，都可能影響施測的結果。

三、智力測驗有一個基本假設，那就是「聰明就是反應快」，智力測驗一般均有時限，在短時間內做對題目越多，表示智商越高。這種假設對很多人來說可能正確，但非所有人，因為有些人做事喜歡仔細思考，會花較多時間研究、準備，結果獲致具有創意的更好答案，這種人不能說是不聰明。在日常生活中，每次解決一個問題是不是都只能有十五秒到六十秒？像做完一題測驗一樣。耶魯大學教授史坦伯格（Sternberg,

1986）曾研究發現，解決問題的品質與所費時間之相關連是
.75，強迫式的立即反應，其品質常不如經過思考的反應。社
會上固然需要反應快的人，但也不能沒有用心思考、能提出
創見的人，速度固然重要，但盲目地認為只有反應快才是智
慧高，對某些人而言，可能是不適用的。

四、不同的智力測驗結果仍有差異，甚至智力包括些什麼，也有
不同的解釋。智力的本質包括各種不同的因素，範圍從一個
因素、二個因素、七個因素，甚至一百八十個因素都有（陳
李綢，1997）。史坦伯格（Sternberg, 1985）將智力分為學業
智力及非學業智力。非學業智力分為社會智力及實際生活智
力；學業智力包括數學、物理、語文等學科的學習能力，是
種推理、認知學習、抽象及邏輯數字的概念。社會智力是指
與人建立良好的社會關係、自我反省、察言觀色等的能力；
實際生活智力則包括了日常生活問題解決、決策及工作等相
關的能力。史坦伯格（Sternberg, 2001）也提出成功智能
（successful intelligence）的觀點，成功智能包括分析、創造
及實際選擇的能力。另外，斯洛維與梅艾爾（Salovey & Ma-
yer, 1990），及高爾曼（Goleman, 1995）曾提出情緒智能
（emotional intelligence），俗稱EQ。目前廣受重視的就是美
國哈佛大學教授葛德納（Gardner, 1983）所主張的多元智力
（multiple intelligence），葛德納認為每個人都擁有多元彼此
相對獨立的智力，這些智力間的不同組合表現出個體間的智
力差異。人類至少有七種智能，即語言、數學／邏輯、視覺
／空間、身體／運動、音樂／節奏、知人及自知的能力，後

二者稱為人事智能。最近葛德納又提出了自然智能（natural intelligence），是了解自然環境並與之和諧相處的能力（引自吳武典、簡茂發，1999）。

以上列舉了這麼多的智力，主要是讓讀者明白智力的多元特性。既然智力有很多種，因此我們看到一個孩子的智力分數時，對於分數的解釋也要有範圍的限制，不能認為只要知道智力測驗的成績，就對孩子的能力有了透徹的了解，某一測驗只能幫助我們了解孩子一部分的能力。事實上，每個孩子都有其可取之處，關鍵就在父母及教育人員要從多方面的角度去了解孩子的特長，了解孩子在哪些方面聰明，並創造有利的條件幫助孩子發展潛能。

孩子的能力除反應在測驗及學校成績上，也會反應在日常生活及學校生活上，例如孩子參加某項比賽能脫穎而出，表示他在某方面的能力可能很突出；參加哪類社團，是否熱烈參加？在社團的表現如何？平常喜歡看哪類課外讀物，其艱深程度如何？有哪些嗜好或創作表現？或者透過談話來觀察孩子在哪些方面較具豐富的知識。孩子的能力是多元的，表現能力的方式也可能是多元的。因此，要了解孩子的能力，也要從不同的角度與運用多元方法，發現的結果可以相互比對，以免見樹不見林，以偏概全。

我的孩子資優嗎？

　　說一個孩子聰明，常有一些不同的名詞，例如：能力優異學生、資賦優異學生、天才兒童、超常兒童等，我國法規稱之為資賦優異。孩子是不是資賦優異，可以從特殊教育法的規定、資優教育的學理，以及孩子的行為特質來了解。

法規對資賦優異如何界定

　　我國對資賦優異的定義，可以特殊教育法第四條（特殊教育法，2002）的界定為代表：「資賦優異係指在下列領域中有卓越潛能或傑出表現者：一般智能、學術性向、藝術才能、創造能力、領導能力、其他特殊才能。」依此定義，資賦優異包括卓越潛能或傑出表現，二者具其一即屬特教法界定的服務對象。然而實際上國內在鑑定資優學生時，常兼採智力測驗分數及成就測驗分數（或學業成績表現），即學生智商及成就均高，始被稱為資優生，資優生也就是成就高的能力優異學生。依此方式，則能力優異但成就差或課業表現不佳的學生，可能無緣被稱為資優生。其實根據特教法的界定，有卓越潛能雖暫時沒有傑出表現，也是資賦優異。所以孩子雖然不在資優班或考不上資優班，不見得不是資（質）優（異）。

另外，依據我國身心障礙及資賦優異學生鑑定標準（教育部，2002），對於資賦優異的界定已提供明確的標準，例如：

一般智能優異：指在記憶、理解、分析、綜合、推理、評鑑等方面，較同年齡具有卓越潛能或傑出表現者；其鑑定標準在測驗方面，指智力或綜合性向得分在平均數正一點五個標準差或百分等級九十三以上者（第十四條）。

學術性向優異：指在語文、數學、社會科學或自然科學等學術領域，較同年齡具有卓越潛能或傑出表現者，其鑑定標準為某領域學術性向或成就測驗得分在平均數正一點五個標準差或百分等級九十三以上；參加國際性或全國性有關學科競賽或展覽活動表現特別優異，獲前三等獎項者；參加學術單位長期輔導之有關學科研習活動，成就特別優異者；獨立研究成果優異者（第十五條）。

藝術才能優異：指在視覺或表演藝術方面具有卓越潛能或傑出表現者；其鑑定標準包括參加國際性或全國性各該類科競賽表現獲前三等獎項者，或某領域藝術性向測驗得分在平均數正一點五個標準差或百分等級九十三以上者，或術科測驗表現優異者（第十六條）。

創造能力優異：指運用心智能力產生創新及建設性之作品、發明或問題解決者；其鑑定標準為參加國際性或全國性創造發明競賽表現特別優異，獲前三等獎項者，或創造能力測驗或創造性特質量表得分在平均數正一點五個標準差或百分等級九十三以上者（第十七條）。

領導能力優異：指具有優異之計畫、組織、溝通、協調、預

測、決策、評鑑等能力，而在處理團體事務上有傑出表現者；其
鑑定標準為領導能力測驗或領導特質量表得分在平均數正一點五
個標準差或百分等級九十三以上者（第十八條）。

　　其他特殊才能優異：指在肢體動作、工具運用、電腦、棋
藝、牌藝等能力具有卓越潛能或傑出表現者；其鑑定標準為參加
國際性或全國性技藝競賽表現特別優異，獲前三等獎項者（第十
九條）。

　　以上各領域除所列鑑定標準外，均亦可透過檢附相關特質與
表現等具體資料，而由專家學者、指導教師或家長觀察推薦。

　　上列我國特殊教育法對資賦優異的規定，可以看出我國法規
包含卓越潛能與傑出表現。另外，資賦優異的範圍很廣，已採用
多元才能的觀點，不是只限於一般能力資優或數理資優。一個孩
子只要在某一方面有卓越潛能或傑出表現，學校就應該要提供資
優教育的服務。

學理上對資賦優異如何界定

　　如果您的孩子有正常的智能，值得慶賀，因為您的孩子就有
機會成為資賦優異者。根據美國國家資優研究中心主任阮儒理
（Renzulli, 1986）博士的研究：社會上或歷史上真正資優而有傑
出成就的人，其實他們的智能並不一定都是頂尖的，一個人只要
智能在中等以上，他就具備了第一個條件，關鍵在其他兩個條
件──那就是創造力和專注努力。

　　想到下列這些人，心中就肅然起敬：貝多芬、莫札特、米開朗基羅、畢卡索、牛頓、愛因斯坦、哥倫布、瓦特、愛迪生、莎士比亞、司馬光、張衡、華佗、李白，乃至國父孫中山先生。這些人表現傑出，對社會、歷史貢獻卓著，說這些人是資賦優異，大部分的人都不會反對。因此，天才、有傑出表現、有卓越貢獻與資賦優異常被視為同義字。這些人為什麼傑出呢？因為他們有新的發明、發現或創作！愛迪生本人即擁有一千零九十三件專利，愛因斯坦一共發表過二百四十八件出版品，畢卡索平均每年完成二百件藝術創作，而莫札特在三十五歲逝世前已有六百件音樂作品（Hanley, 1985），國父孫中山先生的三民主義更是扭轉中國歷史的偉大著作。顯而易見的，創造力的發揮與傑出表現有不可分的關係。

　　專注努力的特質係指一個人對某一個問題或領域有高度的熱誠與興趣，能全力以赴堅持到底，具強烈的信心並設定極高的標準，嚴格要求自己去達成。這個特質跟一個人能力的發揮有密切的關係，不努力而想有傑出貢獻無異緣木求魚。一個兒童即使IQ 150，如果不努力，睡覺睡個十年，他還會是資優嗎？

　　羅歐（Roe）先生曾研究六十四位著名科學家，發現這些人的智商雖高於中等，卻有很大的差異，有的智商特別高，有的只稍高於中等。但這些人皆有一個共同點，即專心致志於工作，數年如一日，甚至於放棄假日亦在所不惜（Renzulli, 1981）。麥金倫（Mackinnon, 1964）曾研究美國有創意的傑出建築師，也發現這些人的智力並不比一般大學生高，但卻比一般人更強調熱誠、果決毅力與獨創性。愛迪生不是也說過天才是99%的努力加上1%

的靈感嗎？他自己更是視工作如生命，每每用數年的時間去改進他的發明，每天常工作到十五個小時以上，他的成就絕不是僥倖得來的。

以上說明孩子只要不笨，具有正常的智能，他們就有很大的潛力。但重要的是要加上專注努力及創造思考，而專注努力及創造思考都是後天環境可以訓練的。因此，我們對孩子要有信心，只要教育得當，人人都可以傑出成功。

資優的孩子具有哪些特徵？

資優的孩子常被誤認為體弱多病、情緒不穩，甚至天才總是早夭。其實相關的研究發現與此相反。心理學家推孟（Terman, 1925）是研究資賦優異的先驅，他曾大量研究高智商人員，發現他們在兒童時代適應良好，長大了也一樣（Terman & Oden, 1947），不但適應好、情緒穩定、自尊高、職業上成就大，個人也較滿足，甚至自殺率及心理疾病也比一般人少。另外，根據阮儒理（Renzulli, 1983）的研究，能力卓越的學生在學習方面具有的行為特徵如下：

❖ 語言表達豐富、精緻而且流暢，了解的字彙比同年齡的孩子多

❖ 知識廣博，比同年齡的孩子知道得更多

❖ 記憶力很好，學習速度快

❖ 推理能力很強，喜歡發問

❖ 能掌握了解原則，迅速對人、事、物做歸納

❖ 觀察敏銳，從故事或影片中通常比別人看到更多、懂得更多

❖ 閱讀多，通常喜歡超過年齡的讀物，不排斥困難的材料

❖ 能分析了解複雜的東西，找出事情的原委，看出邏輯的及普通常識的答案

　　另一方面，如果具有下列特徵，那可能就是一個創造力比較高的孩子（Renzulli, 1983）：

❖ 好奇心很強，喜好發問

❖ 能提出許多想法或意見，而且常有奇特的想法

❖ 勇於表達，有時意見跟別人不一樣，而且固執

❖ 喜歡冒險

❖ 想像力豐富，喜歡創新改進

❖ 比較幽默

❖ 情緒上比較敏感

❖ 對美比較敏感

❖ 較不從眾

❖ 能做建設性的批評

　　參考上列特徵，平時細心觀察孩子的行為，就可以知道孩子是不是學習潛力很好、創造力很高。另外，平常也可以注意孩子其他方面的行為，例如：孩子的音感是不是特別好？畫圖畫得如

何？表情是不是很豐富、擅於表演？喜歡大自然嗎？實驗的作業是不是做得特別起勁？觀察孩子的行為，並與其他同年齡的孩子比較，可以發現孩子在某些方面較特別，特別的地方可能就是孩子較具潛力的地方。

孩子的特長在哪裡？

要了解孩子的能力與特長，可以透過資料的蒐集、建檔、分類及分析的過程來進行。

在前面曾提到，孩子的能力可能反應在測驗分數、學校成績及孩子的作品上。因此，在孩子成長過程中，應有系統地蒐集與其能力及特長有關的資料。

一般來說，學校的輔導中心多少都會為孩子做心理測驗，像是智力測驗或性向測驗，家長可以請學校提供自己孩子的資料；同時，記得要請教學校輔導中心老師有關資料的意義，例如：智商、百分等級、標準差或 T 分數等。有的測驗資料除總分外，還有分測驗的分數，例如性向測驗，分項的資料就很重要，因為性向測驗的目的就是在了解孩子單科或各不同領域的能力。透過智力測驗及性向測驗可以了解孩子的一般能力及單科能力，尤其因為是標準化的測驗，可以知道孩子的能力在跟同年齡孩子比較時的相對位置。

除智力或性向測驗外，有的學校還為孩子做成就測驗、創造力測驗、人格測驗或職業興趣調查等。測驗的目的是要幫助我們了解孩子，因此，家長應該不避諱地向輔導中心老師請教。如果

學校完全沒有為孩子做任何心理測驗，父母也可以帶孩子到大醫院兒童心智科掛門診，兒童心理醫師也可以為孩子的心智能力做診斷。

孩子的成績單，家長常看看就算了，其實成績報告是代表孩子能力的資料；如果把各科各學期大大小小考試的成績資料擺在一起，歸類整理比對，就可以很容易發現孩子成績的變化及各科成績的分布情形。

如果將測驗資料及成績資料予以比對，我們很容易可以比較出哪方面的能力較好，以及哪些能力還沒有充分發揮。例如孩子的智商超過 100，性向測驗成績中，數學及語文的百分等級是 90 及 95，成就測驗的分測驗，數學及國文成績百分等級為 89 及 93，孩子的數學及國文成績也很高；這些資料可以說明孩子能力不錯，數學及語文能力尤其頂尖。另外，如果同樣的性向測驗成績，數學、語文的百分等級為 90 及 95，但成就測驗的分測驗，數學及國文成績百分等級是 50 及 65，而學校的數學及國文成績也經常考得不好，跟班上同學比較屬中等以下；這樣的資料顯示孩子數學及語文能力雖好，但這方面的能力卻沒有充分發揮出來，家長及教育人員應檢討這些方面成就表現不出來的原因。

除了分數資料以外，孩子平常的課內外作品，也值得蒐集。分析這些作品的數量及品質，可以幫助我們了解孩子在哪些方面較有興趣及能力較好。所蒐集作品不是習作、練習，而是要能表現孩子的能力及用心程度的作品，例如：創意、構思、資料的分析、歸納、技巧等。不妨鼓勵孩子自行蒐集作品，他們可以清楚地知道哪些作品最能表現自己的學習成果及能力，並加以建檔；

父母及教育人員也可以跟孩子一起整理、歸類、分析，分享所蒐集的資料。

除資料的蒐集、建檔以外，平常可以鼓勵孩子參加各種活動或比賽，透過不同的活動或比賽來試探孩子的興趣與能力。如果孩子興致很高，願意花很多課餘時間去準備，表示孩子可能在這方面有極高的興趣，而活動的表現與比賽的結果，當然也就是孩子能力的一種象徵。

此外，鼓勵孩子多閱讀課外讀物也是一個很好的方法，父母可以陪孩子到書局或圖書館，讓他們有機會接觸與選擇各類書籍，並幫助他們選擇優良的圖書。父母從孩子閱讀課外讀物的種類及內容艱深的程度，可以探知孩子的興趣與能力。

每個孩子都有很大的潛力，都有其可取的地方，父母透過以上的方法，蒐集孩子成長資料，進而建檔、分析，並配合活動、比賽及課外閱讀等方式，經過一段時間的努力，父母及教育人員將會對孩子的能力、特長及發揮程度有所了解。這項工作應持續不斷地進行，孩子潛能發揮的情形就隨時可以掌握了解。

一個人不可能樣樣領先，找出自己的優點，在擅長的領域盡量去發揮、突破，終會出人頭地。在教育上，我們要多注意孩子的優點，肯定其長處，不要光看到孩子的缺點。如果我們能學習肯定孩子的優點，多給予正面的鼓勵，孩子不但自尊心提高，自信增強，潛能也會因此而更加發揮。

能力檢核表

檢核說明：

1. **檢核目的**：提供參考指標，以便對能力做有系統的整理分析。
2. 使用本表前應先蒐集各項表現學習能力的資料並建檔。
3. **檢核人**：可以是父母、老師或孩子自己，三者能共同討論檢核更佳。
4. 根據成績或觀察，比較個人在團體中的相對位置，將評估結果以數字在其領域註記。

　　　「4」表示「特優」：團體中個人或成績居於最前面的 5%。

　　　「3」表示「優」：團體中個人或成績居於最前面的 75%至94%。

　　　「2」表示「普通」：團體中個人或成績居於中間，在 25%以上，74%以下。

　　　「1」表示「中下」：團體中個人或成績居於後面的24%以內。

　　　比較的團體：應予以註明，如全國、全校或全班。

　　　標準化的測驗：如智力、性向、成就測驗等一般都有建立全國性的常模。

　　　學業成績：通常只能評估在全校同年級或班級中的排名。

5. 部分的項目如作品、社團、閱讀、觀察、晤談、興趣等屬質性檢核，具有主觀性，質的資料與量的資料應相互印證。同一領

域相關的資料或證據越多，評估結果越具可靠性。檢核結果或許會有誤差，孩子的某些能力也可能尚未顯現，資料增多時，應重新檢核，缺少資料的領域則不能假定為不具該領域的能力。

6.能力範圍不限於所列領域，範圍越大，能力檢核越完整。

7.**智力或性向測驗結果**：較具有穩定性，即使是多年前所做測驗，其結果仍有參考價值。

8.成績或成就變化可能較大，以最近資料註記評估。

9.**課內外作品**：係指在各領域最近生產的創作，如發明、獨立研究、投稿、美術、音樂、文學、表演等作品。

10.**比賽成績**：係指最近三年參加相關領域的各項比賽名次，如全縣國語文朗讀第一名，則評估為特優，以「4」來註記，比較團體則註記為「全縣」。

11.**社團活動表現**：係指最近三年參加相關領域的社團表現，例如天文社、話劇社等，評估盡量根據相關資料，如擔任社長，該社團表現優異；擔任主角，表演深獲好評等。

12.**閱讀較廣領域**：係指最近三年閱讀課外讀物數量最多領域之深度。

13.**觀察**：係與該生長期相處，從而觀察評估其能力。

14.**個案晤談**：目的在了解其在哪些領域較具豐富的知識，從中觀察評估其能力。

15.**興趣**：係透過平常的觀察、與孩子晤談或興趣調查等方式評估，興趣高低以 4、3、2、1 等數字分別註記。

16.參閱本書第二章。

能力檢核表

學生姓名：_____ 就讀學校：_____ 年級：_____ 出生年月：____年____月

檢核註記（評估結果以數字在其領域下註記，如，特優：4，優：3，普通：2，中下：1）

領域 項目\評估結果	*學術性向（學科科目）								藝術才能			領導能力	創造能力	其他特殊才能		
									音樂	美術	舞蹈（表演）			體育	電腦	
性向測驗分數																
評估																
成就測驗分數																
評估																
學業成績分數																
評估																
所比較之團體																
智育總平均	分數_____ 評估_____															
課內外作品																
比賽成績																
所比較之團體																
社團活動表現																
閱讀較廣領域																
觀察																
個案晤談																
興趣																
評估結果																
智力測驗	智力商數_____ 百分等級_____ 一般智能評估_____															
其他測驗																

檢核人員：_____ 檢核時間：_____

*學術性向：請將學業成績單中各項學科科目填進空格中，例如：國語（文）、英語、數學、自然（與科技）、理化、物理、化學、生物、地球科學、健康教育、社會、歷史、地理、公民（與道德）等。

檢核結果：

1.一般能力屬於： 特優□ 優□ 普通□ 中下□ （參考一般智能及智育總平均之評估）

2.能力比較優異的領域：_____

3.學術性向中能力比較優異的學科：_____

4.具有哪些特長：_____

5.其他：_____

第三章

學業的困境
·低成就·

低成就的學生比率可能高達 70%，
就社會而言，
還有什麼比人才的浪費更為可惜呢？

　　孩子不笨，為什麼課業成績不理想？課業成績不理想，會造成孩子自信心低落、學習興趣減低、壓力大、在同學心目中沒有地位，在學校中形成自我孤立及消極的學習態度，老師會覺得沒成就感；在家庭則可能導致父母擔憂及親子關係不良；就社會來說，還有什麼事情比人才的浪費更為可惜呢？

～～ 孩子表現夠好了嗎？ ～～

　　個別差異、能力高下存在於每個人當中，因此每個孩子的表現不見得都會一致，即使相同的父母、相同的環境，兄弟姊妹之間的表現也會因人而異。如果表現比預期差，能力沒有有效發揮，於是形成了低成就。課業表現與其所測得的潛能不相符的學生，在教育上稱之為低成就學生。如果這個學生智商高，他就是高智商低成就，或稱之為資優低成就學生。這樣的學生到底有多少呢？

　　美國卓越教育委員會（National Commission on Excellence in Education, 1984）的報告指出，約有 50% 的資優生，其表現的成就未符合其能力水準（Díaz, 1998）。懷特默（Whitmore,1980）指出，以學業能力在前 10%，而成績卻在中等或同儕中最後三分之一界定低成就，則低成就的資優生約有 15% 至 50%；若以性向測驗預測成就測驗分數，其真正成就測驗分數落在所預測的分數以下來界定低成就，則低成就學生比率可能高達 70%。若以潛能

是否充分發揮的觀點而論，則世界上的每一個人也許都可以說是
低成就者（p.167）。

筆者在推廣服務擔任親子講座時，家長最常問的問題就是：
孩子不笨，為什麼表現不佳？為什麼成績差？該如何幫助孩子等
諸如此類的問題。有經驗的老師也很容易發現班上哪些學生還不
夠努力，哪些學生表現還可以更好。可見學生低成就的問題是家
長及老師關心的話題。

想知道孩子表現夠好了嗎？可以透過本書第二章介紹的方
法，針對孩子學習的能力及成就表現各方面的資料有系統的蒐
集、建檔，然後比較能力及成就表現間是否有差異。例如一個聰
明的孩子，他的成就測驗分數及課業成績應該在前面，如果他的
成就或成績落在中等或中等以下，那這個孩子很可能屬於低成
就。一個智能中等的孩子，課業表現中等，經常看到他用功讀
書，認真做功課，這樣的孩子成就雖然普通，但成就與能力間也
許沒有太大的落差，因此不能算是低成就。換句話，評斷孩子成
就的高低，不光要看課業成績，更重要的是要與其能力相互比
較。

低成就孩子的特徵

孩子是不是低成就，除了蒐集其相關學習能力及成就表現的
資料，予以建檔及分析比較外，父母及教育人員也可以彼此討

論，交換平時對孩子的觀察與了解。心理專家（Whitmore, 1980；Clark, 1992；Colangelo, Kerr, Christensen & Maxey, 1993）根據研究低成就的發現，也提出低成就學生的一些行為特徵。家長及教育人員如果發現孩子具有其中一些特徵，應可進一步蒐集更多資料，了解孩子的能力是否沒有善加發揮。

低成就學生可能具有的行為特徵包括下面幾項：

❖ 自信心低
❖ 學習動機弱
❖ 對課業缺乏興趣
❖ 學習態度消極
❖ 考試成績差
❖ 家庭作業不是沒做完，就是錯誤百出
❖ 目標不切實際，不是太高就是太低
❖ 不專心
❖ 害怕考試
❖ 學習習慣不佳
❖ 口語表達能力比書寫作業表現佳
❖ 討厭練習或背誦
❖ 人際關係不良，朋友很少
❖ 不滿意完成的作業
❖ 對未來沒有目標
❖ 情緒較不穩定
❖ 叛逆

　　另外，孩子是不是聰明，也可以參考本書第二章介紹的資優孩子的行為特徵。孩子可能聰明、資優而低成就；也可能不是資優，但因為表現比能力預期差，仍然屬於低成就。

　　父母及教育人員在觀察孩子是否具有低成就學生的行為特徵時，要注意的是，並非只要具有其中一項行為特徵，就一定是低成就。如果發現孩子具有低成就學生的一些行為特徵，應蒐集更多客觀的資料，進一步透過資料印證孩子的成就表現與潛能的落差是不是真的很明顯。

　　尤其要注意的是，認識低成就孩子的目的，是要協助孩子克服低成就、反敗為勝，而不是在標記某個孩子是低成就學生。因為課業只是孩子成就的一部分，孩子可能有其他可取之處。即使孩子課業一時表現不佳，只要父母及教育人員用心，孩子也是有可能改變的。如果因為發現了某一項低成就學生的特徵，就將「低成就」標記到孩子身上，不但不公平，而且會進一步影響孩子的自尊心及學習動機，不利孩子反敗為勝。

低成就孩子的類型

　　孩子的能力是多元的，其成就的高低，也要針對多方面的能力去比較。考試成績不理想，有時也是短暫的意外，但有的低成就則維持較長的時間。因此要了解孩子低成就問題，必須要注意低成就的不同類型。

低成就的範圍有大有小

　　領域不同，個人的成就可能有所差異。一個學生功課表現不佳，在課外活動上卻表現不凡，或在創作發表上異常突出，則成就可能會因重視的領域不同而高低互異。即使在課業成就上，有的學生可能各科普遍表現不佳；有的則可能僅限於某一科。懷特默（Whitmore, 1980）指出，低成就的範圍可以包括三種：

一、某一特定能力，例如學生可能在計算、畫畫、書法或運動上
　　能力表現優異，但或許因缺少興趣或動機而成就偏低。

二、某一學科領域，例如語文性向優異，但語文科成績不佳。

三、所有學科領域，每一學科領域的表現均不如預期，沒有一科
　　表現高於平均水準。

　　狄利與伯格（Delisle & Berger, 1990）亦指出，低成就須受限於內容及情境，學生因某些方面表現不佳，即標記其為低成就，則是忽略在其他方面的優點與特長。

　　界定低成就，相對的必須比較其各方面的能力。某一科表現不佳，如果其在該方面的能力本來就不高，則仍不能稱為低成就。

　　因此，低成就的界定，必須注意領域範圍的限制，也要注重學生其他方面的優點表現，表現不佳而屬於低成就者應明確指出。例如以語言及數學成就測驗分數代表低成就，則必須明確指出在語言及數學方面表現與其相關的潛能不符，應避免因某方面

表現不佳，即標記為低成就學生。

　　學生的成就是多元的，不同學科、課內、課外均有可能表現優異，而學生的潛能也是多元的。前述我國特教法資賦優異的界定即包括六大領域，針對範圍問題，界定資優低成就，因此必須指出孩子在何種領域資優及在哪些方面能力尚未發揮。標記尤應謹慎，避免以概括性的方式標記某個孩子為低成就學生。

低成就的時間有長有短

　　學生出現低成就問題時，是否標記為低成就學生，須注意低成就的持續性問題，因為此種現象有可能只是短暫的。

　　依據持續性，低成就可分為暫時的（或特殊情形的），以及長期的（Whitmore, 1980）。有的學生可能受一些特殊情形影響而出現低成就現象，例如：父母離婚、生病、遷居、換了學校或老師等。特殊情形改變，或經過一段時間適應了，低成就也可能因此消失。低成就現象有的可能持續相當長的時間，甚至維持至成年，稱之為長期的低成就。

　　學生一開始出現低成就現象，若發覺並予以協助，有助於避免其進一步發展成長期性的低成就。若過早標記低成就，有可能造成錯誤標記，而產生消極的影響或採取錯誤的輔導方式。因此，父母及教育人員應在學生開始出現成就偏低時，即予發現而盡早協助。唯界定低成就應考慮其穩定性，低成就現象須持續相當長的時間，才能稱之為低成就者。

低成就的落差有高有低

低成就係指能力與成就間有落差，不同的孩子，落差高低不同。同一個孩子，不同的學科或領域與其相關的能力間也可能有不一樣的落差。因此，了解孩子的低成就問題，除了範圍大小、時間長短以外，也要注意落差的高低；範圍越大，時間越長，落差越高，問題則越嚴重。例如：有的孩子課業成績落後半年、有的落後一年、有的落後一個標準差或一點五個標準差。落後一年或一點五個標準差的，問題比較嚴重。不過，我們也不能等到孩子低成就落差到嚴重程度才來注意，而應在孩子出現落差時即予發覺，並協助改善，否則低落差逐漸發展有可能變成高落差。

落差高者，父母及教育人員應採取行動，盡快協助孩子改變，否則範圍大、落差高，且維持長時間，孩子會逐漸形成一些負面的特質，例如：自信心低落、動機減弱、消極被動等，這些特質一旦發展定型，低成就會持續維持。心理學家（Peterson & Colangelo, 1996）發現：孩子低成就的現象一旦持續久了，尤其拖到高中階段，要克服就相當困難；甚至延續至成年，而影響孩子的一生。

低成就有真有假

低成就指能力與成就間有落差，學生的能力需要透過其成就來評量。問題是如果學生不是不能，而是不為，其成就的評量將

發生困難。尤其是資優生可能討厭沒有挑戰性的工作而拒絕表現，由於課程不適當，無法引起學習動機，可能因而造成低成就（Reis, Hébert, Díaz, Maxfield & Ratley, 1995）。

一般來說，資優生可能討厭機械式的單調練習。國內學生受升學主義影響，常被老師指定許多單調的練習，資優生或許因功課太簡單、無聊而拒絕做，容易被老師誤認為不用功而影響成績。這種低成就是學生拒絕表現，而非不能表現。

在學校裡，人際關係常是資優學生的困擾，特別是年級越高，同儕的重要性也越大。面對大部分成績平平的同學，資優生常須在表現突出而孤獨、抑或表現平平而有較多朋友間做抉擇。如果選擇同儕接納，則資優生有可能刻意認同於一般同學的行為，如作業方式、考試成績等。一個能考一百分學生，要拿一百分以下並不困難，如此一來，能力很優異的資優生，其成績表現卻如一般學生的水準，那麼他有可能被依前述定義而界定為資優低成就學生。

另外，在家庭裡，如果溝通不良，親子關係惡劣，孩子也有可能故意跟父母作對；父母要孩子考高分，他偏要考差來氣氣父母，雖然孩子能力不差，但成績卻令父母失望。上列學生不是真正的低成就，只是拒絕成就，其問題應與想得高分卻無法如願的學生是不相同的。

拉孩子一把

　　潛能沒有充分發揮是很普遍的現象，尤其孩子的能力是多元的，總有些能力尚有發展的空間。在孩子成長的過程中，難免會受到不利因素的影響而失敗挫折，一旦孩子的成就與能力間產生落差時，父母或教育人員若能及時發現，並採取一些措施來協助孩子克服，適時拉孩子一把，將會是孩子反敗為勝的關鍵。若未能及時發現，任憑孩子在失敗、挫折中掙扎，使其喪失自信心、學習動機減弱，有可能由原先的少數科目擴展成普遍科目都不佳，由短暫失敗演變成長期低成就，甚至終其一生都在低成就的漩渦中怨嘆。

　　因此，父母及教育人員應了解孩子的能力，注意孩子的發展，在孩子出現低成就現象時，能即刻發覺，把握重要時機輔導，避免低成就造成長遠不利的影響。

低成就的出現時機

　　研究人員（McCall, Evahn & Kratzer, 1992）發現：低成就的現象一般都是在小學中高年級開始出現，國中階段也很普遍。男生比女生出現得早，且男生的比率比女生高（Peterson & Colangelo, 1996; McCall, Beach & Lau, 2000; McCall, Evahn & Kratzer,

1992; Reis, Hébert, Díaz, Maxfield & Ratley, 1995）。女生低成就則在初中及高中以後有增加的趨勢（Davis & Rimm, 1998）。上列現象是國外研究的發現，其結果值得我們參考。

筆者研究國內低成就學生，發現小學中高年級出現低成就的現象也很普遍，其中一個發展模式是由於許多孩子在小學低年級時沒有養成良好的讀書習慣。例如聰明的孩子很快就了解上課內容，在課堂上會覺得無聊，東張西望或做自己的事，不聽老師講課，就這樣慢慢養成了上課不專心的習慣。低年級的功課簡單，孩子憑藉聰明、記憶力強，即使不認真努力，成績仍然不錯；到了中高年級，課程難了、多了，如果依然故我，還是繼續使用低年級吊兒郎當的方式，成績難免退步。父母看到孩子成績退步，不斷嘮叨、責罵，孩子因此信心漸失，功課越來越下滑，最終成了低成就學生。此外，在小學到國中階段，國中到高中階段，課程有較大的變化，有些孩子容易因銜接的問題而出現成績退步的情形。

還有一種情況，就是學校常強調學生要乖、要安靜地學習，這樣的要求比較符合女生的特性，因此女生的表現比較容易受老師的肯定，學校生活也就比男生成功。相反地，男生活潑好動的個性比較不討好，容易受老師排斥，因而影響到男生的成績。女生到了中學以後，低成就的現象也可能增加，原因可能與同儕及一些不利女生發展的價值觀念影響有關。

中學階段同儕的接納與歡迎越來越重要，個人課業太突出，有可能反而孤立於多數同學之外。社會上仍有人認為女孩子不要太強，媒體上強調的是女性外在美，女生進入青春期之後，同學

及異性的人緣重要性增加，有的女生將注意力轉到社會的接納，課業上的努力因而不受重視，而形成了女性低成就。

　　以上的說明只是幫助讀者了解孩子較可能出現低成就的可能時機。其實低成就的問題，要根據個別孩子的現象去觀察了解，不論男生或女生，任何成長階段都有可能出現低成就的現象。

觀察低成就要客觀及精確

　　要幫助孩子克服低成就，首要工作就是先確定孩子是不是低成就，以及在哪些方面潛能尚未有效發揮。確定孩子是不是低成就時，父母特別要注意避免主觀情緒的影響。為人父母總希望孩子成龍成鳳，對孩子的期望難免較高，期望過高時，孩子的表現令父母不滿意，結果被視為低成就。事實上，孩子並非低成就，而是父母為孩子訂的標準太高了。

　　有些情況則是源自於父母本身的經驗，如有些父母在自己年幼時，長輩要求過高而留下難以磨滅的痛苦回憶，因此，在教育孩子上避免給孩子壓力，言行上強調只要孩子快樂就好，功課不好、表現再差也不以為意。

　　有個 IQ 153 的孩子，是屬於高智商低成就的例子。其父親從小就是在家庭高期待之下長大的孩子，由於家長極重視課業，給予相當大的壓力，讓他一直唸得很痛苦，甚至一度想自殺。由於這種痛苦的成長經驗，讓他在教育子女上有了一百八十度的轉變。他只希望孩子有個快樂的童年，不管孩子的功課，不過問學校的情形，放任孩子成天隨著他看電視、打電玩，因此孩子的功

課越來越退步，從前三名一路滑落到中後段，平白浪費了 IQ 153 極優異的資質，相當可惜！

父母要避免主觀情緒的認定，為了客觀及精確地確認低成就，筆者由本書相關資料及一些討論，提供幾點注意事項供父母及教育人員參考：

一、低成就的認定應根據客觀資料證明，也就是要有證據。父母及教育人員平常可以鼓勵及協助孩子針對能力及成就表現的相關資料，如測驗結果、學業成績、比賽獎勵、課內外作品等有系統的蒐集、建檔，長期累積整理。除量化的數據外，也要重視質性資料的蒐集，例如觀察孩子的行為特質，是否有哪些癥兆顯示孩子某些方面較具潛力，以及孩子是否有一些低成就學生的行為特徵。此外，也可以鼓勵孩子參加活動、比賽或廣泛閱讀課外讀物，從中觀察。透過質性及量化的資料、多元的指標，以及長期的檔案評量與觀察，針對孩子多元的能力及各方面的成就表現，根據相關證據予以比較確認。

二、了解孩子低成就現象固然重要，但優點及表現不錯的地方也一樣不能忽視。肯定孩子的優點及特長，可以幫助孩子在低成就時仍能維持其自尊心及信心。

三、低成就有其範圍，因此，認定孩子低成就，必須指出在哪些方面表現與其相對的能力尚有落差。尤應避免孩子因某方面表現不佳，就逕以概括性的方式認定他就是低成就學生。由於孩子並非一無是處，明確指出他到底在哪方面表現不理想，方能針對弱點對症下藥。

四、成就表現與能力間的落差有高有低，落差持續的時間也有長
　　有短。落差究竟要多高，持續時間要多久，才算是低成就，
　　目前並無定論。但教育上應把握時機，只要孩子一出現落
　　差，即應加以輔導，不要等到落差嚴重，或持續太久時才注
　　意，屆時消極負面的影響可能已經造成了，要改變也就變得
　　更加困難。

五、孩子功課退步一點，就很緊張地說他是低成就，這種標記有
　　可能是錯誤的，因為有些退步可能只是暫時的原因造成的，
　　一旦原因消失，功課就會好轉。如果輕易地說某個學生是低
　　成就學生，此種標記可能不利孩子的自尊心，容易造成負面
　　的影響。因此，站在教育的立場，對低成就的認定應採發掘
　　及教育從寬、標記從嚴的方式進行；也就是隨時掌握孩子的
　　發展，一旦出現成就落差時，即應找出原因，並加以解決，
　　儘快從失敗中站起來。另一方面，即使孩子暫時表現不佳，
　　也絕不輕易說他就是低成就的孩子。

成就與能力落差檢核表

檢核說明：

1. **檢核目的**：評估成績與能力落差，以便了解原因，幫助孩子課業進步。

2. 每一個人的能力有差異，不同領域的能力也不同，孩子表現好或不好，應與其個人在各領域相對的能力比較。

3. 假設某一領域或科目的成績與該領域的能力相符，則該領域的表現就算正常；若有落差，則表示應該還有進步的空間。

4. 檢核要根據成績與能力資料，以及相關證據。進行前應盡可能蒐集能表現個人能力與成就的所有資料，並加以建檔。

5. 能力評估，可參照「能力檢核表」。

6. 根據成績，比較個人在團體中的相對位置，將評估結果註記於相對領域之下。

   「4」表示「特優」：團體中個人或成績居於最前面的 5%。

   「3」表示「優」：團體中個人或成績居於最前面的75%至94%。

   「2」表示「普通」：團體中個人或成績居於中間，在 25%以上，74%以下。

   「1」表示「中下」：團體中個人或成績居於後面的24%以內。

7. **過去六學年內表現的最佳成績**：可假設為能力評估的一部分，如果孩子過去在某一領域有很好的表現，表示孩子在該領域的

能力很好。

8. **落差檢核**：以**能力評估結果**減去**最近一學期成績評估結果**──

0：表示成績與能力相符

1：表示有落差

2：表示落差大

3：表示落差很大

　　例如孩子的數學能力評估如果是特優「4」，但最近一學期數學成績評估卻是「1」，檢核時，以「4」減「1」等於「3」，那麼表示孩子最近一學期的數學成績與其數學能力間有很大的落差。

9. 檢核時，要注意**比較團體**是否相同，盡量以**相同的團體**比較。

10. 智力（一般能力）與學業總成績有落差，表示整體表現不夠理想；某一領域具有落差，表示該領域表現不夠理想。表現不夠理想，表示還有進步的空間。

11. 檢核結果不一定絕對正確，必須與其他資料相互印證，資料不同或增多時，應重新檢核。

12. **檢核人**：可以是父母、老師或孩子自己，三者能共同討論檢核更佳。檢核過程應讓孩子參與，結果也要與孩子一起討論，並藉此鼓勵孩子在有落差的領域檢討改進。找出落差，目的不在指責或標記孩子，而是要幫助孩子進步。

13. 每個人都有很大的潛力，即使目前在某些領域表現已經不錯，成績與能力間沒有落差，並不表示孩子在這些領域就無再進步的空間。

14. 參考本書第三章。

成就與能力落差檢核表

學生姓名：_____ 就讀學校：_____ 年級：_____ 出生年月：____年____月生

檢核註記（評估結果以數字在其領域下註記，如，特優：4，優：3，普通：2，中下：1）

項　評估　領域　結果　目	*學術性向（學科科目）						藝術才能			領導能力	創造能力	其他持殊才能		
							音樂	美術	舞蹈（表演）			體育	電腦	
能力檢核結果（參考能力檢核表）														
比較團體														
過去六學年內最佳成績（表現）														
學年														
評估														
比較團體														
三年前學年成績（或表現）														
評估														
比較團體														
二年前學年成績（或表現）														
評估														
比較團體														
一年前學年成績（或表現）														
評估														
比較團體														
最近一學年成績（或表現）														
評估														
比較團體														
最近一學期成績（或表現）														
評估														
比較團體														
最近一學期成績或表現與過去三年比較（適當欄內打勾） 變化不大														
進步														
退步														
比較團體														
能力評估減去成績（或表現）														
一般能力之評估減去智育總平均之評估：														

（左側縱向欄位標示：落　差　檢　核）

檢核人員：_____ 檢核時間：_____

*學術性向：請將學業成績單中各項學科科目填進空格中，例如：國語（文）、英語、數學、自然（與科技）、理化、物理、化學、生物、地球科學、健康教育、社會、歷史、地理、公民（與道德）等。

檢核結果：
1.整體領域，成就與能力的落差：　□可能落差很大　　□可能落差大　　□可能有落差　　□可能無落差
2.個別領域，可能落差很大　領域：_____　科目：_____　持續時間：_____
　　　　　　可能落差大　　領域：_____　科目：_____　持續時間：_____
　　　　　　可能有落差　　領域：_____　科目：_____　持續時間：_____

第四章

為什麼孩子
成績不好？

孩子表現不佳，
別急著責怪，
不如先檢討原因，原因消失了，
成績也會跟著進步。

　　孩子明明不笨，為什麼成績不理想？過去成績不錯，為什麼現在越考越差？這是父母經常提到的問題。孩子的課業成就與能力預期間產生落差，功課退步時，不僅孩子挫折，父母及教育人員也很沮喪，無不希望拉孩子一把，將孩子帶上來。要協助孩子克服低成就，反敗為勝，關鍵在了解孩子成績不理想的原因，並運用有效的方法，協助孩子克服這些障礙。

　　成績好或不好，原因很多，本章根據有關文獻及筆者的研究，針對能力不錯但成績不理想的學生，分別從學校、家庭及孩子等三方面做分析說明。

學校的問題

　　學校成績主要是表現孩子在學校的學習成果，孩子成績不理想，不免跟學校有關係。課程規畫、教材教法、師生關係、同儕互動、作業評量、教室管理等，都會影響學習效果。

課程缺乏彈性，學習興趣低落

　　學校中老師一般多採團體教學方式，在一個三、四十人的大班級中，要適應每一位學生的個別差異，實在不易。在多數學生能力屬中等的大環境中，課程教科書不得不以中等智能的學生需求為主要考慮。因此，能力差異較大，如智能較低或較聰明的孩

子也就不易適應。智能低的孩子再努力也趕不上，當然就不會有興趣學習，這樣一來，即使原有一些潛力卻也無從發揮；聰明的孩子則會覺得課程太簡單，老師教的，他早就會了。

美國最近研究發現，五、六年級中等及中等以上程度的學生，約有78%至88%在還沒有教到之前就能通過理解力測驗，大多數國小教師可以為10%至15%的學生刪減40%至50%的基礎正規課程。非常聰明的學生在英語及數學課程上可以刪減70%至80%（Reis, Burns & Renzulli著，蔡典謨譯，2001）。筆者曾以聰明的學生，針對老師還沒教到的教材做預試，發現即使老師還沒教到，聰明的孩子很多都已會了。以數學來說，有的孩子預試的成績達到八十分、甚至九十八分。在還沒有教之前，就能考九十八分，可想像這樣的孩子上課時會有多無聊。

筆者訪問學校時，常問資優生對於一般課程的看法，是不是可以花較少的時間學會，答案都是肯定的。問題是他們要跟一般孩子花相同的時間，結果不但學習興趣提不起來，而且也浪費了寶貴的時間，潛力當然就無法發揮。

孩子一開始上課，就有個別差異的問題。一般來說，學校課程是根據普通能力學生設計的，由於課業簡單，聰明的孩子不必認真，容易養成散漫的習慣，在家裡不必花很多時間準備學校功課。有些孩子就會把時間花在電視、漫畫或電玩上，因其成績仍表現不錯，父母也不在意。這些孩子在小學低年級功課簡單時，憑其聰明，即使不認真唸書，也還有不錯的成績；到了年級越高，課業越複雜、越多時，便漸漸跟不上，再加上基礎沒打好，散漫的學習習慣已養成，於是就形成了低成就。

聰明的學生語言發表能力較佳，喜歡上課有討論的機會，但在大班級教室中，老師滔滔不絕的講課，學生安安靜靜的聽課，常是一般教學的模式。聰明的學生可能比較喜歡思考性、操作性的作業，較討厭單調機械式的練習。但目前學校的作業一般仍以練習為主，甚至有些家長還會要求孩子多做額外的習作，認為練習越多，功課越好。有個資優班的學生告訴筆者，他每天都忙著做習作，單單一個科目就做了七種習作，幾乎所有時間都忙著重複練習，連思考的時間都沒有，日子過得痛苦極了。

在以中等智能為導向的學校環境中，不聰明的孩子反而比較容易適應；越聰明的孩子對學校課程、教材、教法反而越沒興趣，影響所及，就是他們沒有興趣學習、學習效果不佳、浪費時間，潛力當然就沒有辦法發揮了。

競爭激烈，強調外在動機，忽略內在動力

學校常是一個競爭激烈的環境，舉凡整潔、秩序、壁報、合唱、美術、國語文及各種體育活動，處處在比賽，而每天大大小小的考試更是比賽。比賽結果，成績頂尖的受到讚美、獎勵，但絕大部分同學都非受獎人。記得筆者在初中時，老師為班上訂了八十五分的公訂標準分數，考不到的，少一分打一下，有人每考必被打，被打習慣，幾乎麻痺，沒感覺了。現在雖然體罰的現象減少，但考試還是一樣多，老師雖不打學生，但會公布成績，按分數高低排列發回考卷。學生只要一聽到「發考卷」三個字，人人惶惶不安，考不好的，一頓責罵少不了，而受到老師誇讚的也只有少數幾人，其餘沒被讚美的，無疑被宣告：「你們考得不夠好！」

在競爭激烈的環境中，強調的是團體比較，許多大人總認為「別的孩子能，為什麼你不能？」過於強調團體競爭的結果，許多孩子經常感受到失敗、挫折，因而喪失自信心。團體比較及外在獎勵，使孩子處處要跟別人比較，要靠成績贏別人來博取師長父母的認同，孩子的學習動機因而是外在的。有的孩子經歷過多的挫折失敗以後，容易認為自己不行，自己不夠好，不可能受到老師父母的讚美，結果外在動力消失了，追求好成績的意願減低了，原有的一些能力也放棄了。

筆者曾經訪視過一所國中，資優班老師看到我來訪，很高興說：「蔡教授，您能來看我們，太好了！您知道嗎？我們為資優

班拼了三個月了！」聽到老師這麼認真，筆者真的很感動；另一方面，筆者也想了解學生的看法，於是找了學生來座談，學生看到筆者，彷彿看到救世主一般，他們急切地說：「蔡教授，您來看我們，真是太好了！請您救救我們！您知道嗎？我們每天都要考試，每次考試都公布排名，如果考差了，老師就不斷地唸，說我們資優生怎麼考這麼爛，連普通班學生都不如！」考試公布排名，其實就是宣判不屬於前幾名的學生們：「你們不行！你們太差了！」因此每次考試，大多數同學都感到失敗、挫折，即使是資優生也是一樣挫折連連。

　　筆者撰寫本書時，因係利用休假赴美國康乃狄克大學擔任訪問學者，國二的孩子也隨同在康州一所初中就讀。從教育的觀點來看，筆者發覺美國教育制度比較重視個人的比較。當然學校也有不少考試，但考試方式多樣化，不限定紙筆測驗，筆試與其他作業、作品、表演、發表、討論等都是評量的依據，老師在評量之前會給評分的依據，學生根據要求準備妥當去應試。評分之後，老師會叫學生到面前，給他看自己的成績，也會指出孩子表現不錯的地方。學生通常不會知道其他同學的分數，他們強調的是學生自己與自己比較，而非與同學彼此競爭。除非正式代表學校參賽，獲獎同學的獎狀才會公布在公布欄；或作品做得很好，值得同學學習、欣賞的，會貼在教室或放在走廊櫥窗，否則一般學習是沒有成績排名或分數的壓力。

　　值得一提的是，老師評量也重視努力的程度，聰明的學生如果努力程度不及應表現的水準，雖然作品也許做的比資質差的同學好，但分數不見得比資質差的同學高；如果能力不是很好但仍

看得出來很認真努力，老師評分時便會給較高的成績。學生如果在學校表現不錯，老師也會寫信給家長，讓家長知道孩子在學校表現很好。

每個孩子能力不同，不能採是否「贏別人」來評量自己的價值及努力的程度，即便是資優生，也不見得樣樣資優。有些領域的能力不如普通班學生是很正常的，例如有人唸書科科都很棒，體育卻不行；有人電腦、數學很精通，其他功課卻很普通；也有人體育樣樣比人強，功課卻一塌糊塗。如果過分強調競爭，一定非贏別人不可，才是好學生，結果贏不了的人，很容易喪失學習興趣與動機，即使他們有能力也沒有發揮的動力；甚至還有國中學生嫉妒同學成績好，自己老是贏不了他，憤而拿刀將同學捅成

重傷的事件。

　　處在今天這個充滿競爭的社會裡，學校難免也要提供機會讓學生與別人競爭，而競爭也是激發潛能的一種方法，因此學校不必完全排除競爭，重要的是避免競爭的消極影響，例如：只有前幾名才算好學生、考輸了就全盤否定、考試目的在於贏別人、成績排名決定人的價值，以及公布排名施予學生壓力等等。

　　事實上，考試的目的是在診斷學習成果，以及挑戰學習的潛力，如果經過努力，已經盡力了，就應該給自己肯定。倘若自己覺得哪些地方有缺失，謀求改進，避免重蹈覆轍，才是重要。父母及教育人員要鼓勵孩子自己與自己比較，自訂適宜的目標，努力去達成。進一步再藉由外在的鼓勵，逐漸建立起追求成功的內在驅力，那麼孩子的潛力就會不斷發揮。

師生關係消極，學習動機不足

　　筆者曾以問卷的方式調查中、小學生，發現造成低成就的學校因素中，主要是學習動機與學習興趣低落，以及不喜歡該科老師。

　　一個具有教學熱誠、活潑生動的老師，能夠啟發學生學習的動機與興趣；而經常鼓勵學生、關心學生或重視學生的老師，不僅會使學生喜歡該科、成績進步，也會使其信心提升。因此，學校老師如果能認真準備教材、活潑教學，而且關心學生，積極營建良性的師生互動，不僅會使學生喜歡老師，也會提升學生學習動機與學習興趣，甚至原來成績低落的學生，也常因換了好老

師,潛能因而被激發出來。

在一個小學五年級的班上,有兩個同名的學生,他們都叫做「偉明」,但二者表現大相逕庭,一個很好,一個很差。有一天開家長會,其中一個趨前向剛接手的新老師說自己是偉明的家長,老師則大大稱讚偉明各方面表現都不錯,偉明的父母聽了很高興。談了一陣子,老師發現他們居然是成績不好的偉明的父母,心想糟了,只得硬著頭皮繼續談;但她不敢自打嘴巴,順勢拐個彎,告訴他們,雖然孩子表現不錯,但仍有些地方必須改進。偉明的父母聽了老師大大誇讚自己孩子的話,深受鼓舞,也記住老師提到要改進的地方。回家後,把老師誇讚的話及建議很高興地告訴孩子,孩子聽了老師的誇讚及看到父母高興的樣子,從此信心大增。過去成績原都停留在七十多分左右,結果學期末,成績躍升到八十五分上下,班上排名則前進了十名。

這個例子告訴我們,老師及父母對孩子持正向肯定的期望,常可以發生「比馬龍」效應。期望孩子會表現好,相信孩子會進步,孩子也朝這樣的期望去努力,常常結果正如所預期的出現。因此,正向積極的師生互動是很重要的。

另一方面,如果老師不喜歡學生,學生也討厭老師,學生常會因不喜歡該科老師而排斥老師所教的科目;即使有能力,也沒興趣與動機學習,當然不會有好的成就表現。學生不喜歡老師,也許是老師太嚴厲,經常責罰學生;或老師沒有教學熱誠、照本宣科;也可能是學生感受老師討厭學生的結果。

有個成績原本不錯的學生,在小學五年級時,有一次因為作業寫得潦草,老師便當著全班同學面,譏諷他的作業像鬼畫符,

並將其作業簿毫不留情地由四樓教室扔到一樓；他從一樓喘嘘嘘
地撿回來重寫，老師仍舊不滿意，再扔一次。這種戲碼經常上
演，造成孩子心靈很大的創傷，自尊心大受打擊，自信心消弭殆
盡，喪失學習動機，視上學為痛苦的事，功課一落千丈，後來成
了明顯的低成就學生。

　　老師當然不希望見到學生不認真做功課，遇到這樣的學生，
難免會有情緒反應，但教育專業人員的行為表現應該要注意對孩
子的影響，如果任意發作負面的情緒，傷害了學生自尊心、降低
其學習興趣，到頭來師生關係不佳，造成學生成就低落，老師也
會覺得沒成就感。

　　一般而言，老師對資優生常有較高的期望，因此學生一旦某
方面表現不是頂好時，很容易遭到責罵：「你不是資優生嗎？怎

麼連這個也不會？像你這麼差，乾脆回去普通班算了！」導致資優生因此排斥資優，且逃避老師、討厭老師。聰明的學生學習速度較快，喜歡發表，有些老師不了解這個特點，很可能因此責罵他們話多好動。

聰明學生的其中一個特點就是學習速度快，課堂上的內容很快聽懂，甚至老師還沒教他就懂了，作業也比一般同學做得快。當孩子聽懂了或做完了，他容易厭煩而表現出一些老師認為不專心的動作，結果招來老師的責罵、排斥，變成老師討厭的壞學生，甚至誤認為學生故意跟老師做對。老師如果討厭學生，認為學生不專心、不努力，打成績時難免受影響。有的老師看學生很快把作業做完，就會再給其他作業，或叫學生再做一些雜務，結果形成作業做得快、學習效果佳的學生反而受到某種形式的懲罰。有些聰明的孩子因此而「學乖」，作業不求快、表現不求太好、不必思考、有想法也不要表現出來，變成跟老師期望的大多數學生一樣，優異的能力刻意被壓抑了。

教育上我們常說「要把每一個孩子帶上來」，意思並非要每個孩子都學相同的東西、學到相同的程度，以及用相同的方法學習，就如同每餐吃多少飯一樣，不是每個人都相同。把每個孩子帶上來是指讓每個孩子的潛能都充分發揮，雖然各人的學習步伐有快有慢，但還是要依其學習速度給予公平的受教機會，協助他們盡可能發揮出應有的潛能，即使是智能不足的孩子也有能力，不能因為趕不上一般同學就把他們放棄了；而能力優異的孩子學習速度較快，學得較深入，可以學會較高層次的內容，教育上我們應該樂見他們傑出，而不是把他們拉回來跟大家一樣齊頭，彷

佛工廠製造同一規格的成品一樣，我們的社會要進步不是要靠有
人帶頭超越突出嗎？

同儕壓力，表現普通較受認同

在學校裡，孩子每天和同學在一起，彼此互動，當然會影響
孩子的發展。人都有社會的需求，也就是需要被人接納，受團體
歡迎。年級越高，同儕的地位益發重要，他們不但彼此學習，相
互模仿，同學的肯定支持及正向積極的關係，更是孩子快樂及情
緒穩定的來源；而不快樂常是因與同學吵架、相處不和諧的關
係。如果跟同學相處不來，缺少朋友，很可能因此情緒不穩定，
而影響專注的學習。

有位原本功課不錯的學生，國二時，突然成績一直退步，父
母很緊張，每天盯著孩子做功課、嘮叨他，雖然孩子每天都在書
房唸書，但成績就是沒有起色。後來筆者有機會接觸到這個學
生，他告訴筆者：「同學都不喜歡我，過去這三個月，我沒有跟
同學講過一句話。」在三個月的團體生活中，沒人理睬，沒有可
以講話的朋友，心裡的壓力可想而知。孩子在意的是同學的關係
不良，不知道該怎麼辦？雖然外表安安靜靜，但內心卻起伏不
定，上課不專心，心裡想的仍然是「同學不理我」；回到家，心
緒不寧，無法專心，課業成績於是節節退步。所幸筆者將孩子的
困擾告知其家長，於是家長積極到學校與老師一起了解原因，並
尋求解決之道，適時幫助孩子。當同學關係不和諧的壓力解除
後，這個孩子功課就進步了，並推甄進了高中名校。可見同儕的

互動，關係重大，父母及教育人員平時也要注意孩子交友的對象，及同學彼此間互動的情形。

個別差異較大的孩子，如身心障礙或較聰明的孩子，因與大多數同學的特徵不同，使得他們在交友上常遭遇較大的困難。

聰明的孩子由於記憶力強、反應快、學習能力好，表現自然較佳，例如老師提問題時，別的同學還搞不清楚老師究竟在問什麼時，聰明的孩子就已經舉手回答了。同學心想：他怎麼那麼聰明，我怎麼這麼笨！這種想法會傷害自尊心，而聰明的孩子也成了其他學生不快樂的來源。發成績單時，聰明的孩子由於成績好，常得到老師的讚美；班上有對外比賽時，老師指定的，往往也是聰明的學生。誰不希望被老師讚美、重視，但班上有了聰明的同學，其他人的機會就減少了。因此，聰明的學生難免成了同學嫉妒的對象。若聰明又驕傲，以反應快速及優異表現擊敗別人為樂，則更容易受同學排斥。

一般而言，與自己特質近似的人，較容易親近，相處也較無壓力。聰明的孩子由於與一般孩子差異大，不易被了解、接納；同時他們也可能不了解別人，例如容易因別人反應慢而不耐煩，當別人以前講過的話又重複說了，聰明的孩子就會說：「你已經講過多少遍了！」這樣不耐煩的反應常會造成他人的壓力。聰明往往就是心智成熟，也就是心智上跟年齡較大的孩子較為接近，當他們與生理年齡相同的同學編在一班時，常會覺得班上同學幼稚；而班上同學也會覺得聰明的孩子很難了解，像怪胎一樣。因此，聰明的孩子容易覺得孤單、缺少朋友，甚至被嫉妒、排斥，社會需求因而不易獲得滿足。

　　人總是需要被團體接納、被別人肯定，聰明的學生也不例
外。但在大多數同學表現中等的班級裡，聰明學生往往就要在
「表現傑出而孤單」或「認同多數而壓低表現」間做抉擇。如果
選擇要有較多的朋友，則可能因此傾向認同於一般同學的標準，
如考試成績、作業品質、學習速度等。一個能考一百分的學生要
他考七十五分並不困難，這樣一來，聰明孩子的潛能可能因不想
表現而刻意隱藏了。原本可以表現很好的，卻變成表現平平，成
就與能力間有了明顯的落差。

　　人與人間和樂相處，需要社會能力與技巧，而社會能力與技
巧也需要學習。學校往往重視課業表現而忽略待人處世，聰明的
學生如果重視待人處世、了解個別差異、學會尊重別人，並以自

己擅長的成就熱心助人，人際關係一樣可以很好。聰明的學生未來可能是各行各業的領導者，成功的領導者除專業領域要有傑出能力外，也需要良好的社會能力，能與不同能力的人維持良好的關係。因此，教育人員對於聰明學生的輔導，除提供彈性而具有挑戰性的課程外，也不能忽略待人處世的教導，讓聰明的孩子可以做個功課好、品行佳、人緣又好的快樂學生；不要因功課好，而成為人人討厭、不快樂的學生。如果因學校不快樂而產生適應問題，甚至放棄功課好而成為低成就，這是父母與教育人員所不願意見到的。

人際關係問題不是只有聰明的學生才會碰上，如何待人處世是每個孩子都需要學習的。即使一般能力的孩子也難免會在重視課業競爭的學校中，和同學相處不佳，這都會帶給孩子困擾；孩子情緒受影響，勢必無法專心讀書，功課將因此而受影響。他們的表現與實際能力間一樣有很大的落差，雖然不是「高智商低成就」，但卻是「一般能力而低成就」，一樣是人才的浪費。

因此，父母及教育人員在教育孩子時，對於待人處世、社會技巧要加以指導，了解孩子交友情形，觀察孩子與同學朋友間的互動，鼓勵其結交益友，並學習他們的優點，互切互磋，不但孩子會快樂，潛能也會因此而激發，甚至低成就的孩子也可能受到好同學的影響，見賢思齊而反敗為勝。

教育階段改變，孩子不適應

孩子在成長過程中，會經歷不同階段，產生不同變化，如果

適應不良，也會影響其成就表現，如家庭與學校間、國小進入國中、國中銜接高中、甚至高中邁入大學等，都有可能產生變數。

現今家庭孩子普遍不多，大多只有一、兩個，孩子小的時候，父母常是寵愛有加，孩子是家庭的中心、父母關注的焦點，照顧無微不至，有些甚至可說是嬌生慣養。孩子上學之後，在三、四十人的大班級中，老師不可能像父母一樣把每個孩子都當成焦點，孩子必須學習與所有同學一樣公平分享老師的關愛，如果處處像小霸王，要別人禮讓，要像在家裡一樣的待遇，難免會挫折、不滿。

孩子由小學進入國中，國中升到高中，高中進入大學，其間都會有所變化。一般來說，小學是級任老師制，一個班級老師不會多，老師與學生相處的時間比較多，較了解孩子，對孩子的管理也會注意細節。小學到國中由於沒有升學壓力，因此教學正常；孩子進入國中以後，級任老師制變成科任老師制，孩子要適應的老師多了，每一科的老師與學生相處的時間則相對減少。加上高中升學考的壓力，課業負擔增加，考試頻繁，三年國中生活就是在大大小小不斷的考試中度過。

老師在意學生的考試成績，考不理想的，難免受老師指責；同時對正值叛逆期的國中生，學校的管理也會較為嚴格。孩子在這樣的體制下，被動的唸書考試，行為、活動受到管束，很容易形成被動的習慣。

進高中之後，學校老師通常會給予孩子較大的自主空間，讓他們自己唸書，自我負責，不會再像國中一樣考試頻頻。大學則變化更大，大學教授重視知識的傳授，對學生的管理，幾乎採取

開放的方式,大學的課程是學分制,學生要自己選課,除了期中考及期末考外,平常幾乎不考試,有些考試甚至以報告代替。有些教授上課不點名,學生按自己意願上課,所以上了大學可說完全靠自己主動學習了。

不同階段的變化差異很大,不少孩子在教育環境改變時,由於前一階段已養成固定的習性,往往在銜接的過程中造成不適應的問題。筆者調查低成就的學校因素時,發現換了環境、適應不良也是原因之一。因此,父母及教育人員要特別注意家庭與學校間,以及不同教育階段間的轉接可能對孩子造成的影響。

家長教養子女時要注意孩子在家裡養成的習慣,到學校之後會不會有適應上的困難;也要及早為小學五、六年級及國三、高三銜接可能面臨的問題預做準備。各級學校對於新生應注意到孩子過去的環境特徵而予以引導,若孩子在進入新環境前能有所準備,進入新環境後給予引導,就不會因適應不良而導致成績退步。其實不只是不同階段有很大的變化,年級不同、換了老師,可能教學方式、要求、老師的人格特質都不同,這些都需要學生重新去適應。父母及教育人員要注意孩子先前的經驗,了解孩子與新老師相處的情形,關心、協助孩子適應新老師與新環境,潛能的發展才不會受到阻礙。

家庭的問題

　　家庭對孩子的影響不但開始得早，而且影響深遠，就如金斯貝瑞（Ginsbery）曾提出：「家長是子女第一個老師，因此他們對子女的一生有著最大及最長遠的影響力，他們站在價值提供、態度形成和資訊給予的第一線上。」（Passow,黃裕惠譯，1992）

　　家庭是人出生後最早的生活環境，是幼兒最早接觸的生活天地，也是兒童成長最主要的場所。家庭經驗對兒童行為發展具有重大的影響，舉凡家庭的社經水準、家人關係、父母教養子女的態度和方式，以及其他各種因素所形成的家庭生活氣氛等，均與兒童的生活適應息息相關，兒童在穩定和諧的家庭中成長，父母提供愛及溫暖的環境。兒童具有安全感、自信心，潛能得以充分發揮，人格也能健全發展（簡茂發、蔡玉瑟及張鎮城，民81）。

　　兒童在進學校之前的生活及學習場所，主要在家裡，因此家庭也是學校的準備，兒童在家裡做好學習之前的準備，自然有助於學校裡的優異表現。兒童上學之後，經濟上靠父母支持，精神上需要父母的鼓勵；放學後，生活的主要環境也在家裡，家庭繼續影響孩子的學習也是很自然的，可見家庭影響的重要。兒童自出生獲得父母遺傳開始，在父母所製造的環境中生活，受父母知識、價值觀念、生活習慣、教養方式、親子關係等因素的影響，並與家庭以外的因素交互作用，直接、間接都影響了兒童日後的

發展與成就。

　　學校教育要成功，不能忽略家庭的影響，天下父母無不關愛孩子，為孩子付出最多，無論精神上、物質上或時間上，有些甚至可用「犧牲」二字來形容，無非是希望孩子幸福成功、出人頭地。父母為孩子付出的愛無庸置疑，但效果卻不見得成正比，我們不是常聽到或看到「愛之適足以害之」、「枉費一番苦心」嗎？父母過分寵愛，無微不至地為孩子代勞，反而培養出被動及適應力差的特性，不利孩子成功。又如父母關心孩子的課業，每天叮嚀，不斷嘮叨，可能造成親子關係不佳，孩子反其道而行，故意表現違反父母願望的行為，結果是事倍功半，孩子的成績依舊沒有進步。

　　因此，如果孩子課業成績退步了，成就表現與能力所預期的水準有明顯落差，除參考上一節學校問題，探討可能的原因外，也要從家庭環境及教養方式進行檢討，家庭問題大部分都是父母可以掌握及改善的。哪些問題對孩子的成就可能造成不利的影響呢？根據筆者的研究發現：環境欠佳、溝通不良、期望不適當、教養不一致、補習太多及忽略獨立自主等，都是重要因素。

環境欠佳，不利潛能發展

　　家庭環境不好，對孩子的發展難免不利。環境包括家庭社經水準及家庭學習情境。家庭社經水準包括父母教育程度及家庭經濟水準。以父母教育程度而言，教育水準高的父母，可能從事較專業化的職業，在職業上的知識與技巧，將會無形的影響兒童。

兒童在父母的潛移默化下，不自覺的吸收了新知，而有助於孩子的發展；父母亦可以其本身教育成就的成功經驗引導孩子，孩子常以父母為認同對象，父母的教育成就，變成孩子發揮潛能的動機。相反的，如果父母教育水準低，能提供兒童知識上的指導及課業上的協助就很有限，而孩子即使潛能不錯，亦有可能因為認同父母的低教育成就而缺少動力。

　　就經濟水準而言，經濟水準高的家庭，可提供較佳的物質條件及較多的文化刺激，例如：營養、醫藥、保健、文具、書籍、參觀旅行，以及社區資源等。孩子從小得到較佳的照顧及較豐富的文化刺激，競爭條件自然較為優勢，尤其學齡前兒童及小學低年級階段，家庭環境的影響更為明顯。許多研究均發現，家庭社經地位越高，兒童的語言發展較快，自我肯定程度也越高，他們在學業上的成就與其父母的社經地位有明顯的相關。相對的，貧窮的孩子從小得不到好的物質照顧，家庭缺少文化刺激，潛能因而不易發展，孩子越小，競爭條件不利的限制越大。

　　家庭學習情境的布置也會影響孩子的學習效果，在安靜適宜的讀書場所，孩子比較能專心做功課，學習效果較佳。相反的，如果讀書場所吵雜，外在刺激太多，例如孩子在播放電視的客廳做功課；孩子做功課的周遭盡是些講話聲、嬉戲或做家事等干擾，要孩子專心做功課便很困難。做功課不專心，即使潛能不錯，效果也不會太好。

　　以上所提的家庭環境，有的較難改變或改變需要較長的時間，例如：父母的教育水準及家庭經濟條件。要改善這些情況不是不可能，但常需一段時間努力才能達成。

　　學習情境的布置則是父母可以控制的，如果家裡房間夠，孩子能有自己的書房最好。若沒有書房，在客廳、餐廳做功課，只要家人注意，避免吵到孩子，一樣可以提供安靜的讀書環境。如果受客觀條件的限制，像客廳就是小工廠，或居家附近即是鬧區，車水馬龍吵雜聲、麻將聲，家裡實在無法提供安靜的讀書場所，則要注意孩子是否能夠忍耐、習慣，觀察其讀書效果，並鼓勵孩子克服外在環境的影響。如果能因此訓練出更佳的專注力，反而成了孩子的競爭優勢。

　　另外，也可以了解學校是否有開放教室，或附近是否有圖書館，以及供學生讀書的社區場所，若能充分運用社區資源，在學習情境的布置上便多了一項選擇。

　　父母教育水準及家庭經濟條件雖然對孩子的成就有影響，但影響並不是絕對的。有關研究雖然發現家庭社經背景與孩子的學業成就有正相關，但這些研究一般都是以調查的方式，從數量上統計多數傾向，因此發現家庭社經背景越高的孩子，成就較高。

　　如果以個案的方式，針對個別家庭去分析，我們會發現，其實不是每一個富有家庭孩子的課業成就都很高；父母教育水準高的家庭，孩子也有失敗的，而父母知識水準不高，或貧窮家庭的孩子一樣有很多出人頭地的。因此，經濟條件較佳的家庭，父母教育水準較高的，一樣不能忽略教育。如果能善用自己的經濟及教育條件，多提供孩子有利的文化刺激，多花時間陪孩子成長，則孩子成功是可以預期的；萬一暫時失敗、退步了，只要檢討改進教養的策略，加上有利的條件，孩子要進步是很快的。

　　另一方面，如果能重視教育，知識水準不高的父母，一樣可

以虛心請教他人教養孩子的方法；雖然家庭物質條件不佳，但心理上還是可以給孩子很大的支持，這對孩子的發展更加重要。

孩子逐漸長大，可進一步善用學校環境，潛力就會逐漸發揮，雖然貧窮，但這樣的環境反而較易訓練孩子堅強毅力與挫折容忍力，使得孩子具備另一種競爭優勢。

因此，對於環境欠佳而課業成績落後的孩子，父母不能失去信心，除盡力安排安靜的讀書場所外，也要學習教養孩子的有效方法，在心理上給孩子更多的支持，並善用艱困的環境培養毅力，那麼小時候暫時的落後就可以逐漸克服，甚至後來居上，父母也可實現一代比一代好的願望。

溝通不良，家庭關係不和諧

家庭是孩子成長的搖籃，家庭關係和諧，不但有利於孩子的人格發展，孩子在愛的環境中成長，其成就動機也會跟著成長，被關愛的孩子亟思努力用功以達成父母的願望，是非常自然的事。而家庭氣氛的和諧，常可以給予子女安全感，讓他們放心地去從事自己的活動，去探索四周環境，孩子的潛能因而得以發揮出來。

家庭關係要和諧，關鍵是家庭成員間要有積極而良好的溝通。父母過於權威、嘮叨或與孩子相處時間少，常造成親子關係緊張，而父母間溝通不良，甚至造成婚姻破裂，對孩子的傷害更大。

筆者曾以問卷調查家庭溝通與孩子課業表現的關係，發現溝

通良好者，孩子的課業成績普遍較高，而成績較差者則傾向於很少溝通（蔡典謨，1998），可見父母間及親子間積極而良好的溝通，以及和諧的家庭關係對孩子發展的重要。

父母管教態度會影響親子間的溝通，溫暖、尊重、接納、鼓勵、關懷、民主等積極的態度，能增進信任與親近，有助於親子溝通，而冷漠、權威或專制的消極態度，則可能造成孩子逃避、畏懼，而不利於親子關係的良性發展。父母冷漠不關心，孩子回饋的也常是冷漠，這樣當然無法有效溝通。

另一方面，有些父母則過於嚴肅，或常以權威的姿態對待孩子，經常責罵孩子，甚至體罰孩子，他們怎麼可能親近父母親呢？溝通要以彼此了解為基礎，如果孩子害怕父母，避之唯恐不及，父母如何了解孩子？彼此不了解，如何能有效溝通？採用權威的態度對待子女，孩子因為害怕，也許表面行為不得不配合父母的命令，但是孩子的困擾及問題根源仍然存在，父母的權威一旦消失，問題行為可能又出現。由於親子關係不佳，消極反抗的情形時而發生，例如表面閉門在房內用功，實則心理上排斥功課；父母要孩子好，孩子偏偏就去鬧事，讓父母憂心。

教養方式也會影響親子溝通，父母總是關愛孩子，因愛子心切，有的很在意孩子的一舉一動及課業表現，看到一點，介意一點，不斷的叮唸，有時不免心急，來不及傾聽，便一味嘮叨。對於父母的嘮叨，孩子不耐，情緒難免受影響，為避免被父母嘮叨，即使有什麼困擾或意見，他們寧可去找同學、朋友訴說，也不願跟父母談。結果父母不但受子女排斥，孩子長大，改變更多，其隔閡也越來越深，了解益加困難。

有個課業不佳的資優生告訴我：「父母的嘮叨最讓我受不了，一看到父母，就好像看到一把刀一樣，他們嘴上一把『叨』，又要來傷我了。每次他們叨唸完畢，見我進房靜靜的唸書，以為我很用功，其實，蔡教授，你知道嗎？我在書房大部分時間都在嘔氣！坐在書桌前一個小時，我真正唸書的時間還不到十分鐘。」

這個例子說明嘮叨的反效果，不僅父母累，孩子讀書效率差，功課也不見好轉。

東方人的個性一般較為含蓄，父母教養孩子時，較少讚美、鼓勵，認為孩子表現好是應該的，很少以言詞公開讚揚。另一方面，可能對孩子期望較高，喜歡拿他人與孩子相較，因而對孩子的缺點非常在意，注意力都放在孩子不夠好的地方。想想看，當

孩子拿回九十五分的考卷時，家長看到的是幾分？很多父母在意
的是那五分到哪裡去了？孩子喜孜孜拿回不是滿分卻已經是全班
最高分的試卷，滿心期待父母的讚美，但父母卻仍不滿意而碎碎
唸，甚至責罰孩子，孩子很洩氣，便會在心理上排斥父母。

　　記得筆者曾經為孩子低成就的父母舉辦一個成長團體，有一
次要求每位家長談自己孩子的優點時，只見每位家長開頭說了孩
子一項優點後，緊接著侃侃而談的全是孩子的缺點，十分鐘的談
話，有九分鐘都在談缺點，有趣的是，筆者並沒有要他們談孩子
的缺點。可見父母平常習慣指責孩子，而欠缺讚美。筆者也曾問
卷調查高成就學生及低成就學生家庭特徵（蔡典謨，1994；
1998），發現高成就學生的父母常讚美、鼓勵孩子；而低成就學
生則很少受到父母的鼓勵與讚美，孩子認為缺少鼓勵與讚美是影

響其課業成績的重要因素。

每個人都希望被肯定，鼓勵、讚美能增進親子關係，提高孩子的自信心，有信心的孩子由於相信自己會成功，容易產生努力的動機，潛能比較能發揮；而自信心低的孩子比較被動，凡事等待別人來指導，缺少主動探索的勇氣，因此潛能比較不易發揮。

父母過於忙碌也是親子溝通的一種障礙，由於父母事業忙碌，親子間相處的時間相對減少，工作特殊如警察、消防人員、軍人、保全人員、醫護人員，及其他需要夜間上班或輪值的，或父母夜間應酬者，親子相處的時間更少。親子相處時間少，溝通有限，彼此不了解，不太容易培養感情。有些父母不見得工作忙碌，在家裡卻光顧著忙自己的事或鎮日守著電視，少跟孩子講話，親子間的溝通還是困難。親子間欠缺時間溝通，除父母的原因外，另一個原因可能是孩子太忙碌。過多的補習、活動，即使例假日也不例外，緊湊的行程讓孩子與父母失去相處的機會，這樣當然也會增加親子溝通的困難。

家庭要和諧，除良好的親子溝通外，父母雙方的溝通也很重要。三代同堂的家庭，更要重視祖父母與父母間的溝通。在同一個屋簷下，彼此溝通不良，緊張的關係容易造成家庭氣氛不和諧。如果父母經常吵架，甚至面臨婚姻破裂，孩子夾在緊張的關係中，情緒易受影響，而使得他們無法專心唸書，心理上缺乏安全感，此時他們擔心的倒不是功課好不好，而是家庭的危機與未來何去何從。在這樣的家庭中，孩子即使有優異的潛能，功課要不退步，實在很難。

溫暖和諧的家是成人快樂的泉源、事業的後盾，也是孩子努

力上進的原動力，為了個人幸福及孩子的成長，父母應該重視家庭的經營，透過良性而積極的溝通，建立和諧的家庭關係。父母縱使意見不合，應盡量避免在孩子面前吵架，不要讓大人的情緒影響到孩子的發展。忙於事業的父母也許認為自己這麼辛苦還不是為了家庭，為了孩子；事實上，孩子除了物質外，他們更需要父母的愛、關心、了解等心靈上的支持。

因此，大人應多花時間陪他們，多從事有益孩子的活動與休閒，拉近親子關係。平常多傾聽孩子說話，以關懷、尊重的方式與孩子溝通討論。孩子只有一個童年，如果因大人或小孩都忙，或父母採用消極的教養態度與方式，造成親子關係不佳，影響了孩子的發展，甚至孩子出現行為問題，那麼父母的忙碌究竟是否值得？

期望不適當，造成負面效應

人的行為常受期望影響，尤其是孩子自己的期望，以及重要他人對孩子的期望，往往是孩子行為準則及努力目標的依據；而孩子自己的期望又常受重要他人期望的影響。孩子的重要他人中，最早接觸、最常接近、最重要的就是父母。在一個充滿愛及和諧的家庭中，孩子努力達成父母的期望是很自然的事。父母孩子共同訂定合理而具挑戰性的期望，孩子必須努力才能達成；達成之後，由於符合父母的期望，因此容易獲得父母的讚美與鼓勵，孩子覺得滿足，努力的動機獲得增強，潛能乃得以發揮。相反地，如果父母對孩子的期望不合理，不是過高就是太低，常造

成消極負面的效應，對孩子的發展會有不利的影響。

　　在父母望子成龍、望女成鳳的心態下，很容易訂下過高的期望，例如考試非考到九十五分以上不可，考不到，不是嘮叨不斷，就是責罰；孩子的能力如果不夠好，達不到父母的期望，會覺得壓力很大，並造成焦慮緊張及不良適應。事實上，學校科目多且難易不同，很難以單一的標準要求孩子達到父母規定的分數；如果硬性規定，像每科都要考到九十五分，那麼孩子會覺得不合理，且容易心生反抗。

　　有些父母雖然沒有硬性規定要考幾分，卻喜歡拿孩子與他人比較，常常打探其他孩子的成績，再拿孩子與成績高的孩子比較。相較之下，好還要更好，「為什麼沒考到一百分？」「ＸＸ同學考幾分？為什麼他的分數比你高？」這樣競相比較，老是被別人比下去，因為父母總有辦法找到更高的標準來比較，孩子不僅灰心失意，不想唸書，有時更會遷怒成績贏過他的同學。曾經有個國中生，就因為同學成績老是贏他，讓他心生不滿而捅了同學一刀。

　　父母的期望如果過高，長久下來，孩子會覺得再怎麼努力也不可能令父母滿意，很容易氣餒，甚至乾脆放棄；孩子如果放棄努力，即使潛力再好，也無法表現好成績。筆者曾以問卷調查低成就的原因，期望過高而造成壓力，便是原因之一。

　　期望過高，免不了對孩子做過多的要求。當孩子做完功課後，父母會不斷要求再多做些、多唸些，東一個習作練習，西一個自修，複習之後，再要求預習，數學做完，再做英文，課內做完再加課外，總是見不得孩子有空閒的時間，總希望孩子分分秒

秒都充分利用。父母不斷的要求，會讓孩子產生學習壓力，覺得認真做完也沒有用，反正父母一定會給更多的功課，為減輕功課壓力，孩子會以拖拉的方式逃避，不僅讀書沒效率，潛力也浪費了。

期望過高會產生負面影響；期望過低，孩子不必努力，輕易可達成，潛力則不容易發揮，同樣也不利孩子發展。

期望過低，可能是父母對孩子不了解，或受過去教育背景的影響。有些家庭由於父母忙於事業，很少有時間與孩子在一起；有些則因為嚴厲或權威式的管教態度，以及消極的教養方式影響，使得親子溝通不良，彼此了解有限，因此不容易配合孩子的能力訂定適宜的期望。有些父母誤以為孩子能力很差，因而對孩子期望不高。

教育背景及過去的成長經驗會影響父母對孩子的期望。教育水準不高的父母，如果以自己的成就標準來要求孩子，而孩子的能力事實上並不差的話，很可能訂定過低的期望。有些父母在年幼時深受上一代嚴厲要求之苦，並不希望孩子受相同的折磨，因此盡量不給孩子壓力，孩子功課不好，父母總安慰：「沒關係，功課不代表什麼。」「分數及格就很不錯了。」除非孩子能力真的很差，否則類似言論及過低的期望，會造成孩子過於放鬆安逸，放任惰性發展，潛力則不易發揮。

父母對孩子期望過高或過低，不但對孩子造成影響，也會影響父母對待孩子的態度。期望過高，在教育孩子上可能會採嚴厲的態度；期望過低也許會較放任。不論嚴厲或放任，對孩子的發展均有不利的影響。

　　因此，父母應利用本書第二章所介紹認識孩子潛能的方法，針對自己孩子的能力，為孩子訂定符合其能力的合理且具挑戰性的適宜期望。

　　期望適宜固然重要，要幫助孩子則需孩子了解與接納。孩子不了解則無所依循；如果排斥，則孩子可能拒絕配合，甚至反其道而行。父母可與孩子討論溝通，讓孩子明瞭。此外，平時也要重視親子溝通，營建良好的親子關係。孩子若覺被關愛、被了解，他們很自然會去接納父母的期望，並積極努力達成父母的願望。

教養態度不一致，孩子無所適從

父母教養孩子態度一致，效果較佳；若父母教養態度前後矛盾或彼此步調不一，很容易令孩子混淆不清，無所適從，影響其潛力的發揮。

教養態度不一致，包括不同時間、不同對象、父母之間、祖父母與父母間，以及老師與父母間在教養態度上存在著差異。

父母對孩子的管教態度前後一致，孩子才能清楚了解父母的要求，管教才會有效。如果隨興所至，時而嚴厲，時而寬鬆，同樣一件事有時可以，有時又不行，那麼孩子將很難判斷父母的心意與規定。父母心情好時，放任孩子做自己喜歡的事；心情不好，同一件事，換來的則是一頓責罰，孩子很容易心理不平衡。有時父母也會言行不一，例如口頭上說功課不是頂重要，或與人談話時表示不會逼迫孩子讀書；但事實上，孩子成績不理想，則嚴厲加以懲罰，孩子因而覺得父母說一套，做一套。父母的管教，無論是前後不一或言行不符，都會讓孩子不清楚父母的要求，或抱著投機、試探的心理，這些都會減低教育的效果。

對象不同，父母的教養態度也可能不同，例如認為男孩是香火繼承者，因此對其寵愛有加，或認為男孩較調皮，需嚴加管教。兄弟姊妹間不同的教養態度，一樣會引發孩子心態的不平衡。此外，有些父母「嚴以待兒，寬以待己」，例如要求孩子認真唸書，自己卻黏著電視不放；要孩子做事專心，自己卻漫不經心；要孩子尊敬長輩，自己卻對長輩沒禮貌，這種種的雙重標準

不僅孩子迷惑、不服，更減低了教養的效果。

　　成人教養子女的態度常受教育背景及過去成長經歷的影響，例如受日式教育影響的父母，也許傾向於採用嚴厲威權式的管教態度；受西式高等教育影響的，可能傾向於開放、尊重。自認為曾受惠於嚴厲管教的父母，可能採用同樣的方式教育子女；相反地，飽受嚴厲管教之苦的父母，則可能採寬鬆、放任的教育態度。

　　許多夫妻常為孩子的管教問題而爭吵，最常見的就是教養態度、觀念不一致。孩子從父母雙方不同的態度中，衍生出投機心態，容易選擇對自己有利的。所謂有利，往往就是能讓自己輕鬆、放任。孩子只要能從家長一方找到庇護，那麼家長要求較高的另一方就很難達成。

　　在家庭教育上，有父母扮黑臉、白臉之說，正如同東方文化強調的嚴父慈母。一般而言，在家庭裡扮黑臉的常是父親，母親則扮白臉。黑臉的父親可能認為孩子必須要有責任心，要從小好好管教，不能放任孩子為所欲為，以免寵壞孩子；另一方面，又忙於事業，覺得沒有時間好好與孩子溝通，在做法上講求立竿見影，一個命令，一個動作。孩子如果不聽命行事或達不到父親的要求，常招來一頓責罵，甚至棍棒侍候，孩子免不了挫折、哭泣。母親看到孩子如此難過，覺得有責任保護孩子免受傷害，於是安慰孩子或責怪父親不該如此嚴厲，或私下滿足孩子的願望以為補償。例如父親痛責孩子成績不理想，不准孩子與同學出遊；母親則一面安慰孩子，一面數落父親的不是，並趁父親忙於工作後，偷偷塞錢讓孩子和同學去看電影。在這樣的家庭裡，孩子可

能傾向於排斥、逃避父親，不願與父親親近，言行上可能傾向於採用母親較寬鬆的標準。

家庭中扮黑臉的不一定是父親，也可能是母親，但不論扮演何種角色，一旦教養態度不一致，教育效果就會大打折扣。

此外，在三代同堂的家庭裡，問題可能更複雜。我國傳統一向尊敬長輩，祖父母在家庭中一般都享有較高的地位，他們往往疼愛兒孫，因此常成為兒孫的靠山。父母對孩子的要求如果嚴格些，祖父母疼孫心切，一方面會抱怨父母，另一方面又忙著安慰兒孫，使得孩子越加肆無忌憚，父母更束手無策。例如父母要求孩子寫字工整，不得潦草，孩子作業亂寫，被父母責罰，祖父母看了便安慰孫子：「乖孫，別哭了，現在還小嘛！你爸小時候的

字比你更難看！」這樣孩子要進步就很困難。三代同堂之隔代教養，以及他們相互彼此間教養方式所產生不一致的情形越多、越嚴重，孩子則更無所適從，消極的影響也越大。

　　教養態度係經過長時間的成長經驗及教育背景逐漸發展而成，一般人對於本身的教養態度，常會堅持己見並認為有理，對教養態度不一致的他方則持反對立場。例如管教嚴格的一方認為孩子要尊敬長輩，不能沒大沒小，行事要有規矩，小孩的責任感也要從小培養；管教寬鬆的一方，或許會認為小孩要有快樂的童年，要讓他自由自在發展，不要約束孩子，不要給孩子太多壓力，管太嚴會傷害孩子。由於彼此間看法不同，也擔心對方的教養態度不利於孩子的發展，而努力尋求平衡。爸爸管得太嚴，罵得兇，媽媽看得心疼，在補償作用下更加溺愛孩子；爸爸看到媽媽的做法，對孩子更加嚴厲，以免孩子被媽媽寵壞了。雙方在教養態度上形成拉鋸，衝突吵架難免，孩子益發無所適從，父母的緊張關係很容易影響孩子的情緒，功課自然會受到不利的影響。

　　除上列情形外，教養態度不一致也可能存在於父母與學校老師之間。

　　老師受過教育專業訓練，與家長不同，面對三、四十人的班級，與愛子心切的家長在教育方法、認知及要求上不免有差異。但教育要有效果，家長與老師仍須彼此合作協調，在學校的課程安排、教材教法、作業設計及學生的行為規範方面，家長應多了解與支持，盡量避免負面的批評，以免減損教育的效果。例如孩子考試成績不理想，回家抱怨題目不好做，父母立刻補上一句：「老師怎麼出這麼差勁的題目」；孩子數學習題不會做，家長抱

怨數學老師：「上課都在教些什麼東西，怎麼教不好」；孩子說學校沒趣味，家長安慰：「我以前也很不喜歡學校。」這些負面的批評或許可以自我安慰一番，但卻容易讓孩子對學校產生消極的態度而影響了學習的效果。父母如果能尊師重道，肯定學校，支持老師對孩子的要求，孩子受父母的影響，學習態度積極，潛力自然能夠發揮。

教養態度的形成是長期累積而來，不易立即改變，但教養態度不是天生的，是後天發展的，因此改變是可能的，但重要的是要能自我檢討，願意給自己成長的空間。

管教嚴厲，孩子害怕，也許表面順從，扮黑臉的看到孩子聽話變乖了，而覺得滿足。事實上，孩子心理上可能漸行漸遠，不願跟你親近，到頭來會不會若有所失，抱怨孩子像外人一樣呢？管教寬鬆，孩子喜歡，扮白臉的看到孩子喜歡，自己也高興。但過於寬鬆放任，孩子任性發展，可能養成不良習慣，到頭來，大人會不會後悔從小沒有把孩子管好呢？孩子如果為所欲為，連父母的話都不聽，大人會感到無助，屆時要改變，不是很困難嗎？

可見無論白臉或黑臉，過於嚴厲或寬鬆，都可能有負面的效應。父母願意檢討改進，就可以減低對孩子的負面影響。父母教養子女的目標其實是一致的，都是希望孩子好，如果能相互溝通討論，了解差異，對於不一致的管教及要求取得協調，相互學習鼓勵，應有可能發展出漸趨一致的教養態度。孩子知道父母的明確要求，也知道無法逃避，必會努力以赴，尋求更佳的表現。

補習不適當，影響專注及讀書時間

補習是許多學生共有的經驗，有些孩子需要，有些則不需要。但多數父母總是不放心，覺得讓孩子去補習較為安心，至於孩子是否喜歡、是否需要、是否有效，則又是另一回事。才藝補習也是十八般武藝樣樣來，多少孩子為學習背負了沉重的負擔。筆者訪問能力不錯而課業成績不理想的孩子時，經常聽到他們抱怨父母為他們安排過多的補習，以至於無法兼顧學校的課業，而影響了成績。

補習或許在某些方面有幫助，但也會造成負面的效果，花錢事小，若賠了孩子的時間與健康，反而得不償失。

有些補習是超前的學習，有些則是補救學習，對正常、不需要補習的孩子來說，都有可能造成負面的影響。擔心孩子輸在起跑點上，或怕孩子趕不上的父母，多半會安排超前式的補習，也就是在學校未教到之前，先在補習班學會。父母通常會以為這樣總不會輸給別人了吧！問題是課程如果已在補習班學過，那麼上課要做些什麼呢？孩子在學校還會乖乖重複聽一遍嗎？那不是很無聊嗎？如果已經會了還需要專心聽課嗎？這樣的安排會衍生出一些問題：孩子多花一倍的時間學會相同的東西，是不是比較沒效率？由於上課不專心，久了會不會成習慣？老師喜歡上課不專心的學生嗎？老師不喜歡，師生關係及孩子的成績會不會受到影響？

超前補習有問題，補救方式的補習是否也有其他問題呢？有

些家長看到孩子比別的同學成績差，或不滿意孩子的表現，認定孩子成績不好，送去補習班則是多數家長的一貫做法，試圖透過補習讓孩子成績好轉。這種補救式的補習一樣也會衍生其他問題：容易誤導孩子認為自己上課沒聽懂，補習班老師還會再教一遍，在學校課堂上就不必那麼專心，即使聽不懂也不必去追根究柢弄清楚，這樣的心態會讓他覺得上課聽不聽都無所謂。但看在老師眼裡就會認為這個學生上課不專心，而心生不快，同樣也會影響師生關係與成績。事後的補救式補習，一樣是多花一倍的時間學會相同的東西，對不需要補習的孩子來說，效率低是共同點。

許多補習班採用的教學方法就是強調多做練習，學生在補習班由老師帶領不斷的練習，這種方式對某些學生而言可能因熟能生巧而提高了成績；但並非所有學生都適用此種方式，尤其是聰明的學生並不需要太多的練習，甚至他們討厭機械式的練習。這樣的補習不但浪費時間，而且也製造孩子厭煩的機會。

我們的社會受升學主義影響，補習已成一股風氣，家長看到很多孩子補習，如果不替自己孩子安排補習，總覺得心裡不安，送去補習才會放心。因此許多父母喜歡打聽哪家補習班好？哪家孩子送到哪裡去補習？補幾科？只要聽到哪個補習班不錯，就送孩子去。錢不是問題，接送心甘情願，目的則在努力幫助孩子拿到好成績。因此家長們競相送孩子去各式補習班，甚至一個科目就送好幾個不同的補習班。

曾經有家長在孩子國一時就讓孩子補國一英文、國二英文及國三英文，以及國二理化及國三理化，完全不管學習的程序，以

及孩子是否有時間，更不管孩子是否能消化。這種誤以為可以贏在起跑點的做法，實際上不僅輸了孩子的學業與健康、白白浪費了孩子的時間，而且加重其學習負擔，孩子每天忙著應付補習，根本沒時間專心做學校功課，沒時間消化學習的東西，成績反倒落後。

筆者訪問能力不錯而表現不佳的孩子時，幾乎都會聽到孩子抱怨父母為他們安排太多的補習，放學之後接著趕上「班」（補習班），有的孩子一週七日天天補，有些一個晚上跑兩個補習班，主科之外還加才藝。每晚九、十點，甚至十二點才拖著疲憊的身心回到家，一整天盡在學校及補習班消耗體力，回家僅能用有限的精力應付學校作業，更別提溫習、預習及準備考試了。有時候作業得拖到第二天清早起來趕，作業品質當然很差，也拿不

到好分數；睡眠不足，上課怎麼可能專心？成績怎麼會好？

　　大人也許覺得讓孩子這麼忙，他們的時間則不會絲毫浪費。事實上，不是所有孩子都需要這麼多的補習，有些補習則根本不需要，結果在「輸人不輸陣」的心理作用下，越補越多，浪費更多時間，課業成績不進反退。

　　一位在國中學測失利的高中生，其中以沒有補習的那個科目考得最好。這位學生從小排滿了補習，到了國三，甚至每晚待在補習班直到深夜十二點才由母親接回家，這樣的付出並沒有讓他進入理想的高中，對他是一大打擊。他進入高中後，停掉了補習，他發現多出了許多時間，做完學校功課後，還能夠從事自己喜歡的事，看自己喜歡的書，而且上課也變得更專心，深怕自己稍不注意會聽不懂。他向母親表示：「不補習的日子真好，以前因為有補習，會依賴補習，在課堂上想聽課時才聽，學校功課也不求徹底理解，反正到補習班一切都OK。」就是以前這種想法，讓他在升學路上狠狠的摔了一大跤。

　　孩子必須有效管理時間，需要有自己的發展空間，父母不必分秒必爭掌控孩子所有的課餘時間。如果孩子能力不錯，應盡量避免依賴補習，多鼓勵孩子上課專注，不懂的請教老師或同學，多學習有效的讀書方法，如預習、溫習及做好時間管理等，如此才能把書讀好，同時也培養了孩子獨立自主的學習態度。

　　若孩子真有需要補習，一定要跟孩子多討論，讓其明瞭補習的目的。一旦決定補習，則要做妥適的安排，多了解補習班的教材、教法、進度及環境，並督促孩子把補習班的作業完成，而非僅在補習班聽過就算，回家什麼事都不做。補習是否真的對孩子

有幫助，孩子最清楚。家長如果看見別人補習就強迫自己的孩子也加入補習一族，可能換來的是父母花錢、花時間辛苦奔波接送，孩子非但沒進步，反而浪費寶貴時間重複學習，更糟的是孩子有可能養成不專心的習慣。

當我們與孩子討論時，不妨多傾聽孩子的看法，了解他們真正的想法，而非由家長片面自行決定。家長會認為：「補習的事，我事先都會跟孩子商量，孩子也不反對。」但孩子卻說：「我反對也沒有用，爸媽還是要我去。」也有的說：「與其在家裡被父母嘮叨、被他們緊迫盯人，還不如躲到補習班，清靜又逍遙。」如果父母能衡量孩子的需要及負荷量來安排補習，對孩子來說比較好。此外，親子雙方可藉由良性的溝通及理性的討論，做出讓孩子能接受的適當安排，才不至於造成無效及過重的學習負擔。

除學科外，許多家長也會為孩子安排才藝補習，不論文、武，樣樣皆來，舉凡音樂、小提琴、鋼琴、笛子、美術、舞蹈、游泳、國術、跆拳道、珠心算、書法、作文等等，期使孩子多才多藝。有些孩子不僅補學科，才藝補習也不缺席，學校、補習班兩頭忙，幾乎沒有喘息的機會，時間上的耗費，讓孩子沒有充裕的時間來學習與消化課業，學校成績可能反而低落。

孩子在讀書之外如果仍有餘力的話，可以選擇有興趣的才藝讓孩子涉獵不同的領域，或做為陶冶性情之用，提高未來休閒生活的品質。若孩子沒興趣則不必勉強，更不必一窩蜂盲從追隨。就像有些人不管孩子有沒有音樂興趣，就自購一架鋼琴擺在客廳，每天逼孩子練琴，有個小女生告訴筆者：「將來等我長大可

以自主時，第一件事就是把鋼琴丟掉，我討厭鋼琴，但爸媽卻天天逼我練，我實在是痛苦極了！」想想看，原本美好的音樂卻讓孩子如此痛苦，父母送孩子學才藝的目的何在？

為了避免補習造成負面的作用，父母安排學科與才藝補習時，應注意是否適當，也要了解配合孩子的能力、弱點及興趣，多與孩子溝通討論。安排補習真正的目的是幫助孩子有效的學習，每個孩子的特徵不同、需求不同，不要為了趕時髦、湊熱鬧而害了自己的孩子。

忽略獨立自主訓練，造成依賴被動且缺乏自信心

一個自動自發的孩子，縱使大人不在身邊督促，也能自己善用時間，努力做功課，成績自然不錯。孩子能作主，信心也會增強，這樣的孩子能主動探索，較有追求成功的動機，潛力自然能發揮。

父母能力再強，條件再好，也不能照顧孩子一輩子，孩子終究要獨立自主、自我負責。擔負的責任越重，常常也是社會上越成功的人。相對的，被動的孩子要靠大人監督，依賴別人指示，少了督促，功課也不做了，處處依賴別人，信心減弱，潛能也不易發揮。筆者訪問低成就學生家庭時，經常聽父母抱怨孩子太被動，不會自動自發，父母很努力督促，孩子的課業成績還是不理想。

事實上，獨立自主不是天生的，而是後天培養，並經過一段時間逐漸發展出來。父母可以檢討孩子被動的原因，如果跟教養

方式有關，那麼做一些積極的調整與改變，孩子被動的特徵將會
逐漸改善。

　　現在的家庭，孩子人數不多，父母關注的焦點往往就放在這
一、兩個孩子身上，有些三代同堂的家庭，祖父母更是疼愛孫
兒。孩子從小受到父母無微不至的照顧，父母捨不得他們分擔家
事，甚至越俎代庖，做了孩子份內的工作，例如代整理孩子零亂
的房間、書桌，書包每天由媽媽整理、準備。孩子忘了該帶的東
西，還會遭到孩子抱怨，一通電話，火速送達。百分之百的服
務，使得孩子缺少動手及自我負責的機會，造成孩子懶得動手，
過著養尊處優的生活，甚至成為「生活白癡」。

　　孩子溫習功課時，有些父母會不放心而在旁監督，緊盯著孩
子的一舉一動，一有錯誤，馬上糾正；碰到困難，立刻代為解

決;一寫錯字,連忙替他擦掉;有問題,答案立刻奉上。像這樣
「盡責」的父母,日久就會造就出一個被動的孩子。

被動的習慣養成後,孩子不會發現錯誤;有問題,不知該從
何處找答案,也不願主動去找答案,一切等待大人幫忙,做功課
不必專心,因為旁邊總有人比他還專心。父母偶爾不督促,孩子
就六神無主,不知該怎麼辦?功課不是沒做完,就是錯誤百出。
作業發回來,只見滿篇的紅字及差勁的分數,老師甚至還會多加
幾句負面的話語,似乎擺明是父母的不盡責所致,讓父母不得不
繼續陪孩子做功課。

有些父母在孩子做完功課之後,會覺得與其浪費多餘的時
間,不如再給孩子一些習作練習,這樣成績總會多個幾分。但孩
子可不這樣認為,他們會覺得:「我做完該做的功課,爸媽還會
給我討厭的功課,一樣做完又一樣,直到我該睡覺才肯罷手,我
又何必做那麼快呢?」於是孩子學乖了,他們就故意以拖拖拉拉
的方式做功課。家長看到孩子這種慢吞吞的態度,難免心急而碎
碎唸,孩子聽到父母的嘮叨更是心煩,更不願認真做功課。於是
爸媽唸一句,他才被動地做一下,父母離開則東摸西搞,非父母
回來督促不可。像這樣被動的學習,讀書怎麼會有效率?即使孩
子能力不錯,成績一定也不會太好看。

父母管教態度如果過於權威,採命令方式,孩子也容易發展
出被動的特性。要孩子寫功課、讀書,以及日常生活的瑣事,如
起床、睡覺、刷牙、吃飯、穿衣等,小孩只是聽令父母的叫喚,
一個命令,一個動作,一件事還沒做完,父母立刻發布下一道命
令,完全沒有讓孩子自主的空間與時間,讓他思考自己該做些什

麼？他只是完完全全聽命於父母的指示。孩子即使有自己的想法，通常也會在父母的全盤操控下，懶得去思考，因為他們會覺得：「我即使有意見，爸媽也不會聽我的，我講了也沒用，還是聽他們的比較省事，少麻煩！」孩子也就只好被動地等著父母來命令他。

另外，父母平日如果管教嚴厲，對孩子很兇，孩子心生畏懼，害怕動輒得咎，也可能因此排斥主動，以免遭受責罰。

可見孩子的依賴和被動，與父母不適當的管教態度與教養方式有關。父母如果覺得自己的孩子過於依賴、被動，也許別急著責怪孩子，不妨先從自己的管教態度與教養方式檢討，不失為很好的開始。

不論孩子是依賴、被動或獨立自主，都是後天培養及長時間發展出來的。父母若能修正不適當的管教態度及教養方式，避免孩子的被動習慣繼續受到父母無意的增強，另一方面進一步改以民主關懷的態度及積極的方式，提供機會訓練孩子獨立自主。例如該孩子負責的事，絕不越俎代庖；盡量讓孩子為自己的事做決定，或先與孩子討論，再協助其做決定；孩子提問題，父母即使知道答案，也別急著說出來，讓孩子有思考的時間與空間，讓他自己去找尋答案。

孩子如果自動自發，像自動做功課、收拾自己的書包、房間、幫忙做家事等，父母要把握機會給予鼓勵增強，千萬別潑冷水：「這麼大了，連個房間都整理不好！」「書包怎麼整理的？東西塞了一堆，像個垃圾筒一樣！」「你真是笨啊！連張桌子都擦不乾淨？不擦還好，越擦越髒，閃一邊去！老娘自己來！」孩

子經此一說，信心全沒了，哪還有下次。孩子會覺得反正自己也做不好，媽媽也認為如此，還不如不做，樂得輕鬆，又不會挨罵。這麼一來，父母只好一輩子為子女做牛做馬，孩子依賴，無法獨立自主，永遠也長不大。父母無微不至的照顧，換不到孩子的成功，所換到的是自己辛苦一輩子及孩子潛力無法發揮，不是很可惜、很遺憾嗎？

孩子的問題

孩子學習及生活環境主要是在學校與家庭，其發展自然與二者關係密切。學校與家庭環境對孩子課業表現可能造成的不利影響，本章前二個內容已概略介紹，此處則進一步介紹孩子功課表現不好的個人因素。課業表現的主體是孩子本身，在了解高低成就的原因時，不能忽略孩子個人的因素，例如努力程度、學習動機、學習習慣、讀書方法、信心高低、身體狀況及自我要求等，都可能對孩子的課業表現造成不利影響。

學習動機低落、努力程度不足

孩子的能力如果不差，功課表現要好，關鍵就在努力用功。一個人即使聰明絕頂，如果不努力，優異的能力一樣無法發揮；而中等智能的人如果能專注努力，持之以恆，加上創新突破，未

來成就一樣可以卓越傑出，可見努力的重要。筆者研究能力不錯而表現不佳的學生，發現家長及學生都認為不夠用功是他們課業差的重要關鍵因素。

不用功，學業成績當然不會好，究竟是什麼原因讓孩子不用功？大人該怎麼做，孩子才會用功呢？不用功常與學習動機低落有關，孩子如果不想動，要他動是很困難。例如早上根本沒起床的念頭，父母死催活催，孩子就是懶得動，惹得一肚子氣；孩子自己想起來，通常只要一叫，馬上就會起來。讀書也一樣，孩子如果無心讀書，不想做功課，父母常會逼得很辛苦。因此，如果孩子不夠用功而導致成績低落，我們就要注意孩子是不是學習動機低落，也要了解為什麼會低落。

動機具有驅動、指引及維持行為的三種功能（Alderman, 1999），學習動機強，孩子會受強烈動機的驅動而產生學習行為，並朝動機指引的學習目標邁進，直到達成目標為止。在達成目標之前，與學習不相關的行為則受個體抑制排斥。因此，學習動機強的孩子也會比較專注、用功。另一方面，如果孩子缺少學習動機，無心於課業表現，其他方面的動機興趣反而比較強烈，例如娛樂、交友等。在這樣的動機引導下，孩子會傾向於表現相關的行為，像是守著電視、電玩或一天到晚與愛玩的朋友一起鬼混，而學習的行為則變成無關緊要；除非被逼，否則很難看到孩子用功讀書，這樣沒有真正用心在課業上的孩子，即使能力不差，成績表現也很難理想。

大人也許會覺得學生的職責就是讀書，把書讀好，努力學習，因此，具有學習動機是天經地義的事。事實上，受學校、家

庭環境及個人不同特徵的影響，不見得每個孩子都對學校課業有強烈的學習動機。

在學校環境方面，例如：課程缺少挑戰性、老師教的學生早已會了、教學方式過於機械呆板、師生關係不佳、學校文化不重視課業表現、競爭過於激烈的班級氣氛等，都可能降低學生的學習動機。在家庭方面，例如：父母期望太高或期望偏低、親子關係不佳、家庭氣氛不和諧、父母教養態度不一致等，同樣可能對孩子的學習動機產生不利的影響。個人特徵方面，例如：價值觀念、目標設定、態度、成敗經驗、歸因及認同對象等，也都會對學習動機產生影響。

動機常因個人的一些想法而形成，孩子如果覺得功課很重要、一分耕耘一分收穫、努力才會有成就，像這樣正確的價值觀念比較容易產生學習動機；相反的，孩子如果覺得功課沒什麼、考幾分又有什麼關係、成績好的同學多半是巴結老師的關係、辛苦唸書考的還比不上作弊分數高。一旦有了這些不正確的價值觀念，孩子容易覺得功課不重要，努力沒有用，學習動機因而不容易產生。

目標的設定會影響動機與努力的行為，如果有了未來的目標，例如把北一女、雄中、台大當成第一志願，孩子的注意力及行動就會朝向目標，因此產生積極的學習動機，也會配合目標的難度，採取適當的努力。設定的目標如果具有挑戰性，為達成目標，孩子需要不斷的努力，潛能因此容易發揮。相反的，如果沒有目標，就像軍人不知為何而戰，將難以打勝戰。孩子如果不知道讀書的目的何在，很難產生學習動機與努力的行為；缺少目標

指引，孩子的注意力不集中，努力的行為易受外在誘因的吸引而改變，就像走路沒有固定的方向一樣，不易有所進展。

筆者訪問克服低成就成功的學生，許多孩子都表示他們以前沒有自己的目標，讀書總好像是為別人而唸，被動的配合大人的要求，很少主動用功；但後來想通了，明白自己未來的目標，因此集中精神，全力以赴，功課因而進步很多。可見設定目標可以協助孩子反敗為勝。

一個人所抱持的態度會影響其行為，態度積極的人比較有意願採取行動；態度消極的人可能傾向於被動及逃避。比較高低成就學生的特徵，發現高成就學生學習態度比較積極；而低成就學生的學習態度則較消極（陳玉蘭，1987；詹秀美，1989；Clark, 1988；Colangelo, Kerr, Christensen & Maxey, 1993；Díaz, 1998；Ford, 1998；Lupart & Pyryt, 1996；Rimm, 1988）。

在學校裡，如果課程太難或太簡單，不能符合學生的程度、教材、教法單調呆板、學習風氣不佳或師生關係不良等，可能導致學生討厭學校、老師、不喜歡上課，這種對學校及老師的消極態度，會降低其學習動機及用功程度。

在家裡，如果父母也不支持學校及老師，經常給予負面的批評，孩子對學校的態度會更消極。

除了學校及家庭環境影響外，個人的信仰、想法與人生態度，也會影響孩子對學校及學習的態度。信仰通常會給人積極正面的影響，但因個人關注重點或解讀的不同，孩子也可能因判讀錯誤或受誤導而產生消極的想法，連帶的對於學校課業也抱持無所謂的態度。樂觀的人，凡事從積極面去看，以開朗開放的心胸

接納及適應外在環境的變化，合理的視為訓練，不合理的視為磨練，有了樂觀積極的想法及人生觀，即使學校不盡完美，孩子仍會抱持積極的態度努力求學。相反的，悲觀的人凡事從負面去看，強調缺點、不如意及可能的失敗，此種消極態度可能擴及學校而減弱學習動機。

因此，孩子如果因學習動機不足、努力程度不夠而使得功課退步了，其學習態度、甚至人生觀等個人特質的影響也要去了解。

成功失敗的經驗及歸因會影響孩子的動機及努力。成功的經驗帶給人愉快滿足的感覺，自尊心及自信心也會提高。一個人如果有很多成功的經驗，受到成功的喜悅鼓舞，比較容易產生追求成功的動機。同時，由於相信自己可能還會成功，努力應該會有好結果，因此也比較願意努力。同樣的，孩子如果過去一直表現不錯，經常受到師長及同學的肯定與讚美，對自己的表現也很滿意，受到這些愉快經驗的鼓舞，學習動機就會產生並持續；由於相信自己可能還會考得很好，因此也會繼續用功。相反的，如果孩子過去有很多失敗的經驗，考試成績不理想，屢遭挫折，自尊心常受打擊，可能因此心灰意冷，喪失學習動機。

課業低成就的孩子因為長期表現不佳，失敗的經驗多，因此一般均有學習動機不足的問題。可見孩子一旦成績退步，把握時機輔導很重要，否則失敗挫折累積久了，孩子的學習動機降低了，反敗為勝將比較困難。

所謂「歸因」就是原因歸屬，即一個人對於自己或別人成功與失敗原因的一些想法，成敗歸因有五種：能力、努力、工作難

度、策略、運氣（Alderman, 1999）。其中，努力及策略是個人內在的，可以控制的因素，而能力、工作難度及運氣則是外在的，較難控制。歸因會影響孩子的學習動機及努力，孩子考差了，如果歸因於努力或策略，例如認為自己這次不夠努力或學習方法不對，由於努力與方法是自己可以控制的，下次更努力或改變方法就可以考好些，因此學習動機不會因此而減弱。相反的，如果歸因於能力、工作難度或運氣，例如認為考不好是因為自己的能力太差，或老師出的題目太難，或運氣不佳碰到挑剔的老師、天氣太熱，甚至怪座位安排不佳、同學不幫忙等，上列因素是外在，非個人可以控制的，因此，比較不會產生改變的意願，孩子也許會說：「反正自己能力不行，努力也沒有用」、「老師老是找碴，我又有什麼辦法？」這樣的歸因很容易使學習動機降低。

　　孩子的認同對象也會影響學習動機與努力，認同的結果會產生模仿、學習，認同對象的特徵，因而發生影響作用。父母教育程度高的家庭，如果親子關係良好，家庭氣氛和諧，孩子可能因認同父母的教育成就而努力學習；在學校裡，孩子可能因喜歡某科老師，認同該老師而對該一科目努力學習。

　　另一方面，教育程度低的家庭，孩子如果認同父母的教育成就，學習動機也可能不高。但有的孩子則從親戚或父母的朋友中，找到成就高的認同，或閱讀傳記而認同成功偉人，因此學習動機一樣很強。在學校裡，孩子如果認同課業表現不佳的同學，學習動機可能因此減弱。

　　可見認同對象也會影響孩子的學習動機與努力。孩子的偶像是誰？喜歡模仿什麼樣的人？在課業上認同的對象是誰？父母及

教育人員平常也要了解注意。

孩子的功課表現不好，可能跟努力程度不足及學習動機低落有關。而學習動機與努力則可能受個人的價值觀念、目標設定、態度、成敗經驗與歸因，以及認同對象等特徵的影響。因此，檢討孩子課業失敗的原因，父母及教育人員也要對孩子的上列特徵進行了解。

缺乏良好的學習習慣和技巧

許多研究都顯示：孩子缺少良好的學習習慣及不懂得讀書方法，是其課業表現不佳的重要原因（蔡典謨，1998；Carey, 1997；Clark, 1992；Díaz, 1998；Mandel & Marcus, 1988；Kedding, 1990；Rimm, 1988；Whitmore, 1980）。

習慣是一個人不必思考或決定的自動反應，所謂習慣成自然。孩子如果擁有良好的習慣，例如：讀書專心、作息固定、主動學習、作業按時完成等，受習慣影響，每天時間一到，孩子就會自動自發專心做功課，不做功課反而不習慣，因此比較容易有好的學業成績，研究也顯示：成就高的孩子普遍都具有良好的習慣（蔡典謨，1994；2001）。

另一方面，學習習慣不佳則會導致課業成績低落。筆者問卷調查低成就學生及家長，發現孩子的學習習慣不良與父母沒有幫助孩子養成良好習慣，被認為是最重要的影響因素。

父母在接受進一步的訪問中，都抱怨孩子的習慣不好，經常被孩子及其父母提到的不良習慣包括：上課及讀書不專心、太被

動不會主動唸書、作息不固定、考試臨時抱佛腳、作業拖延、花太多時間在電視、漫畫及電玩上、喜歡在外面遊蕩等。

　　上課及讀書專心，學習才會有效果，有傑出成就的人都有專注努力的特性，高成就的學生也都有專心的習慣。相反的，如果上課吊兒郎當、左顧右盼、注意力分散；做功課時東摸西搞，不能全神貫注，像是右手寫功課、左手打電玩、眼睛瞄電視、耳朵聽隨身聽、口中嚼著口香糖，可謂一心五用，學習效果當然不好。

　　專心與否是個人的一種特徵，是自己可以控制的，專心習慣是後天發展的結果。孩子自己如果覺得專心讀書很重要，有專心的意念，除非其他力量影響太大，否則可以自我控制專心讀書。如果平常已養成專心習慣，則只要依照習慣，不需勉強，讀書自然會專心。相反的，孩子如果沒有專心的意念，即使大人強迫孩子專心做功課，表面上，孩子乖乖坐著讀書，其實是心不在焉，並沒有真正專心。因此，孩子如果能力不錯，讀書效果卻不佳，成績不理想，父母及教育人員就要了解孩子是否不專心，以及不專心的原因。

　　孩子不專心可能因其個人缺少專心的意念，或受習慣的影響。孩子如果覺得功課沒什麼，讀書不重要，對未來也沒有目標，缺少學習動機，當然不易產生專心讀書的意念。習慣是後天發展的，孩子不專心習慣形成的原因，根據本書其他內容的敘述，至少包括：讀書環境不安靜、父母從小陪孩子做功課、孩子作業做完了又給更多功課、不適當的補習造成孩子重複學習，以及學校課程簡單，缺少挑戰性等。

　　孩子能積極主動讀書做功課，學習效果比較好。太過被動，一定要大人緊盯著，不叫不動；大人不見得能時時緊盯，一旦離開，孩子就故態復萌，嬉戲玩樂，非得大人逼著才肯唸書，這樣學習效果當然不好。孩子被動與否，父母最清楚，因此一旦發現孩子有被動的傾向時，應該去了解被動的原因，檢討教養方式，設法予以改進，父母可參考本章「忽略獨立自主訓練，造成依賴被動且缺乏自信心」（頁 94）的說明。

　　配合人類的生理時鐘與作息的習慣，一般來說，孩子白天上學、晚上做功課時精神比較飽滿。如果作息不固定，時而熬夜，時而早睡晚起，打亂生理時鐘，孩子需不斷的調整適應，精神容易耗損。讀書做功課如果有固定的作息，時間到了，孩子自然會習慣的靜下來做功課；如果沒有固定的作息，孩子不知道什麼時候該做功課，往往需要大人催促，不催促則可能拖拖拉拉，考試不到最後關頭不抱佛腳，老師逼了才遲交作業。平常把時間都花在嬉戲閒蕩，甚至玩到深夜，課業成績當然不理想。

　　電視、電玩及漫畫是許多孩子喜歡的休閒項目，它們並不全然是負面的，有些也有正面的教育及娛樂價值，因此不必完全禁止或避免，重要的是不要讓孩子受到不良內容的污染及過度沉迷。有些能力不錯但課業表現不理想的孩子，很多都是耗費過多時間沉迷其中。孩子一旦養成了習慣，每天放學後不是看電視、漫畫就是打電玩，直到非做功課不可，才提筆草草了事，或邊看電視邊寫功課，娛樂成了孩子的主要部分，課業反成了附帶。

　　孩子的時間屈指可數，一天就那麼多，如果把太多時間花在電視、電玩及漫畫上，讀書的時間相對就少了許多，成績自然落

後。孩子若習於電視、電玩的聲光刺激及漫畫的圖像與趣味，相較之下，上課及做功課就顯得平淡乏味，毫無樂趣可言，學習興趣與動機當然也提不起來了。

　　孩子看電視時，常處於被動的接收訊息，缺少互動與主動思考，尤其是趣味低級、內容貧乏的娛樂節目或卡通，毫無教育價值，孩子看得越多，腦子動得越少，智慧的發展反而受限。漫畫、電玩、電視也充斥著暴力、色情等兒童不宜的內容，若大人不加管制，任憑孩子隨意接觸，則孩子不但浪費寶貴時間，而且身心受污染，若進而學習模仿導致問題行為，屆時父母就要更加遺憾了。

　　高成就學生常有較佳的學習技巧，比較懂得讀書方法，例如：課前預習、課後溫習、適度練習、重點系統整理、記筆記、先理解後記憶，並提早準備考試等，雖然各有各的讀書方法，但都會強調讀書要有方法，要講求效率。相反的，如果學習沒有技巧、不講求方法及讀書效率，學習就會費時與吃力，效果也有限。例如：不經理解，只是一味死記死背、缺少預習或溫習、考試臨頭才熬夜準備，以及過猶不及的練習等。

　　聰明的孩子具有較佳的記憶力，在小學低年級時，由於課程簡單、科目少，憑其過人的記憶力，輕易的就記住教材內容，不需怎樣用心，不必運用什麼方法，課業成績一樣表現突出。孩子如果一直沿用同樣的方法，到了中、高年級可能就不管用了，因為教材內容多了、課程深度提高了、試題難度也增加了。

　　要求得好成績則必須有較佳的學習技巧。課程艱深，需先預習，上課才容易明瞭；教材內容多了，需要有系統的整理、筆記

重點，才能記住；上課專心、徹底了解、課後溫習以求融會貫通、適度練習及提前準備考試，則試題難並不會構成問題，一樣可以考出好成績。如果還是沿用以前低年級不用專心，只靠強記，就能拿到好成績的方法，那麼到了中、高年級，課業可能就會節節後退，成了能力優異的低成就學生。

聰明的孩子較不喜歡單調機械式的練習，像坊間自修的練習、習作。由於平常缺乏練習或排斥寫字練習，許多字雖會唸，但不見得會寫，寫字速度慢，字跡也可能潦草，不免影響了作業品質，甚至考試題目增多時，則可能有做不完的時候。有些孩子平常頗能頭頭是道講個不停，一旦要他動手寫，結果卻是令人不敢恭維，課業成績一樣不理想。

熟能生巧，適度的練習能提升課業表現，但過多練習是不是有可能造成反效果呢？

有些父母認為功課要好，就是要不斷練習，只要找得到的各種習作、練習，全都買來讓孩子做。孩子如果不排斥或受限於父母的要求，課餘時間就耗在不斷重複的練習中。曾有個國中生告訴筆者，光是一個科目她就做了七種習作練習，平常總是忙著趕習作，過多重複的練習，浪費了多少寶貴的時間。能力不錯的孩子，或許練習一遍就足夠了，練習過多的結果，不見得會提高讀書成效。

以上說明學習習慣與技巧影響孩子的課業成就，如果孩子成績退步了，表現與能力間有明顯的落差，父母及教育人員應了解，並設法協助孩子改善學習習慣及技巧。孩子習慣變好，讀書有方法，效率提升，課業成績就會進步。

自我概念消極、自信心不足

自我概念係指個人對自己的看法與態度，由於成長經驗與外在環境影響，使得個人對自身特徵、人格特質、優點弱點、角色及身分會有一套主觀的看法而形成自我形象，這個形象使得自己與別人有所區別。

自我形象是經歷一段時間發展而形成，個人也會傾向予以維持，而表現符合自我形象的特徵。例如一個自認是好學生的孩子，擁有比較積極的自我概念，平常會努力用功、認真做作業，盡力表現好學生的行為以符合自我形象；同時也會避免上學遲到或草率做作業等，以免破壞好學生的形象。相反的，如果孩子認為自己反正不是什麼好學生，有了這種消極的自我概念，則作業潦草或沒有很認真準備功課等就變得無所謂，可見自我概念與孩子的成就表現間具有密切的關係。

比較高成就學生與低成就學生的特徵，相關的一些研究多指出，最能區別高低成就學生的一種特徵就是自我概念，高成就學生自我概念較積極，而低成就學生則自我概念消極，自尊心不足，自信心低（吳裕益，1983；陳玉蘭，1987；詹秀美，1989；廖永堃，1991；Baker, Bridger & Evans, 1998；Clark, 1992；Boxtel & Monks, 1992；Díaz, 1998；Dowdall & Colangelo, 1982；Fine & Pitts, 1980；Ford, 1998；Gallagher, 1991；Kanoy, Johnson & Kanoy, 1980；Rice, 1988；Rimm, 1997；Supplee, 1990；Whitmore, 1980）。

　　自我概念積極的人對自己持著正面肯定的看法，能接納並喜歡自己，了解自己的優缺點，並能依據自己的能力設定切合實際的目標，自尊心高、自信心強，較不害怕失敗，較少需要心理防衛（Boxtel & Monks, 1992；Whitmore, 1980）。自尊是人人都需要的，要覺得自己是有價值、重要的人，受到別人肯定、在別人心目中有很高的地位等，自我概念積極的人，自尊的需求較為滿足。孩子自尊的需求如果獲得滿足，則情緒上會比較安定，能定下心來專心學習；自信心強的人會比較主動，由於相信自己可能會成功，因此比較會有追求成功的動機與努力的行為。

　　自我概念積極、自尊心高、自信心足，不但是高成就學生的特徵，而且也能幫助個人邁向成功。相反的，自我概念消極的人，認為自己不行、不夠好、自尊心低、自信不足，使得他們不相信自己會成功，因此不易產生追求成功的動機與努力的行為，心理上比較會採取防禦的策略來保護自己，例如：被動等待而依賴別人、害怕失敗而避免嘗試等，消極的自我概念因而不利個人的潛能發揮與成功的追求。

　　自我概念雖然與個人的成功、失敗關係密切，但到底是自我概念影響成敗，或成敗影響自我概念呢？

　　學者一般均指出二者彼此會相互影響。例如自我概念積極的孩子，認為自己是優等學生，是人人心目中的好學生，因此總是努力用功讀書以維持良好的形象，課業成績因而居高不下。另一方面，孩子如果表現不錯，累積了許多成功的經驗，自信心可能因此而提高，個人對自己的看法也會更積極。

　　筆者曾問過成功克服低成就的學生：「到底是自己功課進步

而提高了自信心？還是自信心增強而使得功課進步？」孩子告訴筆者，二者是相互影響的。

孩子表現差時，自尊心難免受損，使得自信心下降，有的父母看到孩子功課退步了，難免心急而指責，孩子更會喪失信心；缺乏信心，學習動機減弱，功課就不容易進步。有些父母則保持情緒穩定，理性地與孩子檢討原因，並給予心理上的支持、鼓勵，孩子受到父母的接納與溫暖的對待，信心增強，學習動機提高，更加努力用功，課業表現也越來越好。

筆者針對成功克服低成就學生所做的一項問卷調查，發現家人常給讚美、支持及鼓勵，被視為是孩子反敗為勝的最重要家庭因素。可見改變自我概念，提升自尊心與自信心，也是幫助孩子課業進步的重要方法。

孩子如果成績退步了，父母及教育人員應了解他們是不是自我概念不夠積極、信心不足，也要探究背後可能的原因。

孩子自我概念消極、信心不足，許多因素都可能造成影響，例如孩子自我期望及抱負水準過高，失敗的經驗多、人際關係差、班級競爭激烈、大人期望過高，以及缺少鼓勵、讚美等。

孩子的抱負水準太高，常無法達到自我要求，增加了不少挫折及失敗的機會。失敗的經驗多了，信心容易降低，因此，孩子成績即使已經不錯了，如果自我期望太高，還是有可能因達不到而影響自我概念。

孩子如果人際關係不佳，覺得不受歡迎，容易因此降低自尊心，造成自我概念消極。

班級競爭如果過於激烈，也會增加挫折失敗的機會，例如有

的資優生即使功課已經不錯了，但在集中式的資優班級中稍有疏忽，班級中的排名即大幅跌落，激烈的競爭使孩子經常受挫，自我概念反而比一般學生消極。

父母師長如果對孩子期望太高，孩子達不到大人的要求，也會增加挫折失敗而影響信心；孩子如果經常達不到期望且常挨罵，更是雪上加霜，容易造成信心低落。

父母及教育人員能了解孩子個人對自己的看法，設法予以改變，使孩子由消極的被動變成積極主動，孩子就會因此而進步。孩子之所以消極被動、信心不足，也都是有原因的，控制並改變這些原因，便可以幫助孩子改變。對於目前功課表現不錯的孩子，如果有信心不足、自我概念消極的問題，要幫助他們提升及維持信心；有了信心，功課也比較不會退步，否則功課好而信心低落，有可能受消極自我概念影響而逐漸退步。

完美主義、自我要求過高

孩子如果對於課業表現自我要求過高，太在意成績，樣樣必須十全十美，形成完美主義者，有的害怕不完美而產生消極逃避的行為，因而造成成績退步。

亞德侯（Adderholdt-Elliot, 1989）指出，完美主義的學生可能因下列特徵而影響課業表現：拖延、害怕失敗、麻痺不動、全有或全無、工作狂。

完美主義者非常重視工作的完美，把個人的價值建立在完美的成就上，只有在工作非常完美的情況下，才會感覺很好，他們

總是覺得做得還不夠好，因此容易拖延。例如寫報告總覺得找的資料還不齊全，因此遲遲不敢動筆；作業即使做完了，仍覺得不滿意，總要擦擦寫寫，一改再改，以避免作品不完美可能帶來的痛苦，除非逼不得已，否則寧可一延再延，因此，難免讓人覺得做事總是拖拖拉拉。

　　完美主義者擔心不完美，害怕失敗，因此排斥較具挑戰性的工作，不敢主動嘗試，即使能力不錯，為了成功，盡挑些簡單工作做；學校若有進階或難度較深的活動、比賽，除非被逼，否則不會主動參加。

　　完美主義者可能認為避免失敗最好的方法就是不要去嘗試，因為多做多錯、不做不錯，結果在心理上變成麻痺不動，只要完全靜止不動就不用擔心會失敗。例如：不做科展，就不可能在科展上輸別人；不投稿，就不會被退稿；不參加國語文競賽，就不用被別人打敗；不要參加資優班甄試，就不會落選；不選程度艱深的課程，就不用擔心會得到壞成績；上課不要舉手發表，就不會因答錯而被老師、同學訕笑。孩子如果因害怕失敗而麻痺自己，避免嘗試，即使潛能不錯，也不容易發揮。

　　全有或全無，意思就是說除非各科都滿分，否則就不算成功，只要還有一項缺失，那就是全盤皆輸。因此，除非有把握得第一名，否則絕不參加任何比賽；參加任何活動，一定要樣樣表現突出，不是第一，就是要十全十美，否則寧可不參加；縱使只有一點點瑕疵，也被視為全盤皆輸的關鍵。因此對缺點總是放大來看，焦點總是放在不盡完美的地方；而對於個人的優點，表現已經很不錯的地方，除非全都完美，否則總是視而不見。例如九

十八分的試卷，在意的、耿耿於懷的卻是那少掉的二分，對於好不容易累積的九十八分優異表現，卻沒有成功的滿足；即使有的科目考了滿分，他在意的仍然是還有些科目沒拿到一百分，除非科科滿分，樣樣得第一，否則感覺不到成功。孩子如果具有這樣的特徵，過分在意自己的缺點而忽視自己的優點，很容易憂慮、緊張及自信心低落，而造成自我概念消極。

　　完美主義者為了把工作做到完美，也可能因此形成工作狂。做功課不但仔細慢慢做，而且總覺得做得不夠好，一改再改，因此往往做不完，於是加倍努力。像這般樣樣都要做到十全十美，即使再努力還是覺得時間不夠，於是經常熬夜，平常也沒有時間休閒，瘋狂工作，身心俱疲，甚至影響白天專注的精神。熬夜工作，還是沒能做完，作業交不出來，心中也有藉口：「我又不是

故意不交或遲交，已經不眠不休了，做不完，我有什麼辦法？」結果壞了身體，成果還是看不到，尤其白天無精打采，學習效果也不好。完美主義者工作過度及過度注意細節，效率反而不佳。

除了工作及功課外，完美主義也可能影響人際關係。一個人在跟別人相處時，如果也要求樣樣完美，以極高的標準衡量別人的工作及言行，總是注意別人的缺點，對他人不完美的地方予以批評，這樣的人常會帶給他人壓力，別人避之唯恐不及。孩子如果有了這種特徵，常會對其人際關係造成不利的影響；孩子人際關係如果不佳，功課也可能因此而退步。

完美主義不一定都是負面的，社會上具有傑出成就的人也可能是完美主義者，在其傑出的領域常有完美的表現；但他們並不需要在所有領域都十全十美，而對於個人的優點及成就，自己也會給予肯定，這樣的完美主義可以說是比較健康積極的。

消極的完美主義則只注意到不完美的細節，以放大鏡看自己的缺點，時時耿耿於懷、憂慮，不管自己是否擅長，樣樣要求完美，無論表現如何，總覺得還是不夠好。有了不錯的表現時，卻還在擔心下一個目標能否完美達成。孩子如果具有這樣的特徵，很容易造成壓力過大、自信心低落，以及學習效率不佳。因此，父母及教育人員要注意孩子是否具有消極的完美主義傾向，也要了解其形成的原因，並針對原因設法調整，以輔導孩子改變。

孩子會形成完美主義，可能跟成長經驗及外在環境影響有關。

如果孩子過去一向表現優異，特別是能力優異的學生，在低年級課程簡單時，考試總是滿分，加上師長父母可能過度讚美，

例如：「太完美了」、「太厲害了」、「老師都不會比你棒」、「媽媽也趕不上你」。考滿分的經驗與過度讚美不斷累積，孩子可能漸漸發展出完美主義的特徵。

外在環境跟父母師長的期望及教養有關，父母如果本身就是完美主義者，對孩子要求過高，科科要滿分，樣樣要完美，喜歡拿他人的成績與孩子比較，總是注意孩子的缺點、錯誤及不如人的地方，例如孩子已經考了九十五分，父母還責罵為什麼沒考到滿分。父母過高的要求及只注意到孩子負面表現的教養方式，影響所及，孩子也可能逐漸形成消極的完美主義。

老師也可能對孩子期望過高，特別是資優班的學生，總是被寄以厚望，樣樣要表現突出，否則就會被責以「你不是資優生嗎？怎麼考這麼差！」「資優生怎麼連這題也答錯！」「掃個地都不會，算什麼資優生！」好像只要冠上「資優」就必須樣樣完美無瑕。另一方面，資優生表現不錯時，常又被視為理所當然，「資優生考滿分是應該的！」「資優生考第一有什麼好大驚小怪的。」結果是，有優點、表現不錯時卻不受肯定，一有缺失或錯誤則又被放大張揚，孩子因此看不到自己的優點及不錯的地方，而形成消極的完美主義。

由於完美主義受到孩子成長經驗與環境影響而逐漸形成，因此要改變也是有可能的，除針對孩子個人的想法及態度予以輔導外，大人也要檢討自己是否具有消極的完美主義及不適當的教養方式，進一步改善自己的特徵與教養方式，則大人與孩子都會因此而受益。

健康欠佳

健康就是財富，健康的身體是一切的基礎，有了健康的身體，面對工作能充滿活力。孩子讀書或學習，需要耗費相當多的體力與腦力，因此，擁有健康的身體，將有助於學習成就的提高。身體健康的孩子，雖然功課不一定絕對比較好，但身體不健康的孩子，課業成績會受到某些程度的影響，例如體力不足，讀書做功課時的注意力不容易集中與持久。如果經常生病，三天兩頭請假，或長期住院，功課一定會受影響。

平常我們不會注意健康的重要，唯有生病時才能真正體會它的價值。因此父母對於孩子的照顧，除課業表現外，也不要忽略身體健康。如果只在意功課，例如安排太多補習，孩子放學就得上補習班，吃飯不是狼吞虎嚥，就是隨便買個小吃、麵包將就著吃，甚至有些人等下了補習班才吃飯。姑且不論是否營養，光是餐餐不定時、不能安穩好好吃個飯，長久下來就可能導致胃病、肝病、營養不良等毛病。而缺乏休息、休閒、運動，都會讓孩子身心俱疲，一旦孩子累垮了，他還能拿什麼去與人一較長短？

除了身體需要健康外，心理健康一樣也很重要。家庭氣氛不和諧、父母期望太高、班級競爭過於激烈、同儕關係不佳、完美主義、自我要求過嚴等，都有可能造成孩子壓力過大、挫折過多，而形成心理適應問題，例如：焦慮、緊張、沮喪、疏離、逃避或情緒不穩定等。孩子有了這些問題，也可能因心理不適應，無法專心學習，而成為課業低成就學生，更嚴重的，甚至因無法

適應而自殺。這類自殺案例在台灣時有所聞，甚至有的資優生也走上這樣的命運，怎不令人扼腕歎息。

孩子要成功，必須以健康的身體為基礎，失去了健康，功課再好又有何用？因此，父母對孩子的照顧要注意其均衡發展，讀書、運動、休閒及待人處世，都要兼顧。身心健康，孩子在追求成功的路上才能長久，而成功之後也才能享受甜美的果實。

孩子成績不好，原因有個別差異

本章已分別從學校、家庭及個人三方面敘述孩子功課不好的原因，這些原因係筆者根據自己及其他相關的研究所整理出來的，可提供父母及教育人員了解孩子為何功課不好之參考。

由於每個孩子的發展特徵、成長經歷及生活環境均不同，檢討原因時，要注意個別差異，每個孩子功課不好的原因有所不同，相同的原因也不一定會造成同樣的結果。例如課程缺少挑戰性，老師所教，學生早已會了，有的學生因此喪失學習興趣，討厭上課及做作業，甚至養成不專心的習慣，成績因而退步；有的孩子可能因為學習動機強，或從小已養成專心習慣，即使課程簡單，也專心學習，成績照樣科科高分。在競爭激烈的班級中，有的孩子受不了失敗的挫折與壓力，適應不良而造成成績退步；但也有的孩子越挫越勇，競爭越激烈，潛力越發揮。家庭環境欠

佳，不利孩子的發展與競爭，但仍有些父母還是很重視教育，孩子在貧窮的環境中養成堅忍的毅力，專心用功，課業成績一樣很突出。

　　自我概念消極、自信心低落，可能因此減低孩子的學習動機，影響課業成績。但有些父母或老師對孩子的潛力不清楚，對他期望不高，加上孩子對自我的期望也低，在這樣的情況下，功課不好的孩子不見得會自信心低落。如果父母、老師對孩子期望高，但孩子在意的卻是課外活動的表現而非課業表現，那麼課業表現不佳的孩子，可能因課外活動表現獲同學肯定而仍有很高的自尊心，自我概念不一定消極。有些很聰明的學生沒有被發掘，沒機會進資優班而在普通班就讀，成績表現跟自己的能力比較雖有落差，但在普通班中與其他同學相較仍屬中上，雖還是低成就，但自信心可能很高，自我概念積極。

　　可見探討孩子功課不好的原因時，一定要注意到個別差異的現象。針對孩子的特徵，個別予以檢討診斷，造成功課不好的原因也可能因孩子不同而有所差異。

　　了解孩子功課不好的原因，方能對症下藥，功課不好的原因消失了，孩子的成績自然會進步。孩子功課要好，需要努力用功，不用功，功課退步是自然的道理。因此，孩子功課不好時，大人很容易發火，責怪孩子不努力，問題是孩子為什麼不努力？如果不了解原因，要改變孩子不努力的行為就比較困難。

　　孩子不努力的原因也許是個人的，例如：缺少正確的價值觀念、未設定目標、學習態度消極、失敗經驗多、將失敗歸因於外在不可控制的因素，以及認同表現普通的同學等。

　　不努力的原因也有可能是學校或家庭的影響，例如：課程缺少挑戰性、老師所教的學生早已會了、教學方式機械呆板、師生關係不佳、學校文化不重視課業，父母期望太高或太低、家庭氣氛不和諧、教養態度不一致等。

　　找出孩子不努力的原因，針對原因輔導改變，孩子不努力的行為就有可能改進，例如孩子沒有設定目標，缺少學習動機，因而不努力，若能輔導孩子設定目標，一旦孩子認同，就會因此產生努力的動力。如果父母期望太低，孩子輕易可以達成而不努力，父母則可提高期望，促使孩子更加努力。如果因師生關係不佳，孩子喪失學習動機而不努力，則可藉由改善師生關係，讓孩子喜歡老師而努力把老師所教的科目學好。

　　每個孩子學習動機低落、努力程度不足的原因各有不同，針對個別原因去輔導、改變才容易成功。

　　孩子功課不好的原因不但有個別差異，而且原因也可能很複雜，個人、學校及家庭均有關聯。有的受某一因素影響而退步，唯一般都是同時受到許多因素的影響，而這些因素又彼此關聯。例如孩子的信心不夠、學習態度消極、努力程度不足且被動，因而造成課業表現不佳，而這些特徵可能又跟學校課程、師生關係、家庭氣氛及父母教養方式等有關係。

　　針對孩子的特徵予以輔導、改變固然需要，但更重要的是，影響孩子形成那些特徵的肇因也要加以控制或改變，否則一味指責孩子，可能無濟於事。像責怪孩子不努力，但孩子因信心低落，覺得即使努力也沒有用；而信心低落則是由於大人要求太高或缺乏鼓勵所造成。大人如果能改變不合理的要求，而且多給孩

子鼓勵、讚美，孩子能力足以達成，又得到大人的肯定，信心就會慢慢增進。一旦有了信心，相信努力能夠成功，便會產生努力的動力，表現出努力的行為，成績也會逐漸進步。

　　像這樣的過程，孩子功課進步的直接原因是比以前用功努力，間接原因則是大人改變不合理的要求，以及增加鼓勵、讚美。檢討原因時，直接及間接的原因都要注意，才會周延。

　　孩子課業表現不佳的原因複雜，涉及學校、家庭及個人，因此父母、老師及孩子要共同合作檢討原因，才不會顧此失彼，見樹不見林。掌握各種直接、間接的原因，要達到改善的最佳效果則不難。如果只注意單方面的原因，片面要求改善，恐怕不易達到效果，例如想要讓成績不理想的孩子進步，如果只是用責罵、嘮叨或負面的做法來刺激孩子認真努力，有時甚至還會收到反效

果，讓孩子更降低學習意願。另一方面，如果一頭熱的想幫孩子進步，不斷做許多有益的安排，但因沒有掌握問題的核心，孩子沒意願，不願意配合，則效果有限。

孩子成績退步，心裡會難過、挫折，害怕父母師長的責罵或失望，總希望能獲得支持、安慰。這時如果大人情緒失控，不斷責罵，無異雪上加霜，讓孩子覺得大人是在落井下石，容易產生不平衡的心態，而抗拒他們的要求。因此看到孩子成績退步，父母師長要保持情緒穩定，理性地與孩子一起討論，檢討原因，讓孩子了解父母師長對他並沒有失去信心，讓他明白有人在幫助他，那麼他比較會產生克服失敗的意願。孩子一旦有了反敗為勝的決心，努力改變，成績就會逐漸進步。

成績不佳原因檢核表

檢核說明：

1. 檢核目的：探討孩子課業成績不佳的可能原因，以便針對原因協助孩子進步。

2. 檢核係以孩子為中心，成績不佳，孩子個人的原因可能為：

   (1)學習動機低落、缺乏努力習慣，以及不夠努力

   (2)學習方法不佳

   (3)自我概念消極、自信心低

   (4)完美主義、自我要求過高

   (5)身心健康欠佳

3. 每一個原因的左欄列舉了許多特徵，如果有許多特徵與孩子符合，表示孩子有可能受該原因影響而功課表現不佳。

4. 每一個原因的右欄列舉許多影響的因素，針對符合的因素去改變，可能就可以改變功課不佳的原因；原因改變後，孩子功課將會進步。

   例如在動機的左欄有許多項目符合，表示孩子動機低落。如果符合右欄第 1、2 項，表示孩子覺得功課不是很重要，對未來也沒有目標。因此協助孩子改變功課不重要的想法，以及設定未來的目標，那麼孩子的動機將因此而提高，一旦動機提高，功課也會隨之進步。

5. 檢核時，力求客觀精確，盡量根據相關的證據，避免過於主觀，越精確越能達到檢核的目的。

6. 孩子成績不佳的原因及相關的影響因素林林總總，本檢核表所列舉的項目也許未盡周延，檢核時，除參考表中所列項目外，對於未列於表中的其他可能原因及影響因素，也應盡量探索。

7. 孩子的發展是動態的，各項原因及影響因素可能會有變化，因此，檢核結果應不斷檢討。

8. 檢核時應讓孩子參與，一起探查成績不理想的原因，並共同討論克服之道。

9. 參閱本書第四章。

成績不佳原因檢核表

學生姓名：＿＿＿＿＿＿　　就讀學校：＿＿＿＿＿＿　　年級：＿＿＿＿＿

原因檢核：

孩子的特徵（在符合的項目左格打勾）		一□學習動機低落、缺乏努力習慣及不夠努力		可能的影響因素（在符合的項目左格打勾）	
對課業缺乏興趣，不喜歡做功課	動機		個人	覺得功課不是很重要	
被動，要大人督促才做功課				對未來沒有目標，不知道讀書目的何在	
覺得考試成績過得去就可以了，自我要求低				缺乏信心，覺得努力也沒有用	
學習態度不積極，不會主動學習				失敗的經驗很多，不相信未來會成功	
討厭上學，不喜歡學校老師				認為成績不好是自己能力不行，再怎麼努力也沒有	
只做規定的作業，沒意願做其他功課				認為成績不好是外在因素造成的，不是自己能控制，例如怪別人或運氣不佳	
遇到困難一點的功課，容易放棄				認同功課普通的同學，覺得成績太好會被同學嘲笑或怕被排斥	
其他				其他	
沒有固定的時間做功課	習慣		學校	課程太難，覺得努力也沒有用	
上課經常不專心，如做白日夢、東張西望				課程太簡單，覺得上課太無趣	
做功課經常不專心，如邊看電視，寫寫停停				教材教法單調呆板，上課無趣	
經常忘了做作業或繳作業				機械式的練習太多，孩子不喜歡	
做作業漫不經心，經常出現錯誤				師生關係不佳，孩子不喜歡老師	
其他				老師很少給孩子鼓勵讚美	
				學校學習風氣不佳，同學普遍不重視課業	
				其他	
沒有用心學習，花在課業上的時間不多	努力		家庭	父母教育程度低，孩子認同	
上課不認真，參與不夠熱烈				父母照顧無微不至，孩子依賴	
每天花很多時間在電視、漫畫或電玩上				父母從小在孩子旁督促功課，養成被動	
課餘時，休閒娛樂的時間比做功課多				父母權威式管教，孩子不敢主動	
愛玩，常花很多時間在外遊蕩				親子關係不佳，孩子不願配合父母的期望	
其他				家庭氣氛不和諧，孩子擔憂	
				父母管教態度不一致，孩子無所適從	
				父母期望太高，孩子不易做到	
				父母期望太低，孩子輕易可以達成，根本不需要努力	
				學校功課之外，父母常給額外功課，孩子乾脆拖延	
				父母很少給孩子鼓勵讚美	
				父母常批評學校及老師，孩子形成消極的學習態度	
				其他	

孩子的特徵（在符合的項目左格打勾）	二□學習方法不佳		可能的影響因素（在符合的項目左格打勾）
不會時間管理，浪費許多時間		個人	聰明卻討厭做練習
考試臨時抱佛腳，很少提前準備			學習動機低落，不重視功課
對於老師要教的課程，很少事先預習			小學低年級時，只稍微記憶就考高分，養成了死記的習慣
除了學校規定的作業，很少做額外的練習			
上課沒有記筆記			其他
對於教科書的內容及老師所教的，沒有系統整理		學校	學校沒指導讀書方法
沒有徹底理解，死記死背的唸書			學校規定的習作太多，重複練習過多
重複練習太多			其他
做功課時，受周圍環境的干擾也不去排除			
其他		家庭	父母要求太多習作，重複練習過多
			補習太多，重複學習
			家裡環境吵雜
			其他
孩子的特徵（在符合的項目左格打勾）	三□自我概念消極，自信心低		可能的影響因素（在符合的項目左格打勾）
覺得自己不是功課好的學生		個人	失敗的經驗多
覺得自己不如別人			自我要求太高，因做不到而感到失敗
覺得自己的能力不行			其他
上課不敢發言，怕別人取笑或批評			
自信心不夠		學校	班級競爭激烈，挫折多
不敢主動嘗試新事物，要等別人指示			老師要求太高，因做不到而感到失敗
避免參加比賽或活動，怕表現不好			師生關係不佳，常被老師責罵或處罰
不相信自己的功課會變好			老師很少鼓勵讚美
覺得不受歡迎，認為別人不喜歡自己			其他
其他		家庭	缺少父母、老師鼓勵讚美
			父母要求太高，因做不到而感到失敗
			親子關係不佳，常被父母責罵或處罰
			其他

孩子的特徵（在符合的項目左格打勾）	四□完美主義，自我要求過高	可能的影響因素（在符合的項目左格打勾）	
對課業要求過高，樣樣要滿分		個人	從來沒有失敗過的經驗
常跟別人比較，要贏別人才會滿意			其他
總覺得作業做得不夠好，因而常拖延		學校	就讀資優班，老師期望高，表現不好被指責，表現好則被視為當然
很注意自己的缺點，焦點總是放在不完美的部分			從小老師過度讚美
常覺得做得不好而自責			小時候考試總是滿分
對自己不錯的表現不放在眼裡，除非全都完美			其他
忽略眼前的成就，總是擔心未來是否能做好		家庭	從小父母過度讚美
除非有把握表現很好，否則不願嘗試			父母對孩子的期望過高，考試樣樣要求滿分
為了完美，寧可挑簡單的工作做			父母很在意，孩子處處要贏別人
排斥進階式或難度較深的工作			父母很注意孩子的缺點、錯誤及不如人的地方
對別人也要求完美，用很高的標準批評別人			父母喜歡拿別的孩子出色表現來跟自己的孩子
其他			父母本身是完美主義
			其他

孩子的特徵（在符合的項目左格打勾）	五□身心健康欠佳	可能的影響因素（在符合的項目左格打勾）	
經常生病		個人	遺傳疾病
體力不佳，專注力因而不能持久			缺少運動
有心理問題，如焦慮、緊張、沮喪、疏離或逃避等			作息不固定
情緒不穩定			孩子自我要求過高，做不到而感到挫折
適應不良			其他
其他		學校	班級競爭激烈，壓力過大
			師生關係不佳
			同儕關係不佳
			教育階段改變或環境改變
			其他
		家庭	飲食不正常
			營養過剩
			營養不良
			父母要求過高，孩子做不到而感到挫折
			家庭氣氛不和諧，親子關係不佳
			其他

檢核人員：＿＿＿＿＿＿＿　　　檢核時間：＿＿＿＿＿＿

檢核結果：

一、成績不佳原因（打勾）

☐ 學習動機低落、缺乏努力習慣及不夠努力

☐ 學習方法不佳

☐ 自我概念消極、自信心低

☐ 完美主義、自我要求過高

☐ 健康欠佳

☐ 其他（具體說明）

二、問題診斷（就上列原因打勾項目，依孩子、學校及家庭三方面予以整理分析）

孩子的問題：

學校的問題：

家庭的問題：

三、努力的方向（針對所敘問題，提出努力的重點）

個人方面：

學校方面：

家庭方面：

第五章

反敗爲勝的實例

許多孩子雖歷經失敗，
由於推手的扶助及個人的努力，
均能由谷底翻身。
他山之石可以攻錯，
表現不佳的孩子，
學習他人成功的經驗，
一樣可以反敗爲勝。

本章特別介紹一些實際的個案，這些個案能力不
錯，均曾有過課業表現不佳，成績與能力間有明顯的落
差，而且落差的現象也都維持至少半年以上，在這段課
業表現不佳期間，可算是課業低成就學生。他們雖然都
曾經歷功課退步的低潮，但由於「推手」的扶助及個人
的努力，均能由谷底翻身，反敗為勝，成功克服低成
就，在課業上有了明顯的進步，並持續維持優異的表
現。為了保護個案隱私，皆以化名方式描述實例當事
人。

　　從這些實例中，讀者可以感受孩子功課退步時，其
個人與家庭遭受挫折時的心境，讀者也可以從他們的經
驗，去了解孩子功課退步的原因。另一方面，從他們起
落的學習過程中，讓我們了解到反敗為勝是有可能的。
只要不放棄孩子，設法運用一些方法，就能幫助孩子克
服低成就而邁向成功。

實例一

改正學習方式，成績為之改觀

【李豪生】

對學習不感興趣

　　豪生是國小六年級集中式資優班的學生，數學解題能力很強，但在十四名學生中，他常常墊後。李先生夫婦認為他具有發展潛力，但對學校功課不感興趣，上課不專心，缺乏耐心、毅力及企圖心，人際關係不良且自信心低落。

　　李太太是個全職媽媽，豪生幼兒階段時，李太太常講故事、放錄音帶或唸書給他聽，因此幼稚園時他已經懂了不少字，常識很豐富。豪生的媽媽很關心孩子的作業，低年級時，只要一看豪生寫錯，立刻糾正，孩子一停下來則立即催促，她覺得即使自己坐在豪生旁邊盯著他做功課，他都可以不專心、發呆。每當豪生做完一項作業，媽媽立刻又催著他做第二項功課，做完學校功課後，又給他坊間的機械式數學練習，豪生從幼稚園大班就開始學這項數學，直到小六仍舊繼續在學。

　　李太太表示豪生做事的態度一向散散漫漫不積極，從小學一年級開始，就不喜歡寫字、造句、解釋，他總是寫最少的字數，

只求交差，每天頂多一、兩頁的功課，他可以拖上一、兩個鐘
頭。學校除了國語、數學的功課他會帶回家寫以外，其他功課、
甚至課本也都留在學校。一年級時，即常因功課不寫、作業遲交
被老師罵，甚至還曾被叫到訓導處。

　　豪生表示他喜歡上學，卻不喜歡做功課，尤其是討厭的老
師，他連聽都懶得聽，因此常被老師訓斥不專心、考試成績不
佳，影響到班上整體的成就表現；同學責怪他，並為他取了個綽
號叫「李呆」，因此他常跟同學打架，人際關係不佳。

越俎代庖

　　他不喜歡寫功課卻喜歡上學及唸資優班，因為他認為去學校
可以找同學玩，唸資優班經常可以去戶外教學，課程不像普通班
死死板板。盡責的媽媽對孩子的學校作業很注意，孩子一回到家
看看電視，吃過晚飯，立刻催著做功課，全程陪伴。低年級時，
媽媽只要一發現他寫錯字，立刻糾正；到了四、五年級，媽媽不
坐在旁邊陪了，等豪生做完功課再拿給媽媽檢查。有一回，豪生
的老師要媽媽不要替他檢查功課，結果第二天錯字連篇；因為老
師發現，豪生的毛病在於媽媽替孩子做了太多原本豪生該做的事
及該負的責任。

　　豪生喜歡數理，討厭國語、社會等背誦的東西，及繁多的功
課，平時老師交待的作業，如果不是寫在聯絡簿上的，他會故意
不寫，等老師打電話催了或留言在聯絡簿上，被媽媽痛罵一頓
後，他才補寫。平時考也是糊里糊塗，平時測驗成績很差，令人
詫異的是，直到五年級下學期，他才知道平時作業及平時考的分

數會影響到月考的成績，難怪他的成績總是墊後，他認定自己
「已經習慣坐最後一節車廂」。他從不認為自己聰明、能力好，
雖然爸媽及老師曾說過他聰明。他對自己的要求很低，只求及格
就好。

家庭教育價值觀

豪生對分數的要求不高，而且也不重視，這或許與其家庭的
價值觀及教育觀念有關。豪生的父母對子女的期望標準不高，給
孩子的要求也不多，他們表示豪生有發展潛力，應該要讓孩子自
由發展，而小學階段是自由發展的時期，到六年級再逼就可以
了，因此他們不在意他的功課，至於孩子考多少分，他們都無所
謂。李太太說：

> 「我們對三個孩子說，我們不是要求你們考第一名或一定要考一百分，
> 只要你認為你的能力有這麼好，就盡量去做，不管考幾分，是你得到的，
> 不是我得到的，你自己應該知道自己的能力在哪裡啊！」

自信心薄弱

孩子到底知不知道自己的能力有多少？這值得懷疑，因為豪
生從來也不認為自己是聰明的孩子。他表示父母不常鼓勵他、讚
美他，他覺得他做的事都是不會受到人家的讚美的，即使考了
一百分，媽媽也僅口頭表示而已。

從訪談中，很明顯的看出豪生對自己的智力與能力，抱持著
極負面的態度。他認為他與前一名的同學差距很大，他試圖要超

越，但一直都無法越過，總認為自己很笨。每當月考考完，他會產生危機意識，嘗試好好唸書，但經常都是三分鐘熱度，他很想改變現狀，努力想做好、認真唸書；這個念頭曾跟媽媽透露，媽媽也只表示「很好」，卻沒有運用方法實際的來協助孩子，因此，豪生常常是有心無力，而且非常沒信心。他說：

「我沒有信心可以超越同學，雖然想努力，但想到同學成績那麼好，想要趕上，才怪！」

豪生的父親曾說過，小學階段不會在意孩子成績，因此也不會主動去看孩子的課業；豪生卻說爸爸重視成績，卻不看功課。他說：

「爸爸重視成績，他看成績會說為什麼考這樣、考那樣，爸爸凶、會打我，低於七十分就打，就問我為什麼成績考那麼低，就打，其實打是沒效的！我也不知道怎樣才能讓我的成績變好。媽媽不太重視成績，她重視我錯在哪裡、哪裡不會，叫我自己去查，如果分數太低，她才會說說我。」

不良的學習習慣

學校老師的及格標準是八十分，豪生努力達成的目標就是八十分，八十分對他而言，不需要太努力就能達到標準。因此，只有到了月考，他才會想要努力去讀書，他說：

「在成績很重要的時候，我才會努力，像月考。平常的功課、考試、作業就隨便做，不管它。因為我以為平常的成績沒算分數，其實都有算，

以前都不知道，五年級下學期才知道。」

　　知道之後才稍有進步。讀書、做功課是學生基本責任的這種觀念，他完全沒有，父母親也沒有拿任何典範或身教來引導他，他只是一味接受媽媽的命令，催促他寫功課，媽媽不催，他就放著功課玩起來了，學習習慣非常不好而且不專心，喜歡拖延。拖延的原因，一方面是媽媽的催促、嘮叨；另一方面有可能是從小學校功課做完之後，父母又要求額外的功課有關。豪生表示：

　　「媽媽每天就是催我做功課，很煩，我先把學校功課做完，媽媽就會說：『還有補習的功課！』，叫我趕快寫，她會要求我在什麼時候一定要做完哪樣功課。那樣做完，接著再做另外一樣，我會邊寫邊玩，媽媽看到了，就說我把休息的時間都用掉了，也就不用休息了。

　　我不喜歡寫那些功課，寫了成績也沒有進步，沒有差別，我很勉強的在那裡寫，就在那裡磨時間，一直拖，拖到一定要睡覺的時間。我十點半一定要睡覺。太恐怖了，我是故意拖的，因為不想寫啊！」

　　數學練習是豪生每天必做的功課，他非常不喜歡，只要一看到這些練習，厭煩的表情立刻浮在臉上，豪生的爸媽也知道這種情形，他們表示那是著眼於培養孩子的耐性。李先生說：

　　「他的能力應該可以很好，只是他很懶惰，沒有耐心、毅力，他沒有強烈的動機要把它做好，他一看數學練習就很煩，叫他寫多一點，他就很煩，那些東西他已經會了，叫他再寫第二次，他就不要了。他很煩，就開始拖時間，就不高興，我感覺他寫數學練習時很痛苦，每次寫的時候，他臉色就垮下來。他不願意做，我也是要叫他做，我的想法是我要培養他的

耐力。」

父母的認知與堅持，豪生只有接受，他每天一想到學校功課做完，還有一些討厭、機械式的繁多練習等著他，就彷彿千斤重擔壓得他透不過氣來，因此，為逃避這些功課，他不是發呆，就是與弟弟打打鬧鬧，故意拖延時間，直到拖到就寢時間為止。

此外，他拖延作業不交的原因也在於缺乏動機及能力不足。他不喜歡造句、作文及寫報告，因為他的語文能力太差，常常枯坐多時，無法寫出任何東西。雖然媽媽表示豪生喜歡看書，而且也看了許多書，但筆者與豪生談話後，發現他喜歡看的是漫畫，文字圖書較少，除非學校要交報告、要查資料，他才會去圖書館找找書，課外書看得少是影響其語文能力的一大原因。

不良的親子溝通

豪生很少和父母溝通，每天放學回來，媽媽只是催他們做功課，很少關心他在學校的事。孩子也不願意談學校的事，父母有時會問他，他都不願意講，常常都是媽媽一個人在唱獨角戲，而她卻總喜歡一個勁地唸孩子、催孩子，至於孩子願不願意聽、有沒有聽進去？他們都不知道，孩子有話不講是他們最感困擾的事。

李家在教育子女時，一直都沒有給孩子一個明確的目標及努力的方向，豪生不知道父母滿意的分數，更不知道父母對他有什麼期望，他表示，他只希望唸到國中就好。他說：

「我只希望唸到國中，這個想法我沒有讓爸媽知道，我也不知道爸媽

希望我唸到哪裡。如果爸媽要我唸到大學，我不會願意的，因為我不喜歡
唸書，唸書很不快樂，不想去唸，而且要做那些我不喜歡的作業。」

　　從豪生的例子來看，豪生自我成就動機不高與父母的價值觀
念有關，父母認為小學階段不重要，任由孩子自由發展，給孩子
較低的期望水準，不注意孩子的課業，缺乏讚美、鼓勵。孩子課
業表現落後，父母並不十分在意，也沒有運用實際的方法來協助
孩子。豪生失敗挫折的經驗多了，對自己的評價呈負面的態度，
自我的要求也逐漸降低。讀書習慣不良與父母給予長期機械式的
練習有關，孩子厭煩該項學習，因此養成了拖延、不專心等漫不
經心的學習方式，來規避重複的練習。此外，親子間的溝通不良
及太多的嘮叨也是造成低成就的原因。

參與成長團體的改變

　　豪生父母也參加了筆者所主辦的父母親成長團體活動，他們
夫妻每次都聯袂參加，勤做筆記，經過十週課程訓練及相關輔導
措施後，整個家庭氣氛及孩子的學業都為之改觀。豪生對於父母
參加成長團體之後的改變，他覺得很好，也很喜歡。他說：

　　「以前爸媽教育觀念、教育孩子的方法都不一樣，上了成長團體課以
後，他們的觀念就比較一致，現在他們教我們都用講的；爸爸還沒上成長
團體課以前比較兇，上完課後，比較不那麼兇，爸爸講話也比較溫和，比
較會讚美別人，對全家都比較好。以前我功課寫得慢或考不好，就用打的，
現在就不會了，現在都用講的、用說道理的；媽媽的嘮叨也比較少。現在
爸媽對我的態度、給我的功課壓力少，我覺得比較快樂、輕鬆，唸書也變

得有興趣，我喜歡這樣，因為我在讀書時不會很生氣。以前常花時間在想
（想挨罵挨打的事），現在我比較會專心在功課上，成績就比較進步。」

　　豪生父母調整了孩子的學習方向，尊重孩子的意願與決定，
減少了機械式、重複的練習。孩子的學習壓力減輕，拖延的毛病
改正了，學習意願高且快樂，成績也進步許多。豪生在學期末總
成績進步了六十多分，在國中一年級暑期輔導課的成績，優於原
資優班第一名的同學。

　　李先生也認為參與父母成長團體後，家庭教養方式改變，夫
妻雙方能夠理性溝通，夫妻間爭吵減少，親子間不愉快也減低，
家庭氣氛和諧，教養態度一致，對於孩子的學習能夠取得一致的
教法，孩子接受的程度較高，學業也進步較多。他說：

　　「我們都參加了父母成長團體，所以兩人比較容易溝通。我們確實改
變很多，說實在的，改變很多，都是好的改變。夫妻爭吵少了，跟孩子不
愉快的經驗少了，孩子成績進步很多，家庭比較和諧，因為有些事情可以
透過講或溝通，家庭和諧的話，在教育孩子的意見上，即使理念不同，也
可以透過溝通而取得一致的教育方式。」

　　豪生父母願意共同參與成長團體，願意為孩子與家庭做良性
的改變，這樣的轉變換來了孩子的成長與快樂，讓豪生不再覺得
讀書是一件痛苦的事；而整個家庭的親子關係也不再陷於難以溝
通的局面，豪生不斷進步的表現，讓李先生夫婦越來越感欣慰。

實例二

絕不輕言放棄

【劉大年】

大年目前就讀於南部某知名高中三年級，父親任職於商界，母親為國中教師，妹妹也在高中名校就讀，家中環境單純。

大年從小優秀，讀書一向非常順利，並以數理資優推甄進入高中。高一時，成績約為班上二十幾名，是大年求學過程中表現最差的成績，這種情況維持約一整學年。

鬱卒的一年

對這段最鬱卒的一年，大年認為是自己在推甄進入高中期間有段讀書空窗期，加以志得意滿沖昏了頭，功課較不在意。高一時，他投注了較多的時間在社團活動上，花在讀書的時間顯然不夠多；加以國中三年逼迫式的學習方式與高中自主性的學習顯然大不相同；同時，他在時間管理與學習上也不懂得如何安排與規畫。他明白高一成績落後那麼多的原因在於數學表現不佳。由於數學考題少且艱深冷僻，通常他對冷門題目只是瞄一瞄，並未求甚解；加上自然組著重理科的加權計算，使得他與同學成績差距拉大。而成績的低落，使得他益發沒自信，惡性循環之下，越考

越差，甚至想放棄。

怨天尤人

　　大年剛進高一時還存著志得意滿的心態，對功課的鬆懈，讓他在第一次段考就吃了大敗仗，考得非常不好。於是他開始怨天尤人，埋怨老師太差、故意刁難學生，怪學校功課很多、怪學校月考前還出那麼多作業，害他沒時間準備月考……等等，為自己表現不佳尋求種種合理的藉口，但無論怎麼責怪，他都絕對不會怪到自己頭上。

　　第二次段考他還是沒有考好，他覺得學校數學一向都是出這麼難，唸與不唸差別不大，「放棄」的念頭不時冒出。

領悟與改變

　　不過這種「放棄」的念頭，在他陸續通過中山大學數理科資優生甄選及性向測驗，以及其他多項考試後，全被他拋在腦後，因為他領悟到自己頭腦應該不太差才對，也漸漸對自己稍微有了信心。再加上學校老師告訴他：「當學生最快樂的事就是把考試考好，拿到好成績比做什麼事都快樂。」他想想覺得滿有道理，於是做了一番調整。

　　首先在心態上，他改變自己的想法，覺得凡事要自我負責，不再怨天尤人；其次，在讀書方面，改變自己的學習方式，對時間的安排做較妥善的管理與規畫，增加讀書時間，每晚固定維持三小時的讀書時間，包括複習當天所教功課，預習第二天的功課，並花較多的時間在練習上。對於不懂的功課不再打馬虎眼，

務求徹底弄清楚，包括請教老師或同學。對數學補習班的作業也務必去做，他認為多做練習的確很有幫助。

「把一件事做好」是大年的抱負水準，目標是「用功做好」，當他達到目標時，會很快樂、很有成就感，因此他很願意把功課做好。此外，當他表現好時，常會自我鼓勵、犒賞自己，自信心也因此而提升。

到了高三，學校為了推薦甄試而把高中三年的成績單發給他參考，第一次他才發現這三年的排名，每科都有向上提升的現象；由原先的 2 字頭到 1 字頭，再到個位數字，美好的感覺油然升起。此外，他的表現越來越好，從同學肯定的眼光中，讓他深深覺得自己的確是一個很認真、很不錯的學生。

大年認為自信心的提升是其功課變好的結果，對於自信心的提升，他表示：

「自信心提升的原因是功課越來越進步，自信心相對提升，這是相互影響的，自信心提升後也會促使你更用功，覺得自己不錯，有信心自己應該可以做得很好，就會更有動機，要去做得更好。」

家庭的支持

大年認為當初自己成績不理想，與家庭並沒有關係，最大的問題在自己；另一方面，家庭給予他支持，也是其成績逐步提升的原因，他說：

「我很慶幸自己的家庭環境單純、親子關係融洽，父母不太管我，給

我很大的自主空間，讓我能獨立思考、反省。成績不理想時，父親頂多只會叨唸幾句，母親則不會，我覺得雪中送炭比較重要；考不好時，至少不要有人再落井下石。」

大年媽媽對於他的課業不佳並沒有表現不悅，他說：

「我很肯定自己母親的這種做法，因為很多高中生一時功課考不好，如果家長不給予肯定的話，會讓你有裡外不是人的感覺，兩頭忙，功課加社團。我自己也有過那種經驗，在社團不知道自己在忙什麼，覺得很挫折，在學校又更挫折，回到家裡，有時家長碰面又講幾句，會覺得很無力，世界怎麼會變成這樣子？」

從父親的角度來看大年的轉變，劉先生認為：

「我們平常很少看電視，家中有個單純的讀書環境，我們親子關係良好，他有什麼問題都會跟我們講，跟我們討論；在學校發生什麼事，不會隱瞞，我們聽聽也不會唸他，即使考不好也不會罵他，頂多叫他下次多加油。我們知道他高一沒有把心思放在功課上，我們也很清楚他的資質。我想他從高一到高三轉變較多的原因，就是鼓勵多於責罵；我跟他說你一下子就二年級、三年級了，馬上就聯考了，你自己想想將來要走哪一條路，如果再迷糊下去，我也沒辦法，他大概想通了。」

大年父親的循循善誘，終於讓大年好好思考未來的事情，他認為自己對生物有興趣，醫學系是個安穩的工作，是讓未來最沒有恐懼的職業，因此，他把醫學系當成自己的目標。當他把目標確立後，不再徬徨無所依，於是更認真、更努力地朝既定目標前

進。

絕不輕言放棄

　　整體而言，大年自己覺得後來課業變好的最大原因在於：心態的改變、自信心的提升、對未來目標的確立。

　　對於自己的改變，他以過來人的身分給所有相同情形的同學一些建議，他表示：

一、千萬不要放棄，不要有「不要唸」的想法。

二、要抱持正面積極的想法，自我負責。

三、在學習方式上，有餘力則做到先預習，並保持每天規律唸書的習慣。

四、要確立未來的目標。

　　大年從高一時的二十多名進步到高三的前七名，進步極多，這也是「努力就會有收穫」的最佳寫照，當然個人心態的轉變與「不放棄」的正面思考，確實是非常重要的關鍵。

實例三

立定目標，勇於挑戰

【趙立德】

　　立德目前就讀於高中名校三年級，父親為貿易商，母親擔任會計，身為長子，有個妹妹，家中環境單純。

慘不忍睹的成績

　　立德從小是個聰明的孩子，記憶力極佳，小學在台北就讀，功課都名列前五名。小學五年級隨父親的調職而轉學到高雄。由於老師的放任，再加上轉學的環境不適應及好玩，五、六年級表現逐漸落後至中等。國中時，考進某國中資優班，即所謂的好班，由於班級氣氛好，以及老師的認真，他的功課進步至全校前二十名。

　　國中畢業考進名校高中。第一次段考他竟然考了一個慘不忍睹的成績──全班四十六人，他考了第四十三名；第二次段考情況稍好一些，第四十一名；第三次段考則考了三十九名。高一上結束，母親看了那麼離譜的成績，很心急，硬是要他去補習。他順了媽媽的意去補了一學期，結果他受不了補習班的環境，怕補習，他想：「我要好好努力唸書，這樣媽媽就不會再叫我去補

習。」於是跟媽媽要求在家唸書,並答應媽媽會把書唸好。

後來他放學後留校自行唸書,高一下成績逐漸有起色,進步到二十六名;高二又進步至十八、九名;高三則更進步至十一名間。在立德的整個求學過程中,高一是立德成績最差、也是最鬱卒的時期。

志得意滿

在國中時,立德很努力配合學校的教學,認真讀書,因而拼進了名校。一進入第一志願的高中,心態上不免志得意滿,整個人都鬆懈下來,成天跟同學電話聊天、交女友、打球、騎車閒逛,每天打籃球打得很晚,回到家早已筋疲力盡,倒頭就睡,很少唸書;再加上高中與國中學習型態不同,高中老師不像國中老師天天考試,因此他根本就沒把讀書這件事放在心上。

甫進高中的他對學校的教學方式也很不能適應,因此高一第一次段考,他就考了全班第四十三名。他說:

「記得高一第一次段考考了四十三名,全班四十六人,倒數第三,自己看到都嚇了一跳,心裡很鬱卒,但那時也沒放在心上,管他的,還是繼續混!」

同學的冷嘲熱諷

雖然立德高一上的成績讓他看得心驚,每次段考之後都會有所警惕,但這個警惕對他的轉變影響不大。直到趙太太看到兒子如此不堪的成績時,發覺事態嚴重,硬逼著他到補習班去。

　　立德上了補習班之後，覺得補習班和學校的課程有太多重複，加上空間狹窄，胖胖的他坐不住，除時間浪費外，也無法專心上課。他硬撐了一學期，覺得自己非常不能適應補習一族的生活，於是跟媽媽商量：「我把成績拼好給您看，證明我不用補習，成績一樣可以進步，省下的補習費也可以當作我的零用錢。」媽媽答應了，他為了這個承諾，下定決心努力用功，但這並不是促使其努力的最大原因，最大的刺激其實是來自同學。

　　高一是立德成績最糟糕的時期，也是最沒信心的時期。那時，常為了成績差被同學取笑、揶揄；相對而言，這也是一種激勵的作用，他說：

　　「因為跟同學比較，覺得不如人，反而想要去拼拼看。高一時，跟同學比，比什麼都輸、都爛！自己好像很難跟同學去競爭，所以有段時間反而更放縱自己，變得反正什麼都無所謂，更不會想要去唸書了。」

　　原先在立德的認知裡，他以為考入這所著名高中的學生都是來自他校的佼佼者，本來程度就比他好，自己落後也就認命了，但後來他發現不是這麼回事：

　　「明明國中成績比我差的同學，唸得反而比我好！在這種比較和刺激的心態下，我自認自己資質也不會輸給他，自己反省後，覺得是自己不用功，於是一開始把那位同學當目標，想盡辦法超越他。超越他時，你就會發現自己成績有進步。之後，就再拿班上某個同學當目標來超越，接著再把班上第幾名的同學當目標，慢慢累積，就發現自己成績漸漸進步起來了。」

改變讀書方法

對於自己落後的原因，他檢討發現，是自己在國中與高中的學習銜接出了問題。以前國中天天考試，很自然地逼迫著自己每天必須讀書；而到了高中，考試明顯減少很多，如果學校沒有考試，他就不會去唸書，一旦碰上考試就得唸很多且辛苦，成績也很不理想。他覺悟到自己的讀書方法必須要改變，否則成績還是一樣糟糕。

於是，他先到書店去找找如何增進讀書方法、如何有效讀書之類的書，再照著去做。結果他發現每天讀一點書的分散方法，對他而言是滿有效的。

「其實國中的題目滿簡單的，只要前一天唸一唸，八、九十分都沒問題；上了高中之後，數、理就差很多，如果沒有長時間累積的話，前一天去唸，絕對考不好，一定要每天分散著唸。」

於是他便力行每天複習學校功課，保持每天唸一點書的習慣，老師今天教完，他就唸一些，遇有考試則提前兩、三天準備好。

他把競爭的目標鎖定好，找出讀書方法後，到了高二就開始照那個方法去實行。

到了高二，他減少課外活動，增加每天的讀書時間。放學後，他找了同學一起留在學校苦讀，一直唸到學校自修室關門才打道回府。這樣每天放學後約有四到五個小時的唸書時間，成績就明顯進步許多。

立定目標

　　立德喜歡逛書店，常愛看一些勵志、讀書方法或考試資訊的書籍，這些書籍對於其心態與目標的確立都有不小的幫助。他表示：

　　「高中時想去考調查局，那很難考，但因為有了目標，所以自己就會有往前唸的精神；再加上同學間互相比較，壞一點的同學甚至會嘲笑你，我所受到的刺激就更深刻！」

　　學校老師也常耳提面命：只剩一年，要好好努力。立德心裡打個底，大學要拼個理工科，將來就業就有了保障。為了想考上國立大學，於是他更加專心、努力朝既定的目標前進。

　　除了前述的原因使其成績提升外，還有一個重要的原因，就是他有一些一起唸書、打氣的同學。

　　很偶然的機會，有位學長告訴他學校有個很好的唸書自修的「宏毅樓」，他去過一、兩次後，發現這個舒適安靜又有冷氣的地方，的確很能帶動讀書氣氛，於是他決定每天心無旁鶩地在此唸書。就這樣每天一點一點地複習當日的功課，並為考試提早準備。如此日積月累，成績也逐步往上提升，不曾落後。班上同學看到他的表現很訝異，向他請教，並加入他的讀書行列，陸陸續續就加入了四、五個同學，大家互相打氣、一起唸書，形成一個很好的讀書團體。

　　經過一番努力，立德扭轉了成績低落的頹勢，成績好轉之後，很自然地要維持在一定的水準之上，因此，他就一直延用這

樣的讀書方法。

不依賴補習

　　他很慶幸自己的父母能以民主的方式教養他，給他自主的空間，尤其在他成績很糟，又不想補習的情況下，還能信任他。他覺得補習與否，自己要有主見，如果補習沒有效果，要跟父母溝通，或讓父母能夠接受你不補習的意願。他表示：

　　「像我們班同學，父母親管得很嚴，嚴到說他覺得到補習班、到學校是一種放鬆，因為沒有父母盯著，他們去補習班只是要逃避父母的緊迫盯人而已，並不是真正要去學習。」

　　高一時期是立德學習過程中成績最低落的時期，但他並沒有被擊倒，不靠補習，反而憑著自己的毅力與努力，扭轉劣勢，從全班第四十三名進步到第十一名，並經推甄進入心儀的國立大學，他努力克服低成就的經驗是值得參考的。

實例四

進步的原動力──反省、思考

【何大民】

　　大民目前就讀高中名校二年級，家中有一位尚在國小唸書的弟弟，父親擔任消防單位主管，在家的時間有限，母親任教國中。由多位國中老師口中得知，大民是個典型的克服低成就的學生，因而走訪了何府一趟。

差勁的國小表現

　　大民國小時成績不太理想，他唸的是普通班，小一、小二時成績特別差，小五、小六成績中等。國一時，改頭換面，成績躍升為班上前四、五名；國二進步幅度更大，排名班上第一、二名，全校排名則在十至二十名間；國三更超前，已經進入全校前三、四名，並以推甄進入雄中，是該國中唯一經推甄進入高中的學生。一進高中，表現更加優異，排名全校第八名。

　　大民從小一放寒暑假開始，何太太就把他帶回鄉下祖母家，直到開學才帶回家裡。回來上學之後，大民往往跟不上，而且大民很不喜歡單調機械式的練習，很少做課業練習或演算。對於孩子的情況，何太太了然於心，她表示：

「國小的學生可能要透過機械的演練才會有很好的成績，越低層次的可能就要透過練習，我的小孩不喜歡重複的東西，不喜歡單調、機械的練習，所以國小成績特別差。」

大民不喜歡死記、死背、機械式的練習，所有的測驗卷都不寫，除非老師規定。因此，國小時，他對課內的學習一點都沒有興趣，反倒是對實驗、操作、標本或思考性的東西很喜歡。就以數學來說，題目如果很難、很少，他可以考得很好，但如果題目很多，越要計算的，錯誤率就越高。何太太說：

「他在高中數學還能考一百分，因為題目少，越難的，分數占的比率越高，所以在高中他反而越有表現的機會，而小學卻是一點機會都沒有。」

對於大民的教育，何先生夫婦都抱持著開放的態度，即使孩子成績很不理想，他們也不灰心與心急，何太太說：

「他越小成績越差，但我也很看得開，我先生也說：『一枝草一點露』，孩子如果不會唸書，做別的也行，我們不會責備他，但是後來他還是慢慢跟上來了。」

良師啟發

大民在國小五、六年級時，很幸運的遇到一位很好的老師——王喜老師，這位王老師是大民的導師，教自然。由於王老師對昆蟲、自然科學很有興趣，假日常常帶學生到戶外觀察、做標本、做研究、參與科展，王老師邊玩邊教學的生動方式，引發其對課

業的學習動機；而王老師對教育的認真、熱愛與奉獻，也奠定了大民對自然方面的良好基礎，特別是在研究昆蟲方面。大民說：

「王老師教法比較生動，時常帶我們出去玩，邊玩邊教我們植物昆蟲的習性，讓我對學習的興趣提高，動機增強，也讓我覺得學習不是死板的。」

大民最有興趣的就是生物標本製作、蒐集。平常中午，如果學生不想睡午覺，王老師都會叫他們到辦公室，陪著他們做標本、學習分類。王老師在接觸中發現大民對生態的喜好遠比其他同學有強烈的動機。王老師常以克難方式製作標本的箱子給學生，他不在意學生認得多少種昆蟲、植物的名稱，他只希望孩子從玩樂中學習到東西。王老師說：

「我只是期望學生由參與活動的過程中喜歡生態，從動手做的過程中學習到許多東西，從生活經驗中培養出興趣，進而產生學習動機，這才是長遠的。」

在熱心、有理想的王老師教導下，大民慢慢對功課產生興趣，他表示：

「小六的訓練對我功課絕對是有影響的，像學習是有趣的，以及許多科學的訓練，都使我觀察、思考、整理的能力變得較好，這些對我的物理、化學、生物都很有幫助。」

但大民國一為何沒有進步很多？他的解釋是：

「這種科學的訓練是一種奠基的功課，如果要在功課方面進步，最主要還是在於自己，看你有沒有興趣讀書。國一時，我經常和一些死黨出去玩，沒有真正想讀書，成績當然沒進步。」

國二重新分班，大民分到好班。到了陌生的環境，沒有死黨，加上與同學間互動不強，因此他只好把心力放在功課上。在所謂好班裡，同儕競爭相對也大，而國二的課程中，有許多都是他所感興趣的，像理化、數學就是他的拿手科目。考試時，大民的理科都是拿最高分，與同學的差距拉大，名次自然往前邁進。成績進步，自信心大增，相對的，對於功課也就越來越在意，目標也逐漸往上提升。

同儕的相互學習與競爭

大民認為自己能扭轉成績不好的情況，有個重要的關鍵，就是同儕的互相模仿學習與競爭。他說：

「國一時，我們班上有個成績很好的同學，他好像都不用唸什麼書就能考得很好，他在玩，大家也跟著玩，根本不會想要唸書。國二時，那個成績很好的同學很用功，一直都在唸書，連下課也在唸，我看在眼裡，心想如果成績要好，就要像他一樣。

那時，我也想壓過另一個成績很好的同學，以證明自己的能力，想跟他一較長短，有時候會輸給他，但拼了一、兩次以後，發現成績有很大的進步，後來想乾脆考就要考得好，看能不能真的把他壓過去。」

除此之外，在國中他有個同校高他一屆的好朋友，成績非常

好，大民反觀自己的成績，又看看好友的表現，他覺得很慚愧。

「我想我的好朋友成績都這麼好，我這樣是不行的，我就想追上去，想跟他一樣，所以也以他爲榜樣，努力用功讀書。」

獨立思考與懂得反省

國一到國二，大民有很大的進步，他自認與自己懂得獨立思考、會「想」，與會反省有很大的關係，而此一特性又與其有良好的閱讀習慣，及父母所傳達的價值觀念互爲因果。

大量閱讀是許多資優生共同的特性，大民也不例外。他從小喜歡看課外書，媽媽經常就近由學校圖書館帶回一袋袋的課外書籍，各類都有。何太太表示，從大民看書的順序就可以看出這個孩子對自然科學有特殊的偏好。其實大民不僅喜愛自然科學，還包括文學、哲學、勵志的書籍，平常只要一看完教科書，一定要花時間去看點課外書，當作休閒；假日出門，也隨身帶些課外書，看課外書儼然已成爲其生活習慣的一部分。

由於大民的父親從事消防工作，平日較少在家，但一休假，總喜歡帶全家出遊。在旅途中，大民經常可以聆聽到父母親的對話及其中的一些價值觀念，因而慢慢的有所領悟、懂得人生的道理與目標。

在大民克服低成就的過程中，獨立思考與反省扮演著重要的關鍵。他表示：

「我覺得反省、思考是滿重要的，我想最大的關鍵應該是我常看課外

書吧！多看有關文學、哲學方面的書就會時常反省、思考，因為人要『會想』才會進步，如果你不會想，就不會有想要進步的原動力。」

　　良好的讀書習慣是大民功課變好的原因之一。要如何把功課唸好，大民認為如果有時間預習則預習，不然，上課就要很專心，概念也就會很清楚；複習也是很重要的一點。大民每天回家都會複習當天功課，他覺得這種方式效果最好，也是他的習慣。

立志與持之以恆

　　對於有類似情況的低成就學生，大民以過來人的經驗建議：自己必須立志，確立人生的目標和自己將來想幹什麼，以及要如何去達成。他說：

　　「最重要要『有心』，是不是把功課看那麼重要？想想我為什麼要把那麼多時間放在功課上？這會不會達到我想要的東西或什麼夢想？我覺得持久是很重要的，假如人沒有夢想，就只有三分鐘熱度，人要有堅定的夢想，持之以恆地去做，才能有效，如果只有三分鐘熱度，是沒什麼效果的！」

　　他同時也鼓勵同學多閱讀，他說：

　　「求學時，能碰到好老師是運氣，但是，你可以去找可以學習的東西，書要看很多，這是很重要的；因為書看得多，知道的事情越多，可以想得更廣闊，即使沒有碰到好老師，也可以自己掌握。」

　　整體而言，大民能克服低成就有幾個關鍵：

一、遇到一位良師，啟發大民對知識的熱愛與學習動機。

二、國二開始用功，並接觸到與其興趣相符的課程，使其在這些科目上有突出的表現。

三、同儕的相互學習模仿與競爭，使其不斷地提升設定挑戰的目標，不斷地激發出潛力，努力達成目標，因而成績得以逐步往上提升。

四、他會「想」，而且「想通」是滿重要的關鍵。他懂得思考與反省，這與其家庭環境價值觀念和廣博的閱讀課外書很有關係。廣泛的閱讀奠定了其知識基礎，其中又以文學、哲學等人文書籍幫助他想法開闊、視野宏觀。

五、經常聆聽父母的對話，了解人生目標與價值觀，當其有了目標並立定志向，因而才能持之以恆，努力以赴。努力之後，獲得好成績，信心自然提高，挑戰的目標相對的提升，學習動機亦增強，良性循環之下，其成績也就一直保持佳績。

六、生活規律，有良好、規律的讀書習慣，上課專心並複習當日的功課。

七、父母以民主開放的心態教育孩子，並相信孩子是有能力的，也認定「一枝草一點露」；因此，對於大民早期學習階段不佳的表現，不但沒有沮喪、心急，更沒有提早放棄。

實例五

培養長才，建立自信

【林偉生】

偉生是林家唯一的孩子，年幼時父親即過世，母親為中學老師。

偉生就讀國小時，成績一直在中等以下，到了小六才漸有起色，進步至第七名。國一成績逐漸轉好，考進分散式資優班，成績為班上第五名；國二更加進步，班上排名前三名至前五名間。

缺乏學習動機

國小時，偉生由於對學校的學習缺乏動機與興趣，對學習設定過低的目標，再加上不喜歡學校老師，因此在校表現很差。

但在媽媽及親友眼中的偉生，從小就是一個各方面學習能力不差、均衡發展的孩子。從小一開始，考試就落在中等以後，與媽媽的期望有很大的落差，林太太對偉生當時的表現，她表示：

「當時我並不是真正在意他的成績，而是怕他因成績不好，就對自己沒有太大的期望。我注意到小學的考試方式需要非常細心、反覆的練習，我也試圖以這種方式來引導他；但發現行不通。他從來就不肯寫測驗卷、

參考書，他不願意，我也不強壓，因為在我們母子長期相處中，我絕不把親子的感情拿來當課業的賭注，因為這會有衝突。在這樣的情況下，所以他的成績就不太好，後來我觀察到他整個學習情況也還不差，我想也沒有什麼關係。」

偉生對於校內功課沒什麼興趣，媽媽也不會逼他唸書，加上學校老師也不太積極，因此，他對名次也不在意。遇到月考通常考前一天才開始唸書，而考不好也不會有人說他爛，因此他總是抱著一堆課外書閱讀，對學校課業一點也不放在心上。

轉變的關鍵

偉生轉變的關鍵是在小五、小六，那時他開始對自己有了信心；倒不是因為學校成績有所進步，而是他終於有了發揮的空間。林太太了解孩子對學校課業絲毫不感興趣，於是刻意安排偉生去學電腦。電腦似乎觸及到孩子的興趣，於是他很認真學習，且也學得很好。學校的電腦老師很欣賞他且重視他，還請他擔任電腦小老師，指導同學。老師認為他有這方面的長才，於是鼓勵他參加電腦比賽，他也不負眾望贏得比賽，這次的經驗讓他對自己更有信心。

偉生也曾參加「資訊小楷模」的甄選而入圍。從甄選的過程中，他發現努力付出之後，自己可以得到許多快樂；況且有耕耘就會有成效，同時也會帶來成就感。信心增強之後，他漸漸把心思放在課業上。後來在許多課程上，如自然、說話課，甚至音樂課，他竟然發現自己並不比別人差；再加上擔任小老師、小組長

的關係，與同學之間的互動機會增加，他也比較敢發表，於是他開始展現比其他同學更寬廣的視野。

發現自己深具潛力

而真正決定性的關鍵是在於偉生考進了資優班，他才恍然發現自己不比別人差，自己的確是有潛力的，於是開始轉變。

偉生在小學時，成績一直沒什麼表現，也沒什麼動機去學習，他覺得小學功課差是無所謂的。他說：

「我之前常常有一個觀念，就是說小學課業不理想沒有關係，但是上國中之後就要開始努力了。小學沒什麼好比的，國中有排名，比起來較有趣。」

事實上，他會有這樣的想法，多少也受到何大民（本書實例四）的影響，因為大民也是小學成績不理想，國中開始努力而扭轉低成就，目前表現優異。由於偉生與大民兩家經常往來，因此大民成功克服低成就是大家所津津樂道，偉生對這位大哥哥的表現也看在眼裡，心想這是他學習的最佳典範。

「我媽常說：『大民哥哥小學成績也沒有很好，國中他就變得很想讀書，也讀得很好。』我想說沒關係，反正人家小學也沒多好，那我到了國中再來拼就好了。」

一上了國中，在心態上他開始轉變，

「我感覺上了國中，自己長大了，我要開始好好讀書。讀一讀之後，

覺得考得不錯，滿有信心的，接下來就是跟同學較量；漸漸的，我的成績就越來越好。」

進步的最大原因

除了心態上開始轉變外，偉生認為同學間的相互競爭、彼此切磋是促使其學業進步的最大原因。

上了國中之後，偉生變得成熟多了，也有自己的想法、看法。為了讓自己成績進步，他為自己設定一個挑戰的目標：他訂出每次考試最低的目標，一定得考多少分以上，然後再與小學一同考上資優班的五位同學相互較量。

「像我都會訂一個上限或下限，往上有一個預定的目標，能夠贏他當然最好，就算沒贏，也不能輸給這個下限。」

起先他總是排名第五，後來他慢慢贏過兩個女生，之後就不把她們當目標，再往前繼續追趕；現在只剩兩位競爭對手，因為他覺得要贏過他們的機率不是很大，但一旦考得比他們好，則會帶給他很大的成就感，讓他喜上眉梢。

同儕的競爭比較，讓偉生產生學習動機，再加以考進資優班，自己信心增加不少，也自覺到「既然考上資優班，就不能太爛」，因為如果沒有比同學好，怕被同學取笑；而老師對他也抱持較高的期望，一旦他考不好，看到老師他都會覺得愧對老師，這些壓力都讓他比以前更為用功，更自動自發。

漸漸地，他對自己的期望更高了，為了考好，他改變以往的

讀書方法，揚棄長久以來考前一天才拿起書本「抱佛腳」式的讀書方式，代之以每天固定多少讀點書，並提早準備月考。由於偉生從小大量閱讀課外讀物，鮮少看電視，也為他奠下了廣博的基礎，在許多科目上都能得心應手，因此成績逐漸提升。

成功的經驗與自信心的建立

林太太表示：偉生在小學時，與老師的互動並不好。由於她對孩子一向採開明的教育方式，相對的，孩子自然與採用權威教育的導師格格不入，導致偉生對學習沒什麼興趣。上了高年級，偉生對有興趣的科目，如自然、電腦則相當投入、專注，加上這些老師重視他，並在他的興趣科目上讓他擔任小老師，對於責任感及自信心的建立都有很大的幫助，這也是偉生長足進步的原因。

回首過去，林太太對於當初為孩子挑選國小所謂「好老師」的做法覺得很失策，當時只是一窩蜂迷信嚴格的老師，並沒有考慮孩子的個性與家庭的自由開放教育，而使得偉生在兩個截然不同的教育方式下，適應不良，不喜歡老師，因而對學校學習也沒什麼興趣。

偉生有過參與電腦競賽並獲獎的經驗，那次的經驗讓他發現自己是滿有潛力的，對自己也更具信心；而這美好的經驗讓偉生體會許多，因此，他鼓勵同學有機會不妨去參與競賽，他認為：

「嘗試勉強自己去試一次，一定會得到成功的經驗。而你會發現努力付出就會有所收穫，所得到的快樂是滿大的，也就是有耕耘就會有成就

感。」

此外，他認為要功課好，除了自己努力外，

「找一個程度相當的同學，可以互相比較、挑戰，也是滿重要的。」

偉生除了在電腦方面表現優異外，他也不斷參加其他競賽，像在高雄市的科展中就有很亮麗的成績表現。

當然，母親的支持、鼓勵也帶給偉生很正面的意義，他覺得媽媽總喜歡在親戚朋友面前誇讚他。林太太對孩子的鼓勵與讚美是別有用心的，她表示，她希望孩子在哪方面做好，她則會在那方面加以強調、鼓勵；一旦孩子有所表現，她一定大加讚賞，偉生也很喜歡媽媽常常讚美他，讓他覺得自己是很不錯的。

從偉生的例子來看，他的低成就與不適應學校老師有關。因為老師權威、嚴格式的教育方式與其來自單親家庭開放民主的教育方式格格不入。在學校中的挫折，使他討厭老師；相對地，對學校課業也提不起學習興趣與動機，成績自然落後。而成績落後，老師當然也不會重視他。林太太努力要拉孩子起來，卻事與願違，同時她也不想因為成績的關係而破壞了親子關係。

但有一點很重要，林太太相信自己的孩子是有能力的。於是，她轉了個彎，刻意培養孩子另一種長才。

她送孩子去學電腦，試圖為孩子找到發揮的空間，並激發出他的潛能。很幸運的，孩子對電腦產生興趣，並認真專注學習。接著她又鼓勵孩子參賽，從參賽過程中，孩子學到了許多東西；而參賽獲獎，更使他信心大增。學校老師也因此而注意到他，請

他擔任「小老師」指導同學。與同學互動的過程中,他建立起自信心,在班上勇於表現。加上從小喜歡閱讀所奠下的基礎,使得他在往後的學習過程中順利前行。此外,母親的不斷讚美與鼓勵,使其信心大增,而同學間的相互砥礪,也讓他不斷提升競爭的目標,激發出潛力,因而能成功扭轉低成就的現象。

実例六

鼓勵增進自信，化被動為主動

【林小雄】

小雄是國小六年級集中式資優班的學生，智商 142，在家排行老大，有一個妹妹，父親任職私人公司，母親擔任褓姆。

倒數的名次

小雄是個乖巧善良的小孩，從小不愛看電視，卻非常喜愛閱讀課外讀物，尤其喜歡中國文學、詩詞，常識豐富，對任何新奇的東西都有高度的興趣；但在課業的表現上卻極差，班上成績始終排倒數一、二名，老師給他的評語多半是「學習不夠積極、不用功」，建議他要花時間努力、練習。小雄從來也沒想過自己為什麼成績老是這麼差，更沒想過成績好會是什麼原因，他壓根就沒想過功課好、壞對他會有什麼影響。

小雄的父親在小雄年幼時曾擔任圖書公司的銷售員，負責推廣幼兒圖書，因此對於幼教方面的知識頗有心得，也有不錯的業績表現；但林先生的父親認為「推銷員」這種工作是滿丟人現眼的，很不滿意、很排斥，林先生為此深感極大的壓力，於是另覓工作。

家庭的教育觀

　　林先生教育小雄的方式，深受其父影響。林老先生是一位老師，從小就對林先生有極嚴格的要求，考試一定非一百分不可，林先生從小在其父高標準的嚴格要求下異常痛苦。小雄的母親表示：

　　「老實說，我先生的教育觀念受到我公公很大的影響，我公公非常重視成績，但也很沒耐性，你達不到標準，他就完全放棄，也懶得說了；他說過你一次，你做不到，他就不理你了，放棄你。我公公很少鼓勵我先生，他更沒有給我先生去考大學的機會或鼓勵他去考什麼。」

　　小雄的父親從小在這種環境下痛苦成長，物極必反，因此，他現在教育孩子的心態就是不要讓孩子痛苦。在探討小雄對課業不積極的原因時，小雄的父親說：

　　「我想最主要是受我們的影響，我的教育觀念說來和我爸爸有關係，從前我爸都要我們考一百分，我是從那種環境長大的，怎麼可能又是那樣。從前我只有在低年級時都是一百分，上了高年級就不靈光了。」

　　在教育上，林先生強調：「分數不能代表什麼」、「功課也不是什麼重要的事」。林先生表示：

　　「我們一向不注重成績的原因就在於：我希望他學到的東西是生活上的本事，而不是試卷上的分數。」

　　林先生經常把「分數不能代表什麼」掛在嘴邊，小雄對這句

話的認知就是功課不重要，考幾分也沒有關係。因此小雄對功課的要求並不積極，沒有企圖心、也不努力。他知道父母不會注重分數，因此考好、考壞一點也不在乎，打心底他就認為課業不重要，一方面是受父親影響，另一方面他表示是看了文學家淡泊名利故事的影響。

交作業為讀書之本

　　事實上，小雄在六歲之前的教育，父母非常用心，幼兒時期，除了頭一年由奶媽照顧外，餘均由母親親自養育。那段期間他看了許多書、聽了許多錄音帶，母親每天都會講故事給他聽，三歲那年他已經可以自行閱讀，到現在仍然非常喜愛閱讀課外書，幾乎每個老師給他的評語都是「課外知識豐富」。在小雄父親的理念裡，他認為：

「我們的觀念就是要小孩子從小接觸書本，讓他覺得那是玩具，把書當玩具，他將來就不會排斥。」

　　就因為小雄非常喜愛課外書，通常他一回到家，書包一扔就拿起課外書，學校的課本完全丟在腦後。他把學校跟家裡分為兩個世界，回到家裡除了學校聯絡簿上交待的功課是屬於學校的事，只要把這件與學校有關的事做完，他就沒事了。一旦聯絡簿上寫著「考試」，他根本就不理它，他認為考試不是功課，更何況分數不重要！他從來就沒有把考試當成正事，每次月考爸爸會關心其成績，他一定回答：「反正不會太差啦！」又自顧去玩。林先生提起孩子輕忽的態度表示：

「他這種態度或許我們也有錯，因為我們從小沒有給他導正，沒有給他一個正確的途徑、正確的模式告訴他，沒有一個模式給他看，只是放任，何況那時考得也不會太差嘛！」

正因為國小一年級功課簡單，考得不錯，小雄仍然採用這種以「交作業為讀書之本」的讀書方法來應付學校，唯有老師出了作業他才做功課，而且做功課非要父母催、盯不可，否則他不會主動去做功課。做功課的習慣也不好，爸媽過來巡一下時，他才提筆寫一下，不然就是偷看課外書；有時也會為了急著去玩而草草率率地塗完功課。當然，更別提預習、溫習這檔子事了。因此，隨著年級增高，他的成績也逐漸下滑。

極端的被動

雖然小雄說父母從小就不管他的功課，但事實上，林太太在小雄一年級時盯得很緊，小雄寫功課，林太太就陪在身旁盯著他一筆一劃的寫，一看不對，馬上糾正，一有錯誤，立刻幫他擦掉。就因媽媽完全代勞，小雄一直處於被動地接受指導，長久下來，媽媽發現不對，要他自己擦、自己改正。但此時，他已經完完全全地被動，他不會自己發現錯字，即使媽媽交待他改正後拿過去給媽媽看，他依然不動如山地坐在那兒，等待媽媽下達指令，極端地被動。林先生說：

「他把錯字改完了，他完全不會拿過來給你看，都是我走過去問，他也不會告訴你他改好了，就坐在那邊乾等，也不會拿其他書來看。從那個

時候，被動的個性應該完全顯現出來，但我們都沒注意他這個性格。」

　　有句諺語：「養成什麼樣的習慣，就培養出什麼樣的性格。」小雄在父母溺愛的教育方式下，從小生活上所有的事都由母親一手包辦，小雄只是一味地接受命令，他完全不需要用大腦、不必思考，媽媽什麼事都告訴他，他只要聽命行事即可。況且小雄非常聽話、非常乖，所以能完全聽命行事，不會反抗，父母為了他極端被動、依賴的個性相當苦惱。林太太說：

　　「書包我們幫他整理，可是一段時間，我們再去看，書包就像垃圾堆一樣，考卷就塞塞塞，我們實在看不下去了，就叫他倒出來，裡面什麼東西都有。有時我火大了，就叫他整理，可是如果不這樣生氣一次，他是不會去整理的，真的是很累啊！」

　　小雄的被動和懶（也就是懶得動手），是林先生夫婦認為在教育小雄的過程中最大困難處，因為小雄是一個推一下才會動一下的人，接到指令才會進行下一個動作。他自嘲除了「玩」及「看課外書」是自動自發外，其他都完全被動。對於被動，他自己的解釋是：

　　「有時候明明有事情要去做，可是我就不知道要做什麼，要別人叫，我才知道。」

　　林先生也注意到被動是孩子最大的毛病，最近也試圖改正，無奈沉痾已深，父母又因管教態度的不一致而無法堅持，致成效不彰。林先生頗為頭大，他表示：

「我想原因可能是出在以前不管整個生活上的大小環節，媽媽都動手幫他做，做得好好的，他只是完全接受命令、聽命的份，也沒有空間讓他去發展獨立思考；當他有獨立思考的時候，他不會用，從小沒訓練，而且他很聽話，比較不會反抗。」

一般在學校有動手做的實驗，他也懶得動手，只做壁上觀，因此報告無法交出也是常有的事。

至於功課是否因困難度增加而造成成績的落後，小雄表示：

「不是很難的問題，是算的太少，我自己練習太少，根本沒有在練習，不會想要去練習，也沒有溫習功課的習慣，只有月考前有時候會稍微溫習，國語比較好溫習，數學只看課本，沒有做習作、練習那些。」

不在意分數

考試的分數他不在意，他以Ｎ分數來表示考任何分數都沒關係，隨著年級的增高，Ｎ分數已由原先的一百分降至任何數皆可的地步，他說：

「一年級的時候不會想說要Ｎ分數，而是要一百分，因為一年級的時候，課外書沒看很多，就是會影響我課業的書沒看很多，會把精力放在學校課業上面；而且剛去學校，也有一些新鮮感，所以會促使我在學業上努力。同時，那時考的也比較好，也比較努力。」

二年級考入集中式資優班後，他依舊是以交作業才算功課的讀書方式，回到家完全不碰課本，好像讀書這檔子事與他全然無

關，考試分數依然排在全班後段。當然他也曾試著往前進步，但依他讀書的習慣、方法來看，要有好的成績似乎不太可能。他說：

> 「我有努力把自己的分數多進一點，我就曾經拿過『進步獎』，是分數跳過去，人就是跳不過去，跳都跳不過去！」

小雄自承事實上他也沒有很努力，他明瞭「努力」這兩個字會讓其功課進步，但他並沒有將它用在實際生活上，小雄說：

> 「這種句子背很久了，造句都有造過這種句子啊！就是『要努力就會成功』，可是我從來沒有把這句話實際用過。」

對於把「努力就會成功」用在實際生活中，將會使課業提升、獲得肯定，他從來也沒想過，因為他的父母從來不曾告訴過他要努力、鼓勵他努力向學，更沒聽父母說過他聰明。對於自己成績為什麼會好或不好的原因，他也從未想過。事實上，小雄剛開始考八十幾分時，會覺得事態好像很嚴重，後來每次拿到的分數都是六、七十分，也就漸漸習慣了。他表示，第一次收到較差的成績時是有點不習慣，後來發現「無論怎麼努力，都還是提不起來，幾乎每次發下來都是那種分數，也就習慣了。」而考差了，父母也會說沒關係，並沒有去了解或幫助他改善成績不好的情況。

欠缺鼓勵

成績落後，他已習慣，但也沒有給他造成壓力，因為小雄的

父母很少管他的功課，考好、考壞也無所謂，更沒有給他任何責罵或鼓勵。林先生覺得孩子非常沒有自信，當筆者問他有沒有給過孩子讚美與鼓勵時，他沉吟了許久，似乎了然這與孩子沒信心大有關係，他說：

「他的信心基礎不好，也來自於我們缺少鼓勵造成的，應該是鼓勵太少、批評太多吧！」

除了鼓勵太少、批評較多外，他們並沒有給孩子一個明確的目標，一方面說分數不重要，另一方面又會拿著棍子威脅他要考幾分，嘴上所說和心裡想的完全是兩回事，給孩子的期望水準也很低，他們只希望小雄唸到高中即可，小雄自己反倒是希望唸完大學。

一個人的信心是來自於別人的鼓勵、讚美，再加上成功經驗而慢慢建立。小雄在這方面深受上一代錯誤教養方式的影響，以致很少得到讚美鼓勵，其父母揚棄嚴格的教育方式，改採放任的方式，雖說可以減輕孩子的壓力，但所獲得的卻是孩子不重視功課、潛能無法發揮的結果。親子間的溝通也很少，加上父母以溺愛的方式來養育，以致形成被動、不積極、缺乏責任心的性格，孩子一味接受來自他人的命令，缺乏判斷力、主見和思考能力，一旦他必須面臨獨立自主時，便出現缺乏信心和毅力的現象。同時家人也沒有提供他一個正確的價值觀，他不知「努力」為何物，更沒有提供明確的目標及良好的示範讓孩子有典範來模仿、學習。雖然父母充滿「知道他資質很好，但就是不知道要怎樣激發他」的無力感，但長期以來的過度保護與忽視課業，就足以使

極具潛力的高智商孩子淪為低成就的學生。

克服低成就

　　小雄的父母在筆者的協助下，參與了十週由筆者主持的父母成長團體活動，透過親職教育的研習與成長團體家長間的相互支持，他們了解到自己的孩子與本身教育的缺失後，努力修正教育方式。

　　在父母成長團體一開始，林太太常常為了孩子的無力感與痛心而在課堂上痛哭失聲，她急於想扭轉孩子成績不好與許多缺點，以及企圖改變林先生共同參與孩子教育方式的努力過程，讓人覺得不忍。最初上課，仍舊是聽過就算，並沒有認真實行行為改變技術。後來他們明白「懂得道理、知道做法卻不去實行，跟不知道又有何差別？」聽了這句話，或許點醒了他們。

　　後來經過十週的努力及後續的輔導活動，小雄的爸爸不再經常責罵孩子「笨」、「懶」，媽媽也鼓勵孩子自己多動手，並經常在他表現不錯時給予讚美；加上小雄也在筆者與助理的開導、鼓勵及協助下，讓他明白自己是個聰明的孩子，增加其自信心，並鼓勵他好好利用時間努力於課業，而小雄也認真利用國小升上國中的暑假期間，致力於功課。

　　上了國一，小雄功課進步非常多，對自己更加有信心，母親也不斷地鼓勵孩子、支持孩子，良性循環之下，小雄更加自動自發努力唸書，課業成績也持續進步。在一次聚會中，林太太還拿出小雄的成績單給筆者看，可以看得出來，小雄與林先生夫婦都對這樣的進步感到很滿意。

　　筆者對於小雄的關心並不因為成長團體的結束而停止,因此,乍一聽聞其母告知小雄已以高分的學測成績進入名校就讀時,心中非常高興,不單單為自己所主持的成長團體能夠成功改變一個孩子與家庭,更重要的是由小雄這個例子再次印證:有效的教養策略的確能夠幫助孩子反敗為勝。

實例七

反敗為勝之良方──關愛與了解

【侯小齊】

　　小齊是資優班的後段學生，父親為公務人員，從商的媽媽在他五年級時，由於經濟不景氣及孩子的因素而退出職場，家裡還有一位也是唸資優班的妹妹。小齊對數學、英文較感興趣，表現佳，但對於需要背誦的國文及副科就很頭疼，表現較弱。

自信心低落

　　在父母眼中，小齊是位聰明、記憶力佳、想像力豐富、深具潛力的孩子，從小被忙碌的父母四處安置在親戚家或書店，媽媽則買一堆書給他看，因此養成他極愛閱讀的習慣。平常的休閒活動則是與爸爸下棋、看課外書。

　　小學二年級，母親送小齊去參加短期佛學夏令營，讓他對佛學產生興趣，涉獵了不少佛學方面的書；同時也看了不少厚黑學的書籍，其思想、看法深受影響，少了強烈的企圖心、上進心，多了些負面、防衛的思考。他說：

　　「也許是看太多佛經的書，外來的影響可能對我影響比較少，至少不

會那麼衝動，不會聽了別人的話就照他那句話去做；也許也是看了太多厚黑學了，別人講一句話，我都會用反向思考，把它思考過去。而事實上，只要任何事情經過這樣一想，你當初那些衝勁可能都會冷卻掉了。」

從訪談過程中發現，小齊自信心非常低落，缺乏學習動機，對學校課業不感興趣，在學校與同學相處極易因言語而傷害了同學，對自己的評價也相當負面。

學習習慣不佳

從幼稚園起，小齊在學校就經常被老師處罰，他一直自認是老師眼中的壞小孩、不成材的孩子。國小一、二年級成績非常好，經常保持第一名，有一次沒有拿到第一名，居然在班上大哭，回家甚至拿籐條自己打手心；小齊的母親看了孩子得失心如此之重，於是一再告訴孩子：「分數不重要，爸媽不要求你的成績。」小齊就在這種情形下，自恃聰明、記憶力佳，往往考試到了，猛K一下，輕輕鬆鬆就可以拿到高分，這種學習方式、讀書習慣一直到現在都是如此，他回憶說：

「在我印象當中，所有作業都是上課前五分鐘才做的，尤其是數學，課堂上老師要了，才弄一弄，感覺功課都滿輕鬆的。小時候養成了一聽懂就說『好，我聽懂了』，我就自己做我自己的事。上課時，尤其高年級，老師講一段話講二十分鐘，我三分鐘聽好，就不理老師，直接做我的事，因為我聽懂了，但是我常發現同學會說：這傢伙他是真懂、假懂？老師也常會罵我上課不專心。」

小齊的父親表示小齊的讀書方式是：

「事前溫習、上課專心、事後複習，坦白說，他都沒有做到，平常只聽完課而已。事實上，從小學起，對課內書一直沒有要求他，到小學畢業也沒有要求他把課內書搞好。」

到了國中依然是這種方式，除了習慣問題外，每天窮於應付各項補習，更加沒有時間好好溫習。自幼自恃聰明、記憶力強的安逸讀書方法，只圖得一時安逸、逍遙，殊不知實力正逐漸在下滑。

重大的挫折

除了上課不專心外，他的功課也常忘了或拖延不交，尤其是他的字最令老師頭疼。國小高年級的老師經常在全班面前羞辱他的字像鬼畫符，更由四樓的教室將他的作業毫不留情地扔到一樓，他氣喘噓噓地由一樓拿回來重寫，寫完老師仍舊不滿意，再扔。這類戲碼經常上演，一再羞辱，這種舉動對孩子造成了極嚴重的傷害，讓他自信心消弭殆盡，不僅喪失了學習的動機、企圖心，同時也變得相當防衛他人，言語之間很容易傷害別人，人際關係極差，在那段期間他幾乎沒有朋友。提及這段往事，看得出來小齊內心相當在意，特別是很久很久才吐出「白痴」與「智障」等字眼。

「也許是自己內心的重大挫折，非常大的挫折，好幾次被人家全面否定掉，因為我五年級的綽號是『白痴』、『智障』，結果天天在那裡聽，

內心就有一股情緒正醞釀著，感覺起來就像是被人家全面否定、封殺。那
段期間，幾乎沒有朋友，也是分心最多的時候。」

　　暴力的言語傷害、惡意的標籤、訕笑，對孩子的殺傷力非常
大，他顯得相當自卑、沒信心，惡劣的情緒也造成其成績明顯下
滑。雖然父母從小不要求成績、分數，但小學一、二年級優異的
成績，仍然帶給他美好的回憶，三、四年級仍舊有較高的標準，
但歷經五、六年級的重大挫折、全面否定，讓他由自我高要求到
不再自我要求，對這樣的轉折，他的解釋是：

　　「對我而言，考得高、考得低那種意義上都已經消失了，國小一、二
年級考高、考低，同學還會在意，現在考高、考低對我而言，都好像沒什
麼。一、二年級可能喜歡聽到別人的讚美、鼓勵或虛榮的希望別人羨慕的
眼光，現在就不會了，考壞、考好，總之要維持一定就行了。三、四年級
對於成績的要求還是滿高的，結果到了五、六年級那個老師又在全班面前
全盤否定我，他常常在那說我字寫得很醜，不斷羞辱我；我們五、六年級
那班成績又那麼高，那時候要追求非常好的成績的心也冷卻了。」

　　小齊經歷如此重大挫折，自尊心異常低落，顯得多疑、敏感
而沒安全感。其父母只知道當時老師常說他不專心，至於造成孩
子重大轉變的階段，似毫無所悉，可見父母對於孩子教育的疏忽
與不了解。

缺乏正向的鼓勵

　　小齊的父親在探究孩子成績低落的原因時提到，在教育孩子

的過程中，僅國小五、六年級曾注意孩子的數學，國中則完全不管其課業，自認是因抽腿抽得太快，也沒有給孩子一個目標。其教養孩子的方式深受上一代的影響，他表示，他與其父從小就很少碰頭，雖然同在一個屋簷下，而父子倆第一次在一起講話是在他聯考的當日上午，父親只告訴他「好好考，前途是你的」。侯先生提及這段往事，眼中含著淚，哽咽地緩緩道出。他並說道：「那個年代，不被打就已經是鼓勵了。」因此，他往後教育孩子的過程中，鮮少管孩子，給孩子的鼓勵也不多；而侯太太則認為一再褒獎孩子會讓孩子自滿，認不清事實，同樣也鮮少給孩子鼓勵與讚美。小齊從來沒有因成績好而獲得讚美與鼓勵，唯有成績差、名次退步時會遭到母親的責罵，這似乎與他們給孩子的訊息「成績不要求、分數不重要」相互矛盾，小齊或許也因父母言行不一致而模糊了目標。他說：

> 「從小到大他們都一直跟我說分數不重要，但是考完後，他們又會語重心長地嘆一口氣『唉！你這次成績又退步了』，然後說了一堆話後，就叫我回房間，對我而言，真的很慘！」

小齊從小就習慣了這種讚美少、苛責多的日子，「也許他們認為負面的對我比較有效吧！」

在孩子的生活裡，從小欠缺讚美、鼓勵，而太多負面的語言虐待與傷害卻深烙孩子心中，或許是出自於自卑的心理，顯得多疑，他反射式地認為他不適應這種讚美，他說：

> 「對我而言，讚美和責備的感覺都是一樣，只要你給我一分讚美，感

覺起來，我又多了一個枷鎖而已，我並不需要這些額外、外來的影響，何況這些讚美和責備會影響我的心情。對我而言，我不會適應這種讚美。補習班老師有讚美過我，我從來沒有注意聽，因為補習班老師的讚美，對我而言，並沒有什麼意義。」

顯然他在意父母及老師的讚美、鼓勵，但卻不容易得到；相對的，來自於善意鼓勵他的補習班老師的讚美，在他心中已激不起一絲漣漪，他不在意，甚至還漠視它。

分心的原因

侯先生因工作的關係，並沒有天天返家，孩子教育的重任則落在侯太太身上，她從前因工作忙碌、返家後電話極多，每當孩子有事要跟她商量，有委屈、有心事要與其分享，她常常顯得不耐，動輒以忙、煩來推拖，幾乎沒有好好的、認真的傾聽，甚至拖延、拒絕，孩子漸漸變得不願意與母親溝通。

國中階段，母親成天叨唸他的功課、不滿意其成績表現，讓青春期的孩子更不願與母親溝通。而母親常為了一點小事發飆，孩子不解母親捉摸不定的情緒，相對地自己的情緒也深受影響。情緒起伏是造成他分心與功課不佳的主因，小齊說：

「我認為分心的最大理由可能是我的脾氣，情緒就會轉變得很奇怪，有時寫字、看著書，心裡就會浮現非常多、非常多的影像，然後不知道為什麼自己就好像整個人呆立在那裡。一分心，效果就變成十分之一左右，十個小時就等於唸一個小時而已。」

　　小齊的被動、缺乏責任心、懶散、粗心大意是父母不滿意的地方，爸爸將這些毛病歸咎於媽媽的能幹。

　　小時候，媽媽將小齊所有日常生活上的一切都照料得妥妥當當，到了國中依舊還是如此。他長得壯壯的、不太愛動，任何事只要有別人在的話，他可以不做則不做。母親也為他安排了許多補習，數學、英文、理化、作文，國一時英文那科不僅補國一、國二，甚至又超前補國三的；小齊每天不是上學就是上補習班，連暑假都排滿了各式補習，讓他忍不住抱怨：「都沒有娛樂的時間。」「媽媽太會安排了。」

　　媽媽雖說補習是跟孩子討論過的，但小齊卻表示：

　　「媽媽是有跟我商量，但商量不成，最後談判破裂，我還是得照樣去補。」

沉重的學習負擔

　　補習占用他太多的時間，不僅如此，也沒有太大的幫助，學業仍然沒有任何起色，依舊墊後；對於這樣的補習，小齊除了擔心會有新教材適應的問題外，他也不敢違背母親的安排，因為他從小就一直被動地接受母親的安排。

　　當然小齊仍然有自己的計畫，但受制於母親，他不敢表達想按自己方式讀書的計畫。小齊說：

　　「其實我上國中時，本來還有個計畫，只要我爸媽不管我的話，我就把每次月考的成績單墊在桌子上，一次一次的看，每天都說：啊！我這次

是進步或退步？這樣子的話，至少會有危機意識產生啊！但是，後來看見我媽把我盯得很緊，就覺得沒有必要，別人的期望已經太高了。其實自己唸，感覺起來，就好像那種壓力解除的話，那麼你做起事來，不會說死氣沉沉，就比較積極，因為那是自己自發性地做。」

　　小齊的母親常認為孩子沒有動機、懶懶散散的，因此只要看到他沒在看書就會唸他，即使看個課外書也要打斷他；而他最不喜歡的就是看書時被中途打斷，因此他雖然聽話地進房唸書，但情緒卻是相當不愉快，學習的效果可想而知。而平常做完功課，母親也會要求他再做些額外的功課，小齊在媽媽緊盯之下，逃避方式就是功課不想做那麼快，能拖則拖，他說：

　　「像我做完功課，他們可能就會要我看些書啊！看那些完全沒有興趣的書，感覺就是你永遠沒辦法達到某一種標準；當你無法達到時，你的動力、動機全部都會迅速地冷卻下來。」

　　小齊的課業表現讓媽媽心焦不已，英文對他來說是較擅長的科目，但他仍然要補，國一補國一、國二的，國一下媽媽又想讓他補國三的，媽媽認為英文老師很有愛心、收費又便宜。但筆者與小齊談過後，孩子的看法與他母親有一大段距離。小齊表示老師雖然很看重他，但是他卻不喜歡，無奈的他表示：

　　「最重要的是，補習班英文老師對我的要求太高了。她會打我們班的同學，考不好的人，她都會拿一條皮帶抽啊！我在考十幾名的時候，她就會要求下一次一定要前十名，再下一次一定要前五名，這樣給她弄下去，簡直就是一場惡夢！」

害怕期望

　　小齊非常沒有自信，他並不是害怕被打，他認為自己的實力頂多只能考那幾名，他也不願意考太好，因為考太好，老師、父母又會再對他做更嚴苛的要求。他認為人的慾望是無止盡的，他討厭別人的期望，即使別人認為他很有潛力、能夠做到，他也會先對自己投下負面的思考：

　　「即使別人告訴我説我很有潛力、很聰明，但我十之八九可能自己會説『怎麼可能？』，即使別人這樣告訴我，我就會猜別人又要要求、期望，也許也可以説是害怕，總之，我就是很想逃避。」

　　國一時，他也曾與妹妹打賭而躍到了前面，但是即使成績考好也沒有得到父母、師長的讚美，反而是一個個更高的要求與期望懸在眼前；他也觀察到成績好的同學為了分數，個個累得看起來像生命中缺氧似的了無生氣，他一點也提不起鬥志：

　　「有一次我成績跳得很高，就是因為那一次老師、爸媽又告訴我要考更好、更好，我就覺得『唉！算了吧！』，那個補習班老師也説，第十名之後要第五名，第五名之後要第三名，第三名之後要第一名，我如果達不到，那我就完蛋了。其實我也很想努力衝到很前面，可是那種真正要很努力做那種事情的時候，突然之間不知為什麼，常常會覺得成績即使考得很高有什麼用，可能就是那種大家的期望又會越來越高吧！」

　　逃避的心態也影響了他潛力的發揮，小齊對名次不在乎，其父表示：

「名次對孩子本身來說，他不在意，他的成績要叫他考好也不可能，每次考，差不多就是十五至三十名間，他也習慣就是這樣，也不會知道第一名是什麼滋味，最後一名是什麼味道，他早就不在乎了。」

對別人一再的要求與期望，他寧可說是討厭，也不願承認是害怕，他說：

「基本上可能我的天性就是很討厭，被人家期望很高的時候，我會覺得這些書到底是誰在讀？我心裡會覺得很不高興，也就是說我用功努力是我自己的事，你們要求東、要求西，到最後我考這些到底有什麼意義？」

他表示，家裡和學校老師都認為他的能力應該很好，可以要求、再要求，對於這樣一而再的期望標準，他心中感覺很累，對別人的期望目標，他覺得厭倦，也不願去達成；但相較於他自發性的設定目標，他不僅充滿信心，同時也有高昂的鬥志，當然成績表現也達到令人滿意的程度。如與妹妹打賭，與補習班女生較量，他只要找到競爭對手，就可以在設立的目標上去挑戰它。但對於這樣的目標設定，他往往不知如何尋找與掌握，他說：

「這些對手到底在幹什麼？就是搞不清楚，好像有很多對手。但事實上是你要瞄準一個目標或超越任何一個目標，很模糊，甚至抓不到那個點在哪裡？」

模糊的目標及父母對成績要求的言行不一，真的讓小齊糊塗了，他說：

「基本上被別人期望，我覺得就是一件很難過的事情，被人家期望很高的時候，我會覺得這些書到底是誰在讀？或許到最後連自己的目標可能都遺失了吧！」

影響課業的原因

小齊的例子中，發現影響其課業表現的原因很多。學習習慣的不正確，包括自己及家人的影響：自恃聰明，吊兒郎當而不努力學習，父母給予過多的課業養成孩子拖延、不專心的習慣，不專心有部分是受到情緒與壓力的影響。家長緊盯及過多的補習讓孩子沒有學習的時間及空間，敷衍、草率、拖延的壞習慣應運而生，同時也欠缺良好學習方式的要件：如事前預習、上課專心、課後複習等。

親子溝通不良，父母對孩子不了解，當孩子失敗、挫折及遭受打擊時，未能及時得到接納、包容與紓解；吝於讚美、鼓勵而代之以苛責、嘮叨，造成使其自信心低落；沒有給予明確的期望標準，且心口不一、言行不一致，令孩子無所適從；家長過度幫忙，無形中剝奪了孩子學習的機會，以致其被動、粗心、懶散，缺乏獨立性及負責的態度；父母教養方式的不一致，一個近乎放任，一個又極嚴厲，失敗挫折的經驗又太多，形成其自尊心低落，缺乏成就動機與企圖心。由於自尊心低落，造成容易自我懷疑、低估自己的能力，習慣對自己的成就打折，對負面自我形象的失敗經驗特別敏感，因此他顯得非常多疑、敏感，且缺乏安全感。

上述均為教養方式不適當而使得小齊潛能未能充分發揮。事實上，教養孩子是一條漫長辛苦的路，光用心是不夠的，還需要智慧方能將孩子的潛能激發出來，否則即使是天才也會被教育成蠢才！

修正教養方式

後來小齊的父母參加了筆者所辦的成長團體，了解到其教育盲點，修正了教養方式，夫妻倆盡量取得一致的教養態度，多關心孩子、接納孩子，多用傾聽，減少嘮叨、命令的溝通方式；盡量找孩子表現好的地方讚美，在孩子努力之後多給鼓勵提升其信心。他們不僅自己多給孩子正面肯定，小齊的媽媽也會在孩子有進步時，請筆者的助理打電話關心他、讚美他、鼓勵他，給予正面增強。在補習方面，針對孩子需要的才補，並要求補習班老師不要體罰孩子。此外，由於他在校常被同學欺負，老師也不夠公正，於是侯太太經常去學校了解、溝通與關心，終於把這個問題解決，讓小齊情緒壓力放鬆不少。

侯太太表示以前與孩子的關係緊張，父親很少管孩子，孩子有事都不願意跟父母說，父母也不清楚他有什麼問題，她說：

「孩子在學校發生那麼多事情，我都不知道，他曾經跟我說，他有三個月沒有跟同學說過一句話，在學校同學排擠他，老師又不重視他。自從參加蔡教授的成長團體後，我才知道有這些事，我去幫他處理，現在老師也開始重視他，他現在在學校也快樂多了。」

經過十週成長團體的輔導及後續的相關輔導，小齊成績進步

很多，他認為母親在成長團體上課後的轉變，如嘮叨減少，多關心其課業，讓其學業進步不少，他說：

「媽媽現在比較少嘮叨而用叮嚀，所以比較會聽，她也會關心我們的功課，現在她會多聽我們的抱怨，我就會比較喜歡跟她說話，不然的話，以前我看見她時，她臉上總浮現兩個字『嘮叨』，好像在說我要跟你嘮叨了。現在就不會了，我很喜歡這樣，誰會喜歡自己父母天天在那裡嘮叨來嘮叨去？」

侯先生也很開心地說：

「自從太太去上了成長團體的課後，比較有笑容，比較不會對孩子大呼小叫，情緒不會像以前，如我女兒所說：『受不了！受不了！』情緒比較會控制；以前太太言語上比較激烈，說話比較直接，常讓孩子受不了；以前孩子被激怒時常摔門，進房坐一個小時，實際唸書大概只有十分鐘。現在親子關係好很多，孩子人格成長有進步，比較不孩子氣，整個家庭氣氛好多了。」

小齊在家人的共同努力下，排除了影響其唸書的不利因素之後，成績每次都往前邁進，由最初的全班後段進步到十多名，最後進步到全校第五名，也順利以數理推甄進入高中名校。

第六章

協助孩子反敗為勝
的策略

為了要進步，就必須做些改變；
要孩子改變，
父母及老師要先改變，
並運用比以往更有效的教育策略。

　　孩子在求學期間，如果成就表現不佳，容易造成其信心低落，影響升學及發展的機會，也會讓老師覺得沒有成就感，父母更是挫折；而父母及教育人員最快樂的，莫過於見到孩子表現優異，因此無不希望幫助孩子成功。

　　每個孩子的能力不同，不必達到完全一樣的成就才算成功，重要的是其能力是否發揮。如果成就表現不如預期的水準，成就與能力間有了落差，那就表示孩子還有進步的空間。孩子要進步，就必須做些改變，例如比以前更主動、用功，改變讀書習慣、改善讀書方法等。必須付諸行動，做些努力，才有可能進步；若還是沿用過去的心態、習慣及方法，得到的成績可能仍與目前不相上下。父母及教育人員也可以用一些策略來影響孩子、改變孩子；孩子如果想通了，自己努力做一些改變，成績進步是很自然的事。

　　孩子的心態、習慣及讀書方法不是天生的，而是受後天環境所影響，之所以形成，總有原因。如果父母及教育人員針對這些原因做調整，孩子將會逐漸改變，能力也隨之發揮，成就與能力間的落差就會逐漸縮小。孩子由表現不佳到表現優異，成績進步，能力沒有浪費，就是一種成功，就是反敗為勝。

　　本章是根據筆者及相關研究的發現，加上一些實際個案的經驗，提出協助孩子反敗為勝的策略。父母及教育人員可以參考所述策略，與自己平常所用的方法比較，針對孩子的特徵與問題，思考是否有調整的空間。

　　父母及教育人員當然不希望孩子表現不佳，可能也很努力要孩子進步，但方法要對，努力才會有效，改變消極的做法，保留

積極方法。一旦大人改變做法，孩子也會因有效方法的引導而跟著改變與進步。

　　每個孩子都有很大的潛能，即使目前成就表現已經不錯，仍然還有進步的空間。父母及教育人員善用本書所提供的有效策略，積極協助孩子充分發揮潛力，孩子必定會更加進步、出色。

 策略一

了解孩子

　　要幫助孩子反敗為勝，首先必須了解孩子。孩子功課好不好，要根據什麼標準？每個人能力不同，不可能人人都考同樣的分數，重要的是孩子是否盡力了。我們不是常說：「以你這樣的能力，能考這樣的分數已經很不錯了。」我們要怎樣判斷孩子是否盡力了呢？關鍵就在「孩子的能力」，也就是了解孩子的潛力，並比較其實際的成就表現，就可以客觀判斷孩子是否盡力；如果孩子的成就與能力間沒有太大的落差，就表示其已盡力了。父母如果不了解孩子的能力，要求孩子樣樣第一、科科滿分，不僅小孩挫折，連大人也會失望。

　　如果孩子有潛力卻未充分發揮，也就是能力不錯，但課業表現不佳，那麼最重要的就是幫助孩子縮短成就表現與能力間的落差。孩子功課不好，總有一些原因，了解原因才能有效幫助孩子。孩子在成長過程中總會遇上一些困難問題，必須先了解這些問題，才談得上幫助孩子。

　　有些父母常會發出這樣的疑問：「我知道孩子很聰明，但是他為什麼不用功？對功課沒興趣？」「我知道他有能力，為什麼成績會考不好？」「我付出那麼多，為什麼他唸得那麼糟糕？」一大堆的為什麼困擾著家長。事實上，當我們正視孩子的問題

時，會發現很多都是來自於對孩子的不了解。

由學業表現不佳的能力優異學生問卷調查及受訪的家庭中，發現父母多數不了解孩子。有些孩子很聰明，智商很高，但由於父母疏忽，直到孩子上了國中，做了智力測驗後，才知道孩子相當聰明，平白錯過了教育孩子的黃金時期。這些家庭多數親子關係不佳，親子間很少溝通且溝通困難。有些父母由於工作忙碌、身心疲憊或父母一方沒有參與孩子的教育，沒有花時間陪孩子，對孩子身心、學習過程不了解。父母不了解孩子，但對成績卻很在意，一味單向對孩子說教、嘮叨，不願傾聽孩子心聲，孩子厭煩，有話更不願跟父母說；結果父母無從了解孩子心裡想些什麼，孩子也無法知道父母的期望是什麼。

不了解問題的根源，徒勞無功

當父母或老師在教育孩子時，如果不了解孩子問題根源所在，要幫助孩子反敗為勝常是事倍而功半，甚至徒勞無功。

小齊在小學高年級之前是個功課很不錯的小孩，到了高年級成績一路下滑，父母只知道當時老師常說他不專心，對於孩子為什麼不專心卻毫無所悉，一再嘮叨他的功課，不滿意他的成績，讓孩子不願意與母親溝通。事實上，孩子重大的轉變是因為高年級換了一位老師，小齊自此經歷了一段淒慘的學校生活。

那位老師看小齊總是不順眼，對他的字尤其不滿意，常在全班面前嘲笑他的字像鬼畫符，而且將他的作業毫不留情地由四樓的教室扔到一樓，讓他喘噓噓地由一樓拿回來重寫；寫完後，老

師仍舊不滿意，再扔。這種戲碼經常上演，一再羞辱，這種舉動對孩子造成了極嚴重的傷害，讓他的自尊心及自信心消弭殆盡，不僅喪失了學習的動機、企圖心，同時也變得相當防衛他人，言語之間很容易傷害別人，人際關係極差，在那段期間他幾乎沒有朋友，甚至三個月都沒有講一句話。小齊提及這段往事，看得出來內心相當在意，特別是很久很久才吐出「白痴」與「智障」等字眼。

「也許是自己內心的重大挫折，非常大的挫折，好幾次被人家全面的否定掉，因爲我五年級的綽號是『白痴』、『智障』，結果天天在那裡聽，內心就有一股情緒正醞釀著，感覺起來就像是被人家全面否定、封殺。那段期間，幾乎沒有朋友，也是分心最多的時候。」

暴力的言語傷害、惡意的標籤、訕笑，對孩子的殺傷力非常大，他顯得相當自卑、沒信心，惡劣的情緒也造成其成績明顯下滑，母親看到孩子成績不理想，只是一個勁地嘮叨、督促，讓孩子更加心煩，與母親關係緊張。情緒起伏是造成他分心與功課不佳的主因，他說：

「我認爲分心的最大理由可能是我的脾氣，情緒就會轉變得很奇怪，有時寫字、看著書，心裡就會浮現非常多、非常多的影像，然後不知道爲什麼自己就好像整個人呆立在那裡。一分心，效果就變成十分之一左右，十個小時就等於唸一個小時而已。」

情緒困擾也是造成許多孩子課業表現不理想的原因之一，因此我們除了關心孩子的課業，也不能不注意其情緒，情緒穩定、

身心健全的孩子，才能反敗為勝。

IQ 143 的治民，照他的能力應該可以表現出色，但由於他小學讀書的方式是仗勢聰明，而輕忽功課，因此到了國中，書越唸越糟，經常為了成績的事被父親斥責。

父親認為孩子不用功，因此每次月考就訂下一個標準分數，如果達到標準，就帶孩子去買東西，達不到標準換來的就是一頓毒打。國中科目多，有時有些科目達到標準，有些沒達到標準，其父則以條件交換的方式來抵消，結算之後，未達標準者占多數，因此，挨打便成了家常便飯。治民為了怕打罵，試卷常不拿給爸媽看，父母對他的了解也有限。治民在學校與家庭的挫折多了，相對的自信心也很低，自我期望更是越來越低，相當自卑。治民即使認為達不到爸爸的要求，也不敢跟爸爸說，因為爸爸非常嚴厲，不滿意孩子的地方，可以一直罵個不停，甚至連罵幾個鐘頭，父子的溝通常要透過媽媽轉述。

治民的父親只是一味訂標準要求、打罵，並沒有真正去探查孩子問題出在哪裡，因此孩子的成績不僅沒有進步，人反而越來越沒信心，也就越來越不喜歡讀書。

治民這個例子就是父母不太了解聰明學生的特質。通常這類學生憑其聰穎在小學低年級時輕易取得優異成績，由於課程缺乏挑戰性，養成孩子吊兒郎當的學習態度，上課不專心、學習草率應付，基本技能不熟練。隨著年級升高，基礎不穩，加以不良學習習慣及學習態度的影響，成就也無法繼續提升，因此這些孩子僅在小學低年級有較佳的表現，逐漸長大後，課業就越來越低落。

　　有些父母認為孩子是自己所生，怎麼會不了解孩子呢？「孩子有什麼想法、一舉一動都逃不過我的法眼。」他們自認心中有數，也不會徵詢孩子的意見，或去查明孩子的任何舉動。因此，親子間的誤會與代溝也就越來越深。

　　小龍跟媽媽相處的時間很多，但他很少跟媽媽溝通或表達意見，他知道媽媽主觀意識很強，不會接納孩子的意見，媽媽有自己的價值觀、價值認定。小龍認為自己數學能力很強，也有興趣參加奧林匹亞競試，可是卻苦於沒有時間、空間。他很聰明，唸書只需要人家的一半時間，如果允許他自由從事挑戰性的東西、看自己喜歡的書，他相信去參加比賽，一定會有很好的表現，這種想法他卻沒有跟媽媽討論，他說：

　　「我比較成熟，從以前我就知道，跟我媽講是沒有用的，她認為我還不成熟，比如我有什麼想法，講出來，我媽就說我這個時期是叛逆時期，根本就不聽我的，不甩我。我就是想也沒有用，也不能遵照我的意思去做，反正她給我什麼，我就把它做好就好了，虛幻是沒有用的。」

　　小龍對自己的聰明、能力很有自信，但他想去追尋自己的夢想時，母親卻一再以她自己的價值判斷來安排孩子所有的一切，替他安排多項補習，設立高標準來要求孩子。小龍表現好時沒有鼓勵、沒有讚美，只是不斷的要求、不斷的比較，不斷要求他好還要更好，不斷塞給他重複單調的練習，不允許他有一點空白的時間。孩子並不是沒有試著溝通，只是發現根本無濟於事。他所能選擇的就是逃避家庭、躲到補習班。在補習班裡，他可以愉快地做自己的事、可以有朋友，同時也少了父母緊迫盯人的壓力。

　　由這個例子，我們看到一個原本是非常有前途、深具潛力的孩子，轉變成一個沒有企圖心的普通孩子，他的才華與潛力已經被不當的教養方式所扼殺。

細心多方觀察，方能了解孩子失敗的原因

　　有些孩子在國中成績很好，但一升到了高中，成績卻一落千丈，筆者深入訪談這些學生後，發現很多學生都在國中銜接高中時出了問題。一方面可能經過國中三年的逼迫式學習，養成了被動的學習習慣，一旦少了老師的逼迫，他們就鬆懈下來；少了老師準備妥當的教材、資料，也不知道該如何讀書、準備考試；再加上高中的學習方式與教材的加廣、加深，都與國中有所不同。因此如果不加以注意，以為自己考上了好的高中就天下太平，肯定會在開學之初吃敗戰；若仍不知檢討，成績很快就會往下滑。

　　有位家長常督促孩子做功課，陪侍在旁，對孩子的成績也訂下標準，照理說，孩子功課應該不會太差。但這個唸資優班的孩子功課卻是非常不好，家長連忙送他去補習，家裡也準備了一堆補救教學的東西。孩子無心讀書，做功課不專心、拖拖拉拉，作業該寫也不寫，在學校常跟同學吵架，也經常挨老師揍，回家絕口不提學校的事，很少跟父母說話，父母也不知該怎麼辦。

　　後來這個孩子到了筆者的成長團體，跟他深談之後，終於發現孩子真正的問題所在。由於他父母很關心小孩的功課，親子間接觸的話題就是催他做功課，放學回家立刻催他做學校的作業，做完之後就寫一堆自修練習，寫完之後又有一堆機械式的數學練

習；孩子對於這些重複練習的東西非常厭煩，而家長明知孩子厭煩這些功課，但還是逼迫孩子去做，因他們認為「孩子即使不喜歡也要勉強去做，因為這是一種耐心的磨練，必須要去適應」。

　　孩子的想法可不同，孩子認為每天把學校規定的功課做完，還要做這些討厭的東西，而且父母還不給一點休息的時間，簡直要把他逼瘋。他為了要規避這些額外的功課，於是採拖延戰術，拖拖拉拉把時間用完，這樣就不用做那些討厭又沒幫助的東西，有時甚至連學校的考試也沒時間準備。考試成績差，經常遭老師責罵、體罰或同學的嘲笑，有時被激怒，索性跟同學大打一架，這些在在都讓他覺得讀書不快樂，對學校心生厭煩。回到家，爸爸只看他的分數，不探究他失敗的原因，拎起棍子就揍一頓，媽媽也是一味嘮叨，因此他在家很少開口講話，不願意提學校的事，親子間難以溝通。

　　孩子成績不理想，父母應細心多方觀察，方能了解原因。例如有些老師會出很難的題目來測驗學生，一考下來，全班僅有一、兩個及格，以這種測驗來評量孩子的成就，對孩子就不公平。如果家長逕以及格或自訂標準分數來責罰孩子，對孩子不公平，而且對課業一點幫助都沒有。

　　又如前面的例子，孩子功課不好是因為拖延的習慣及學習動機低落的影響。他之所以拖延及不喜歡做功課，真正的原因是父母要求做太多習作，孩子討厭單調機械式的練習。另外像小齊功課不好的原因，是由於經常被老師責罵及和同學相處不佳，產生情緒困擾而無法專心讀書；治民則是缺乏良好的習慣及讀書方法的關係。

父母看到孩子成績退步，如果不去細心了解真正的原因，只是一味嘮叨責罰，容易造成反效果，孩子更不想唸書，成績當然不可能進步，親子關係也會受影響而越來越難以溝通。

幫助孩子克服失敗的原因，成功自然水到渠成

知道孩子課業失敗的原因之後，就必須拿出方法來幫助孩子。像前面的這個例子，我們找出問題的原因後，與其父母深談，讓其了解聰明學生的特質，不適宜用補救教學式的教材來學習。父母了解孩子課業失敗的原因之後，也願意調整教養方式，如取消機械式的重複練習，給孩子多一些獨立自主的空間，讓他做自己喜歡的事，看自己喜歡的書；減少嘮叨、責罵與體罰，多鼓勵孩子、讚美孩子；檢視孩子試卷錯誤的地方，並給予教導。

這個孩子在學習壓力減輕之後，經過一段時間，成績大幅進步，而且人也變得快樂多了，不再抱怨讀書很痛苦。

曾經有個學生資質不錯，但是他的成績一直毫無進展，後來媽媽發現原來是孩子唸書的方法不對，只會死記，不會整理、歸納，唸書更是一曝十寒；於是她教導孩子正確的讀書方法，如何有效地做筆記，將知識有系統地統整、歸納，她說：

「以前孩子功課不太好，叫他多用功，他說書唸了，但是都記不起來，我告訴他唸書死記的話，永遠會很累。我經常提醒他讀書不要讀死書，要有系統整理，這樣永遠不會忘記；而且蒐集相關資料也很重要，後來他漸漸學會利用電腦做有系統的整理，像地理他都拿全班最高分，這種讀書方

法是很有幫助的。

　　我覺得讀書方法很重要，我一直強調要整理出一個系統來，讀書才會事半功倍；他以前讀書都是用死記的，很辛苦，高中功課多，如果還是死記，會唸得更辛苦。」

　　經過媽媽的教導，這個學生由最初的瀏覽、死記到有系統的整理、精讀，並常溫故知新。經過一段時間的訓練，慢慢的孩子覺得這樣的讀書方法很好，唸書不會太吃力，他的成績也因此突飛猛進，成為班上第一名。

　　課業不佳的孩子信心不足，因此比較容易畏首畏尾，不敢嘗試新的東西，即使自己有某方面的才華，也不敢把自己的長才、優點秀出來。

　　有個男孩在媽媽心目中是個有潛力的孩子，但是與學校老師關係不佳，不能適應老師的教法，因此對學校課業一直沒什麼興趣，成績不好，對自己也沒信心，但是他讀了許多課外書籍，知識廣博。媽媽知道他對課業沒興趣的原因，因此，也不想逼他唸書，以免造成親子間彼此的壓力。她發現必須找到孩子有興趣的東西，才能提高其學習興趣與自信心，於是她帶孩子去學電腦，鼓勵孩子認真學習。孩子接觸電腦之後，產生興趣，學得很好，媽媽則進一步鼓勵他去參加比賽，並得了很好的成績。這項比賽增強了他的信心，連帶使其開始重視學校課業，成績因而漸漸好轉。

　　一個原本功課很好的學生，五、六年級因雙親入獄，乏人照料，功課逐漸滑落。國二時，父母返家，發現自己的過失與疏忽

使得孩子功課退步，數學變得很差。但這位父親並沒有送孩子去補習，自己在家親自教導。每天放學就陪孩子溫習數學、共同解題，日積月累，孩子的數學漸漸趕上進度；但他們並沒有因此而結束親子共讀，還是持續下去，他的數學能力越來越好，而成為全班數學最好的一位。

孩子說：

「數學要好，一定要多練習，當時我幾乎每天都在算數學，因為這樣，所以我國二時才有辦法把前面的差距補回來，否則我也沒辦法像現在一樣，數學是全班最好的。」

孩子課業失敗的原因林林總總，仔細觀察、用心了解、對症下藥，就可以協助孩子反敗為勝。

了解孩子的方法

一、如何了解孩子的能力

1. 參考本書第二章。
2. 蒐集孩子各項能力或性向測驗的資料，可請教學校輔導中心老師或帶孩子到醫院兒童心智科檢查診斷。
3. 蒐集孩子歷年的成績單，按科目、年級予以分類整理登錄。
4. 蒐集孩子平常的課內外作品予以整理、分類。
5. 平時觀察孩子對哪些活動較有興趣，在哪些活動或比賽有優異的表現。

6. 了解孩子閱讀課外書的類別、數量與品質。

7. 請教學校老師對孩子的了解，共同分析孩子的潛能。

8. 上述資料之蒐集、分類、整理，可與孩子一起進行，並跟孩子一起討論分析，分析時可參考運用本書第二章所附能力檢核表。

9. 潛力的分析要包括孩子課內外各方面的能力，尤其要能指出孩子的特長與優點。

二、如何了解孩子在哪些方面表現不夠理想

1. 參考本書第三章。

2. 根據前述了解孩子能力的方法，整理分析孩子的能力。

3. 根據「成就與能力落差檢核表」檢核孩子在哪方面表現不佳。

三、如何了解孩子的問題

1. 多花時間陪孩子做有益成長的事。

2. 以尊重、關懷的態度對待孩子，建立良好的親子關係。

3. 用心傾聽，專注聽孩子把話說完，在沒聽完之前別急著下結論或嘮叨。

4. 鼓勵孩子講述學校或外面的事，對孩子所講的事情表現高度興趣。

5. 以孩子的立場了解孩子的問題，共同討論解決的方法，也要給孩子時間解決。

6. 相信問題總會解決，讓孩子了解大人對他具有信心。

7. 平常觀察孩子的言行表情，發現異常，主動關懷詢問，鼓勵孩子說出來。

8. 家長與老師平常保持聯繫，了解孩子在家裡及學校的情形。

策略二

建立積極的親子關係

　　父母不論採用何種策略來協助孩子，重要關鍵則在良好的親子關係。關係好，父母才易於了解孩子，孩子也較易接受父母所訂的期望與教養方式。父母所運用的教養策略能產生作用，也都必須建立於良好的親子關係上。

　　溫暖和諧的家是成人快樂的泉源、事業的後盾，也是孩子成長的溫床及努力上進的原動力。為了個人幸福及孩子的成長，父母應該重視家庭的經營，關愛孩子，建立起良好的親子關係。

　　溫暖和諧的家庭氣氛，不但有利於孩子的人格發展，孩子在愛的環境中成長，其成就動機也會跟著成長，被關愛的孩子亟思努力用功以達成父母的願望是非常自然的事。而家庭氣氛的和諧，常常可以給予子女安全感，讓他們放心地去從事自己的活動，主動去探索四周的環境，因此，孩子的潛能乃得以發揮出來。

　　積極的親子關係有助於父母對孩子產生正向的影響。相反的，消極的親子關係則會減弱父母的影響力，教養效果事倍功半，有的孩子甚至反其道而行，故意違逆父母的期望。低成就孩子的家庭特徵之一，常是親子溝通不良，家庭關係不和諧。

　　曾經針對課業表現不佳的能力優異學生做調查，發現親子關

係多數不甚融洽，扮演黑臉一方的親子關係更是劍拔弩張，孩子畏懼父母，不敢表露真實的自我。事實上，這些父母都表示對孩子很關心，但卻是「愛在心裡口難開」；雖然對孩子的表現感到滿意，內心欣喜，但也不輕易顯露他們的感情。孩子無法從言行中感受到父母的愛，尤其他們表現不佳時，內心已有愧疚，父母冷淡或負面的嘮叨責罵，更增加他們的壓力，認為父母不喜歡他們，而產生自卑感。因為自卑，無力感也跟著產生，甚至簡單的事也變得毫無把握，膽小、缺乏自信，失敗率自然提高。因此，這些學生雖有雄厚的實力和條件，卻因缺乏自信，以至於無法發揮潛力。

父母嘮叨，孩子心煩

父母看到孩子成績不如理想，難免緊張得哇哇大叫，一味嘮叨，責罵孩子；孩子因成績不好而擔心害怕，情緒低潮，總希望有人關心、安慰。如果此時父母只是生氣、憤怒，負面的反應不僅加深孩子恐懼感，更會讓他們覺得父母是在落井下石，極易造成親子關係緊張，而且於事無補。

有個名叫宗樺的孩子在電腦上的才華讓學校老師對他刮目相看，常叫他幫忙，但其學校成績總在中下，數學尤其差。對孩子的聰明與潛能，宗樺媽媽充滿自信，卻也不太願意接受他成績不佳的事實。孩子在資優班的光環及親友孩子的傑出，都令他們倍感壓力，他們無視於孩子的電腦長才，只是緊盯不佳的數學成績，他們看到的盡是孩子不好、失敗的地方，因而一再責罵與嘮

叨；爸爸更是以最狠毒的話來刺激他、期望他，造成宗樺非常沒
信心，認為自己能力不好、頭腦笨，更不敢去嘗試新的東西，因
為他害怕失敗。

　　宗樺覺得爸媽很少給他讚美，只會叫他趕快去寫功課，寫一
大堆功課，但不關心他的功課，不關心他到底是哪些不會，就只
會關心他的分數，如果分數不好，不是罵就是打，他說：

　　「爸爸不會讚美我，媽媽偶爾會，所以沒什麼好用功的。他們常常拿
我跟我表哥、表姊比，像我表哥、表姊都上雄中、雄女，他們就會說：『以
後你沒有上雄中怎麼辦？』有時我會很煩，也會頂嘴，我不喜歡跟別人比，
我好像被比下去，就比較沒信心。他們沒有提過要我努力，只是說：『你
功課那麼不好，你要怎麼辦？』就是罵、嘮叨，說：『以後要怎麼辦？』
有時候我會覺得講這麼多，有什麼用？」

　　父母如果能改變嘮叨的習慣，不但能促進親子關係，孩子也
可能因親子關係改善，願意配合父母的期望而功課進步。有位媽
媽說：

　　「我想最主要的改變在孩子願意不願意聽，以前也在講，但孩子只是
嘴巴回答好、好，卻沒有實際去做。因為過去我都是用命令、用罵、用唸
的在溝通，他根本不甩，現在我多用『你覺得怎麼樣……』讓他自己來說，
我多用聽的，不那麼嘮叨，不會那麼衝動，孩子配合的意願也高了。」

　　父母的改變對孩子絕對有影響。有個成績進步很多的孩子就
說過：

「媽媽現在比較少嘮叨而用叮嚀，所以我比較會聽，她也會關心我們的功課。現在她會多聽我們的抱怨，我就會比較喜歡跟她說話。不然的話，以前我看見她時，她臉上總浮現兩個字『嘮叨』，說我要跟你嘮叨了。現在就不會了，我很喜歡這樣，誰會喜歡自己父母天天在那裡嘮叨來、嘮叨去！」

父母不關心、不傾聽，親子關係疏離

　　小齊的父親因工作的關係，並沒有天天返家，小齊的母親擔負了孩子教育的重任，她從前因工作忙碌、返家後電話極多，每當孩子有事要跟她商量，有委屈、有心事要與其分享，她常常顯得不耐煩，幾乎沒有好好的、認真的傾聽。漸漸的孩子不願意與母親溝通，孩子在學校發生什麼事，媽媽都不知道。

　　國中階段，小齊的成績落在班上後面幾位，母親不滿意其成績表現，成天叨唸他，讓青春期的孩子更不願與母親溝通。而母親常為了一點小事發飆，孩子不解母親捉摸不定的情緒，相對地，自己的情緒也深受影響。

　　宗樺的情況與小齊不同，他和母親還算談得來，至於心裡的話，還是有些保留，不敢對母親完全表明，因為他覺得母親不太會用心聽他說話，常常不等他說完就斷章取義、教訓一番，因此他也不太願意跟媽媽溝通。他說：

「我心裡想的，媽媽比較不知道，我不會跟她講，媽媽根本不會用心

聽我講話，有一次我有件事要跟媽媽講，媽媽在上班，她就說：『公司現在一大堆電話，你幹嘛打來！』就很生氣地掛斷；有時候她也會聽，如果是好事情會聽完，不好的事還沒說完，她就說：『你不能這樣子，不能那樣……。』有時候我有委屈或有事情時，很想跟他們講，但是他們都沒仔細聽。」

　　親子溝通不太良好，也很少溝通，宗樺的媽媽就常說「他心裡想什麼，我都不知道」，常常一件事各自都有各自的認知與想法。

親子關係積極，反敗為勝就有希望

　　佛洛伊德曾說過：要想孩子將來成為巨人，就得給他豐足的愛。但此愛不是溺愛。天下的父母沒有不愛子女的，但愛要表現出來，讓孩子接收得到。多花點時間在孩子身上，多跟孩子說說話，分享他們的感受，從相互的溝通中建立親密的情感；當孩子感受到父母對他的真愛時，他們就會努力去達成父母的期望。

　　有個就讀名校高中的同學，國中之前功課都非常好，高一時志得意滿，荒廢了功課，成績大幅滑落，他的父親只是從旁提醒，並沒有嘮叨責備；後來他自我檢討，並改變讀書方法，成績又扭轉回來。其父認為孩子之所以轉變是因為：

　　「我們平常很少看電視，家中有個單純的讀書環境，我們親子關係良好，他有什麼問題都會跟我們講，跟我們討論，在學校發生什麼事，不會隱瞞，我們聽聽也不會唸他，考不好，頂多叫他下次多加油。」

另一位男同學每日與母親一同上班、上學,在車上他們有許多親子溝通的機會,母親常常灌輸他一些價值觀,這種日積月累的潛移默化,讓他逐漸開竅,也促使他重視課業,更加用功。母親認為:

「親子間的接觸很重要,那是日積月累,不是一下子的功力,這是滿重要的。父母平常要開導孩子,給他正確的價值觀念,孩子暫時未開竅,也不要灰心,繼續對孩子有信心,要鼓勵孩子,當他成熟時,就會自動唸書。」

她很高興孩子能反敗為勝,她表示:

「我覺得很安慰,他現在唸書都是自發性,而不是我逼他的,我想自發性是要長時間不斷的講,最後孩子開竅了。我經常鼓勵他,我覺得平常灌輸給他的東西,多少總會發揮一些作用的。」

良好的親子關係也是另一位林姓同學反敗為勝的關鍵,他說:

「父親改變強制高壓的態度,減少嘮叨及過多的責罵,給我發展的空間,也給我比較合理的期望。」

有些家長很有心,積極與孩子建立良好的親子關係,關心孩子的功課,參與孩子的學習,陪著孩子一同成長,讓原本不佳的課業往上提升。

有位父親非常關心孩子,雖然孩子有段時間功課不佳,但是他對孩子有信心,經常鼓勵他、關心他的課業,每天固定與孩子

一同研究數學題目，讓孩子原本很不理想的成績漸漸往上提升。此外，孩子放學後，他一定把店務交給妻子照管，親自陪孩子，與孩子談心，聽孩子說話，分享他的苦與樂；學校有不愉快的事他也幫忙開導，教導孩子如何處理，並經常參與學校的活動。他表示：

「我的小孩在讀書，我可以參與他的學習，對我來講算是一種快樂，因為我認為小孩在這段期間他不跟你在一起，那他以後也不會跟你在一起，所以我很重視小孩跟我的互動。」

當然也有些家長總覺得與孩子溝通困難，孩子不願意與父母親近，孩子內心想些什麼自己一點都不清楚，深覺困擾。有些家長懂得用方法，而將疏離的親子關係做了妥善的處理。例如有個家長，平日看孩子猛玩電腦，花了不少時間，一再勸阻、嘮叨都不管用，她想知道孩子究竟在搞什麼名堂，但是孩子總是排斥她說：「妳什麼都不懂，告訴妳也沒有用。」為此她決心去學電腦、學網路，把電腦弄清楚，如此一來，她不用擔心被孩子矇騙，親子間有了共同的話題，也拉進了彼此的關係。

在智力掛帥的今日，大人容易以分數來評斷孩子，成績表現不佳的學生在學校裡很容易感受到壓力，如老師的羞辱、批評、同學的嘲笑、考試的壓力等，回到家裡又有父母的斥責、嘮叨，都容易引發孩子負面的情緒。失敗挫折的打擊較常見的就是肚子痛、頭痛、易生氣、焦慮、沮喪、沒有安全感及分心、逃避上學。他們低落的情緒很容易阻礙學習。

因此，對於課業表現不佳的學生，父母更應該與孩子溝通、

了解孩子，讓孩子把心聲、委屈、困難說出來，以諒解、開導方式去接納他、包容他，以鼓勵、關愛來取代斥責，協助他解決困難、紓緩情緒，讓他能拋開煩惱，專心致力於功課。

　　父母要細心觀察、用心傾聽孩子的心聲，放下身段、接近孩子，做個有耐心、有修養的聽眾。有些時候，孩子只是希望被了解，有些時候他們又希望父母能協助他解決問題，當孩子感受到父母是真心的關心他、了解他、給他溫暖時，自然願意敞開心胸與父母溝通，父母才能真正了解他學習的長、短處，知道該如何啟發、激勵或幫助他彌補改善。如果父母不了解孩子真正的需要，只是一味地嘮叨、指責，是於事無補的。

增進親子關係的方法

一、父母以身作則、積極溝通，營造和諧快樂的夫妻關係，避免吵架及緊張的關係發生，尤其要避免在孩子面前吵架，這不但會影響孩子的情緒，也容易造成負面的示範作用，不利於親子關係的培養。

二、以民主關懷的方式對待子女，合理、溫和的教育孩子，避免過度權威或放任、溺愛的方式教養子女。

三、重視家庭成員間彼此的溝通，以多傾聽代替嘮叨、命令、責罵。

四、不只關心孩子的功課、分數，更要關心孩子本人、照顧孩子的健康，用心體察孩子的情緒、感覺，接納孩子的情緒，給他們心理上的支持。

五、孩子功課不佳時，保持情緒穩定，接納他的挫折，等他們較
　　平靜時，理性地與孩子檢討失敗的原因。要相信失敗只是暫
　　時，千萬不要對孩子失去信心。

六、多花時間陪孩子做有益身心的事，將自己一部分的休閒與孩
　　子喜歡的活動結合在一起，快樂的親子活動是最容易增進感
　　情的。

七、跟孩子在一起時，多談些孩子感興趣的話題，注意孩子的優
　　點，把握機會予以讚美，別只注意孩子的缺點，尤其避免一
　　見面就是嘮叨功課。

八、想想看，跟父母在一起時，孩子覺得有安全感、快樂嗎？孩
　　子心裡的話會跟你說嗎？孩子喜歡跟你在一起嗎？孩子跟你
　　很親近嗎？如果答案是肯定的，那麼你們的親子關係是令人
　　羨慕的；如果答案是否定的，親子關係就有改善的空間。

 策略三

教養態度一致，雙親共同合作

　　教育孩子的責任須父母共同參與、共同承擔，夫妻有共同的教育理念，採一致的教養態度教育孩子，則能收事半功倍之效。因此，父母對於孩子的管教問題，例如：對孩子的課業要求、家事責任、行為規範、休閒生活等，應經常討論溝通，彼此配合，立場取得一致，給孩子的規範要明確清楚，在孩子做得到的能力範圍內，堅定地去執行。孩子明確知道父母的期望要求，也知道父母的立場一致，比較不會產生逃避或投機的心理。相反地，如果父母教養態度前後矛盾、不一致，容易造成孩子混淆不清、無所適從，減低他對規則限制的信服力，效果將大打折扣。許多低成就孩子的家庭特徵之一，就是父母教養態度不一致，孩子無所適從或選擇對他們有利的一方，這種情況對孩子的發展及課業會造成不利的影響。

父母常爭吵，影響孩子課業

　　許多夫妻常常為了孩子的管教問題而爭吵，最常發生的就是雙方的教養態度、觀念不一致。一位學生家長談到：

「我們夫妻倆最常吵架的一個原因，還是補習。我一直認為補習並不
是一帖很好的良藥，但在她的觀念裡，卻認為非補習不可，因為不補就會
跟不上別人，我是認為補習反而會誤了人家的子弟，在這方面，我們兩個
人的歧見非常嚴重。」

　　父母是孩子心目中最重要的人，家庭是孩子生活上的主要依
靠，一旦父母爭吵，孩子的情緒容易受影響，甚至吵到家庭瀕臨
破裂，孩子心裡會擔憂、害怕，缺乏安全感。此時他很難把心思
放在課業上，成績一定受影響。有一個低成就的孩子表示，只要
遠方工作的爸爸一回家，爸媽一定會吵一架，一點小事也吵，吵
得他都唸不下書，他說：

「幾乎每次爸爸回來一次，媽媽就跟他吵一次，我就沒心情唸書，我
希望爸媽不要常常吵啊！」

父母教養態度不一致，事倍功半

　　父母教養態度如果前後矛盾、彼此步調不一，孩子容易混淆
不清、無所適從，教育效果將大打折扣。有些孩子也會產生投機
心理，試圖從父母雙方不同的立場中，求取對自己有利的地方。

　　有位事業有成的商界人士，長年在外忙碌奔波，但只要一回
家總喜歡找孩子聊聊，孩子們都喜歡爸爸在家的日子。可是當他
跟孩子聊天時，重視功課的媽媽一定禁止，認為會影響孩子唸
書，這位父親表示：

「每次我和太太吵架，都是為了小孩子，每當小孩如果沒有在唸書，她便大聲嚷嚷，猶如天大的錯誤。我常跟她說：『不要看孩子沒在唸書，就好像是天大的錯誤，如果有這種觀念，就永遠教不好小孩。孩子喜歡我在家的原因就是我可以讓他們開心，我也會和他們聊天。』但是如果我和他們聊天，太太就會責備我影響到孩子唸書的時間，不容許我跟他們聊天，她會說：『成績差，就是因為這樣啦！』但是我認為這樣的想法是錯誤的，我覺得我應該去了解孩子們現在的情況。」

另外有一位父親，由於小時候深受上一代期望太高之苦，不願意自己的小孩再步其後塵，於是給了孩子極大的自由，很少過問其功課，他說：

「我比較放任，很少在規範他，我雖然天天跟他在一起，但都各做各的，要出去就出去，他出去是會跟我講，有時候，幾乎一整天也沒管到他。有時候連續一、兩天都沒有跟他講過學業的事情，只叫他洗澡、吃飯、睡覺，很少問他說：『你今天在學校表現怎麼樣了？』我從來也沒給他壓力，也沒問他你這次考第幾名，或一定要考前三名不可。」

對於這位父親的放任教育，太太很不以為然，在收、放之間，夫婦倆經常爭執，彼此兩極化的教育，連他們的孩子都說是「天差地別」。對於小孩過度放任的教育方式，太太雖有心導正，卻因自己工作忙碌而無暇督促孩子，她說：

「有時候我會跟我先生起衝突，我是覺得他對小孩太放鬆了，我先生的意思是說：『小孩子你不必整天去盯著他。』但是我覺得孩子還小啊！

不可能說你不盯他，他自己會去做啊！」

　　在一嚴一鬆之間，孩子很自然地傾向沒有壓力的這方，雖然孩子擁有 IQ153 的高智商，卻因不利的教養方式，使得其成績僅只在班上中後段，相當可惜。

黑臉、白臉由誰扮？

　　管教孩子寬嚴之間的確很難拿捏，很多家庭習慣由先生扮黑臉，太太扮白臉；也有些家庭正好相反，太太扮黑臉，先生扮白臉。事實上，無論由誰來扮黑臉、白臉，過於嚴厲與寬鬆都是不恰當，因為這樣容易因教養態度不一致而對孩子產生不利的影響。

　　扮白臉的如果溺愛孩子、放縱孩子自由發展，很可能養成缺乏自律及任性的習慣，這種習慣一旦養成，孩子不聽話，造成大人管教上的難題；而過於寬鬆的要求，發揮不了什麼作用，也不利孩子潛能的發揮。扮黑臉的常採權威專制嚴厲的管教方式，孩子可能因畏懼而不得不服，容易造成孩子陽奉陰違及親子關係疏離。

　　有位低成就孩子的父親曾表示：

　　「我很慚愧我對他的功課一點都不清楚，完全是我太太在弄，我太太對小孩子就是小孩要怎樣就怎樣，不會強制，我比較專制一點，可能跟家庭有關係。我太太他們家庭本身就是放任式的，我的家庭就是高壓式的，我教孩子都是用命令式的，所以孩子很怕我，看到我在家裡就乖得像老鼠

一樣，你叫他做什麼他就做什麼，我不在時他就很快樂。

　　我太太經常跟我說：『不要對小孩子那麼凶。』這就是家庭教育的關係，很難改，改也改不過來，所以我們兩個對孩子的教育方式都不一樣。」

　　有位父親因工作的關係，大半時間都在國外，在國內的時間不多，因此很少有機會過問孩子的功課，對孩子的情形也不太清楚；但回國後，他則會要求看孩子的成績，每回看到孩子成績不佳時，就開始指責太太，嚴厲怒罵孩子，甚至拎起棍子就揍。太太很受不了，她說：

　　「我先生是受那種日本教育的，很嚴格，真的是嚴父，孩子不對，他馬上啪的就下去，不管是在家裡或外面；我有時候覺得孩子真的很可憐，我先生可能一直認為兒子很聰明，他的表現應該不是這樣。每次他都要孩子拿數學給他看，數學又是他最差的一科，每次爸爸看到他就叫他做數學，他就一直哭、一直哭，爸爸常罵他笨、不行……

　　我時常跟我先生講，你都是把最狠毒的話留給我們，他說本來就是要把最狠毒的話留給家人，這樣才有內外之分。他情緒不好，可能跟他職業有關。我自己有時也會內疚對孩子說這麼重的話。」

　　由於這位父親的嚴厲，使得孩子對父親產生極度恐懼及焦慮，每逢父親出國，他就會高興的說：「媽媽，我們又可以過著幸福快樂的日子了。」父子間的鴻溝很深，即使爸爸在國內，孩子也不願單獨與父親同時在家。

　　管教子女如果過於嚴厲，將使孩子畏懼逃避，親子間溝通困難；大人無法了解孩子的真正問題，就不容易協助孩子去解決，

那麼孩子要反敗為勝就比較困難。

　　黑臉過於嚴厲，白臉又流於寬鬆，都不是很恰當的教育方式，但到底什麼樣的教育方式才恰當？許多研究都指出，採用民主、尊重、關懷及合理的態度與方式是較正向、積極，也就是以關懷、尊重的態度，依據孩子的特質做合理的要求。孩子受到關懷、尊重，又了解父母一致的要求，因而會積極去達成。

教養一致，父母共同合作，孩子獲益

　　教養不一致，使得孩子無所適從，或產生投機心理，擇易而安，這種方式不僅對孩子人格教育不利，也容易對孩子課業產生不利的影響。父母若能調整教養態度，協調一致、共同合作，將使孩子獲益。

　　筆者曾舉辦父母成長團體，發現父母調整南轅北轍的教養方式到漸趨一致、共同合作教育子女，的確可以幫助孩子課業進步，有位父親表示：

　　「我們確實改變很多，說實在的，改變很多，都是好的改變。夫妻爭吵少了，跟孩子不愉快的經驗少了，孩子成績進步很多，家庭比較和諧，因為有些事情可以透過講或溝通。家庭和諧的話，在教育孩子的意見上即使理念不同，也可以透過溝通而取得一致的教育方式。」

　　他的孩子也說：

　　「以前爸媽教育觀念、教育孩子的方法都不一樣，上了成長團體課以

後，他們的觀念就比較一致，現在他們教我們都用講的。爸爸還沒上成長團體課以前比較兇，上完課後，比較不那麼兇，講話也比較溫和，比較會讚美別人，對全家都比較好。以前我功課寫得慢或考不好，就用打的，現在就不會了，現在都用講的、用説道理；媽媽的嘮叨也比較少。現在爸媽對我的態度、給我的功課壓力少，現在我覺得比較快樂、輕鬆，唸書也變得有興趣。」

另外一位父親也表示：

「自從太太去上了成長團體的課後，比較有笑容，比較不會對孩子大呼小叫，情緒不會再像以前，如我女兒所說：『受不了！受不了！』情緒比較會控制；以前太太言語上比較激烈，説話比較直接，常讓孩子受不了；以前孩子被激怒時常摔門，進房坐一小時，實際唸書大概只有十分鐘。現在親子關係好很多，孩子人格成長有進步，比較不孩子氣，整個家庭氣氛好多了。」

避免教養態度不一致的方法

一、檢討自己的教養態度、方式、採用理由，以及對孩子造成的影響。

二、在情緒不佳時，盡量不要採取管教的行為，注意不要因情緒起伏而使得管教態度前後不一，反覆無常。

三、管教孩子盡量以身作則，言行一致，避免嚴以待兒，寬以待己。

四、夫妻共同討論，了解彼此的態度、教養觀點，以及對孩子的影響層面。一個人的教養態度是長期形成的，以諒解、肯定對方的用心，以及開放的態度進行溝通，不要企求立刻改變對方。

五、教養態度或意見不一致時，不要在孩子面前爭吵。

六、教養態度及對孩子的要求，經協調取得一致後，要明確一致地傳遞給孩子。

七、了解及支持學校老師的要求，孩子有時會抱怨老師，父母須理性處理，避免同聲譴責老師，或在孩子面前訴說老師的不是。

八、孩子在成長過程中，會不斷出現新的問題，父母對孩子的教養問題，應經常討論溝通，彼此配合，協調一致的立場。

九、父母所給予的規範要明確、清楚，而且要在孩子做得到的能力範圍內，堅定的去執行它；若能事先與孩子討論這些規則及理由，則孩子較易接受教導。

十、和孩子一同生活的，若還有祖父母、奶媽或年紀差距較大的哥哥、姊姊，彼此的教養態度也要協調。

 策略四

訂定適宜的期望標準

　　孩子的行為常受父母期望的影響，天下父母莫不冀望其子女能出人頭地，光耀門楣。雖然不見得每一個子女都會有卓越成就，但做父母的對子女總是抱以無限的期望，不斷以口頭或其他方式教導與督促子女應朝某種方向發展。父母握有獎懲權，是子女在經濟上及精神上的主要支持者；加上親情與父母朝夕相處，子女的發展自然會受到父母期望的影響，父母的期望常是子女努力以赴的標的。

　　父母對孩子的期望，影響其教養孩子的方式，孩子的行為則受到父母期望所影響，二者互動，於是產生「比馬龍」（Pygmalion）效應或自我應驗的效果（Self-Fulfilling Prophecy Effect）（Alderman, 1999）。對子女有較高期望的父母常會花較多的時間陪子女，並較注重子女的管教問題，表現好時則給予讚美肯定，表現差時則予以責罰。此種行為會讓孩子了解到父母期望他們表現何種行為及成就，若孩子不排拒，時間久了，孩子的表現就會與父母的期望漸趨一致而有優異的表現；反之，如果父母對子女的期望低，孩子的成績也會趨向表現平平。

期望太高，孩子挫折，父母失望

　　父母的期望與子女成就雖然有關聯，但過高的期望也可能造成子女太大的壓力及心理的不適應；若父母過分虛榮，對子女的發展及能力限度與興趣茫然無知，對子女寄以超出其能力限度之期望，孩子做不到，不僅父母失望，子女在心理壓力之下，極易焦慮，甚至心存反抗，造成親子間的衝突，成績不升反降。

　　台南有個學生，小一到小四的成績均維持在中上程度，父母對孩子的表現還算滿意，親子關係也很和諧。小四時，班上轉進一位功課很好的新學生，這兩個小孩的父親正好是同事關係，新同學的父親還是其父的下屬。新同學的父親總喜歡在辦公室談論孩子的優異表現，使得這位主管心裡不是滋味，心想：我的資質不差，孩子豈有比不上別人的道理？不免也拿孩子的成績來相互比較。一較之下，孩子經常比不上部屬的孩子，自然是怒火中燒，回到家看孩子總是相當不順眼，不自覺地一再嘮叨、責罵、要求。孩子因成績總是比不上同學，加上經常被父親責罵，挫折連連，信心越來越差，學習動機減弱，使得原本中上成績節節退步，終至墊底。事實上，這個學生的能力絕不至於墊底，就是因為其父親的期望太高，孩子在壓力之下，成績反而退步。

　　期望過高，可能表現在樂於比較，無論孩子是否擅長，總喜歡拿其他成績好的孩子來要求自己的孩子。而期望過多，也是過高的一種表現，例如學校功課做完之後，總是不斷要求孩子做其他功課。父母常犯的一個錯誤就是訂定了子女無法達成的標準，

父母常無視於孩子的能力、興趣、課程內容,而於考前自訂一個標準,要求孩子達到。若孩子達不到,不是痛斥,便是處罰;達到後,再訂下一個更高的期望標準,要求子女繼續達成。這些標準如果是親子雙方溝通良好,又取得共識,則子女較能接受,否則親子溝通不良,子女不敢表達意見,其所訂下的標準,或許超出子女能力範圍,子女不情願而形成壓力、焦慮,不但不容易達成,甚至心存反抗、放棄努力或自暴自棄。

有個小孩從小聰穎,父母對他有很大的期待,非常重視他的功課,每天不停地督促他做功課;尤其媽媽更重視分數,不停拿孩子與人比較;功課要比,補習更是競相比較,甚至一科就補了幾個地方,還不斷的打探名師要增加補習。孩子不喜歡媽媽的做法,父親也認為不妥,夫妻倆常為補習起爭執,母親則認為孩子有能力,可以表現更好。為了要孩子更好,她不斷打探別的同學的分數,要求孩子達到她所訂的標準,未達標準就開始數落孩子,她給孩子訂的標準也越來越高,常讓孩子有不想唸書的念頭。他說:

「有時考試難度不同,而且有些陷阱很多,我媽就認為全部題目都差不多,她就訂一個標準,有時九十五分,有時九十分就好;雖然是九十,但有時太難,就考不到那麼高,我媽都不懂,她就是訂一個標準,這就很難,很難達到她的標準。沒有達成,她就會唸,就叫我寫一大堆練習,沒完沒了,我覺得很煩,就開始混!」

小齊的父母與老師都認為他的能力很好,但課業表現卻不如他的能力,常因成績差被母親責罵,父母、老師認為他不用功,

需要一些推力，必須做一些要求；比如這次月考考幾分，下次月考就要更往前進，每次都要比前一次更好，如果沒達到要求，補習班的老師甚至還會用皮帶鞭打。對於這樣一而再的期望標準；小齊覺得很累，對別人的要求，他覺得厭倦，也不願去達成。

「像我做完功課，他們可能就會要我看些書啊！看那些完全沒有興趣的書，感覺就是你永遠沒辦法達到某一種標準；當你無法達到時，你的動力、動機全部都會迅速的冷卻下來。」

「被人家期望很高的時候，我會覺得這些書到底是誰在讀？我心裡會覺得很不高興，也就是說我用功努力是我自己的事，你們要求東、要求西，到最後我考這些到底有什麼意義？基本上，被別人期望，我覺得就是一件很難過的事情，被人家期望很高的時候，我會覺得這些書到底是誰在讀？

或許到最後連自己的目標可能都遺失了吧！」

有個父親每次月考前就給孩子訂標準分數「八十五分」，若達到標準，則帶孩子去買喜歡的東西，達不到時則少不了一頓挨打；有時月考某些科目達到標準、某些科目達不到時，爸爸會詢問孩子是否要以獎品抵挨打。孩子說：「幾乎都沒有達到標準而挨打。」

這個孩子為了怕被打罵，試卷常不拿給父母看，父母當然對他的了解有限。由於他常常達不到父親片面設定的成績標準，以致挫折連連、喪失自信心，期望水準也越來越低，對於嚴厲父親所訂的標準，明知不易達成亦不敢有任何意見。因此，他對於目標的達成也不是那麼的強烈，不想努力，甚至完全放棄，反正頂多挨一頓打或換一頓罵而已。孩子認為，父親應該視其平時成績及每個科目的難易度來訂定標準，而非單一固定的分數標準。

期望太低，潛力浪費，散漫成性

期望太高對孩子發展不利，期望太低同樣也不好。如果父母訂的標準太低，甚至任由孩子自由發展，沒有訂定一個期望標準，子女輕易可以達成，難免圖安逸，對學習無動於衷，潛力因而無法發揮。

有個很聰明的小孩，小學低年級成績還不錯，考滿分是家常便飯，從小他由父母那裡得到的訊息就是「分數不能代表什麼」「功課也不是什麼重要的事」，因此他變得不在意功課成績。隨

著年級的升高，他的分數成績逐漸下滑，標準也由一百分降至任何分數皆可的地步。他的父母很少管他的功課，考好、考壞也會說沒關係，給孩子的期望水準很低，他們只希望孩子唸到高中就好。

另一個叫世雄的孩子，在小學一、二年級時自我要求很高，從三年級數學一次考差就開始補習，此後成績一路下滑，他越來越覺得自己不行，自己比別人差的想法也越來越深。到了五年級，一直在班上倒數一、二名間徘徊，他更加沒信心，自我要求也越來越低，而他的父母對他的期望也不太高，他也就沒那麼在意分數。他父親表示：

「我會鼓勵他說：『其實你不必在意考第幾名，你現在五年級還能夠留在資優班，而沒被安排在普通班就已經不錯了，不一定要拿第一名或考第幾名。』基本上，我的看法是差別不會很大啦！如果你現在還留在資優班，其實已經不錯了。我的想法是比較開放，不一定要他考一百分，我跟孩子說六十分及格，只要有八十分就不錯了，九十分更好，一百分就是很幸運了。」

這樣的訊息讓世雄覺得功課好不好，爸爸認為沒什麼關係，只要考試能符合爸媽「過得去就好」的標準就行了；對於此一目標，世雄不必太認真就輕易達成，對功課更不在意，也不去努力用功。其實照他的能力，只要父母對他的缺失加以改正，將期望提高，他應該可以表現更好。

許多聰明、有潛力的孩子，往往很輕鬆便能獲得很好的成績，如果他不知道認真、努力，養成敷衍的學習態度，長久以

往，將會對他形成不利的影響。父母若未能及時找出孩子成績退
步的原因，只是安慰孩子不必在意分數、成績，孩子可能接收到
錯誤的訊息而不在乎課業，養成懶散的習性而把潛力白白浪費。

期望適當，孩子了解接納則能進步

有許多父母沒有明確的期望目標，心口不一、言行不一。他
們心裡希望孩子成績好，又不願造成孩子的壓力，因此常會拿
「成績不重要」、「分數不能代表什麼」來安慰子女；另一方面
又設定標準讓孩子去達成，未達標準則加以懲處，讓子女無所適
從，不知父母真正的期望是什麼。

此外，親子之間的溝通不良、很少與父母對話、彼此間不了
解，這樣的親子關係，也會讓子女不容易知道父母的期望，不知
道該如何做。有些父母當子女表現好時，沒有給予正向的回應；
孩子表現不好時，則又一味批評指責，這樣孩子根本不知道自己
哪些地方表現良好，哪些是他的長處。負面的批評或比較只是讓
孩子知道自己的缺點、自己不如人的地方，但到底要達到何種正
面的期望標準，孩子仍舊不明白。

有些父母以負面的言語刺激孩子，或以比較、嘮叨訓話方
式，希望能激起孩子的企圖心，達到期望水準。但這種方式通常
無效，反而容易讓孩子產生反感，影響到親子關係；親子關係如
果不佳，孩子即使知道父母的期望，也不願去達成。

父母對孩子必須要有期望，孩子才會進步，但期望要適當，
也要孩子了解接納，過猶不及，都會造成反效果。父母平常可以

多了解、多觀察孩子有哪些能力及能力限度，與孩子討論，訂出一個雙方都可接納的期望標準，並視實際情況再予以提高或降低，最終目的就是幫助他發揮出應有的潛力。

父母的期望不適當，或孩子不了解父母的期望，對孩子的潛能發揮有不利的影響，甚至造成功課退步。事實上，標準是人所訂出來的，不是不能改。父母如果能配合孩子的能力，將標準做適當的修正，並與孩子充分溝通，孩子依其能力做到，父母應及時鼓勵、讚賞，孩子的信心和努力的動機得以增強，功課也會逐漸進步。有個成功克服低成就，反敗為勝的孩子說：

「爸爸、媽媽以前常說分數不重要，現在不會了。以前我如果粗心大意，錯了，他們會說沒關係，只要會就好；現在不同，我媽會說不行，你一定要重視你的成績，你要重視你的分數，就是不能粗心。」

另一個幫助孩子反敗為勝的父親表示：

「我的孩子早就習慣較差的名次，以前我都給孩子一個觀念，結果不是最重要、考幾分沒關係，但你是否真的很努力，是否真的下功夫；如果你努力過了，下過功夫，結果並不理想，我不怪你。但現在我除了努力之外，還要注意你的結果。」

如何訂定適宜的期望

一、孩子各方面的能力不同，必須根據孩子的能力來訂定期望標準，不同科目的期望標準視情況而定，不必相同，也不要一

味與他人競相比較。

二、可參考本書第二章及運用能力檢核表來檢核孩子各方面的能力，依不同領域的能力，設定具有挑戰性的適宜期望，避免太高或太低。

三、期望標準要針對孩子而非父母，父母要避免虛榮心作祟或受本身成長經驗的影響而過於獨斷。

四、除注意孩子的能力外，也要留意其心理特質，例如聰明的孩子可能比較不喜歡機械式的練習，父母要避免要求此類的孩子做太多重複式的練習。

五、除訂定成績的期望標準，也應強調過程，也就是期望孩子付出多少努力，完成多少工作，花多少時間準備考試及是否專心等，這樣的期望是孩子可以掌握的，孩子達成努力的期望，成績自然也會進步。

六、期望要具體，並向孩子說明理由，讓孩子充分了解，也應讓孩子有機會表達自己的想法，親子共同討論訂定。

七、孩子對其本身的期望，父母也要了解。孩子的期望如果與父母的期望一致，或相互配合，效果更佳。

八、父母與老師對孩子的期望也要協調一致，避免南轅北轍，或彼此衝突。

九、以正向積極的方式設定期望，讓孩子知道你的期望，避免負面指責孩子不該如何，而未提出要孩子怎麼做，例如只要孩子不要輸給張三，但到底要孩子考多好，孩子仍然不清楚。

十、期望標準一旦建立，仍須保持彈性，視孩子的身心狀況、課業負擔及表現的進展而調整。對於課業長期表現不佳而信心

低落的孩子，即使能力真的不錯，標準也不要一下子提得很高，要讓孩子覺得努力仍有成功的希望。若成績已有進步，再逐次提高，但並非毫無止境的提高；尤應避免超出孩子的能力範圍，否則會讓孩子覺得永遠無法滿足父母師長的要求而放棄努力。

士、除了成績，更要注重身心健康、人格發展及品行，並讓孩子了解父母對均衡發展及待人處世的期望。

 策略五

提升孩子的自信心

　　自我概念積極、自尊心高、信心足，是高成就學生的特徵。信心夠的孩子自認能力不錯，相信自己會成功，容易產生努力的動機，主動學習，其潛力也得以發揮而表現優異。相反地，低成就學生則具有信心低落的特徵。一個缺乏自信的人容易緊張、焦慮或猜忌、處處防禦。孩子如果信心不足，容易被動依賴、害怕失敗、避免嘗試，而且不相信自己會成功，因而學習動力不易產生，課業表現難免受影響而退步。對這樣的孩子，父母或教育人員應設法提升其自信，使其課業得以進步。

缺乏讚美與鼓勵，導致信心不足

　　當您的孩子從學校拿回九十五分的成績時，您看到的是九十五分，抑或是那少掉的五分？

　　當孩子很高興地拿回他認為很好的成績時，有些父母認為拿到好成績本來就是應該的事，是孩子的責任；有些父母則只注意到少掉的那幾分，這樣的父母通常很少給孩子讚美或鼓勵，甚至還會斥責「為什麼沒考到一百分？」「你看，我不是要你多做一本練習，你就是不肯，不然這次就會考一百。」「你班上那個某

某同學一定考得比你好，對不對？他考幾分？」經常受到這樣待遇的孩子，由於得不到父母的肯定，會漸漸喪失自信心，一旦他們出現「努力又有什麼用，爸媽永遠都不會滿意」的念頭時，孩子唸書的動力就會消失了。

從接觸過學業表現不佳的能力優異學生家庭中發現：多數家庭會給孩子定一個標準分數，只要達到這個標準則予以物質或金錢的獎賞，若沒有達到，小則斥責，大則棍棒侍候。缺乏讚美與鼓勵是這些家庭教養共同的特點。其中某些家庭沿襲上一輩鮮少鼓勵的教育方式，完全不給孩子讚美、鼓勵；也有些父母看到孩子有不錯的表現時，卻基於內斂、含蓄、嚴厲性格，鮮少表達對孩子的肯定；有些認為孩子天資高或參加了補習，進步是理所當然，自然不必獎勵；有些則認為讚美會讓孩子沖昏了頭，認不清事實、會打消孩子的鬥志、寵壞孩子；有些父母對孩子期望高，樂於比較，比較之下，看到的盡是孩子失敗的地方及缺點，認為子女的表現根本沒有值得讚美的地方；還有些家長對教育採忽視冷漠的態度，完全不關心孩子的功課，更談不上讚美與鼓勵了。

記得在一個孩子表現不佳的父母成長團體上，筆者要父母列舉出孩子的優缺點時，家長一致寫得出孩子洋洋灑灑的缺點，對於孩子的優點或值得讚美的地方，幾乎很少提。從筆者的研究中也發現，這類學生由於他們失敗的經驗多過成功的經驗，受斥責、嘮叨與處罰的機會比讚美、鼓勵來得多，即使他們表現好，也很少得到父母積極正向的反應。他們對自己的評價很差，自信心低落，缺乏學習動機與企圖心，甚至自暴自棄。

有個學生家長教養孩子的方式深受上一代的影響，他表示：

「那個年代，不被打，就已經是鼓勵了。」因此，他在教育孩子的過程中，鮮少管孩子，給孩子的鼓勵極少；而母親則認為一再褒獎會讓孩子認不清事實，同樣也鮮少給孩子鼓勵與讚美。這個學生從來也沒有因成績好而獲得讚美與鼓勵，唯有成績差、名次退步時會遭到母親的責罵。由於缺少家人的讚美、鼓勵，孩子信心低落，學習的動機也隨之低落，孩子自嘲地說：

「也許他們認為負面的對我比較有效吧！對我而言，考得高、考得低那種意義都已經消失了，國小一、二年級考高、考低，還會在意，現在考高、考低對我而言，都好像沒什麼，總之要維持一定水準就行了。」

父母如果喜歡拿孩子與別人比較，也容易導致孩子的信心低落。

有個數理方面非常優異的學生，他的媽媽非常重視分數，很喜歡拿孩子跟人家比較，每次考試便去打聽別人的分數，孩子考得比別人差，少不了一頓責罵，外加一堆練習；孩子考得好，她又去打聽別班同學的分數，總之她就是有辦法拿更好的成績將自己的孩子比下去。她給孩子訂的標準很高，孩子達不到時，她便不斷嘮叨。媽媽喜歡拿別人來比較，讓這個孩子很挫折，常興起不想唸書的念頭，他說：

「我媽管我很嚴，其實催得太嚴，我根本不想做功課，我覺得盡力考好，把成績弄好，考上好學校就好，可是我媽總是喜歡比，比的話，我就要考得很好，就要不停的寫評量、練習卷，一直寫！」

這樣不停的比較，不斷的要求，這個聰明的學生也很無奈，

他說：

「有時考試難度不同，而且有些陷阱很多，我媽就認為全部題目都差不多，她就訂一個標準，但有時太難就考不到她的標準，沒有達成，她就一直唸！我必須每科都頂尖，而且要比任何一個同學都高分，才不會被唸！」

這位媽媽永遠不滿意孩子的表現，她看到的盡是孩子的缺點，盡是不如人的地方，她很少給孩子讚美，因為「孩子就是沒有達到目標啊！怎麼讚美？」而考得好的時候，她也沒有給孩子讚美，「我媽的觀念認為有補習，考得好是應該的」。在責罰多過讚美與鼓勵的教育下，這個孩子對讀書提不起興趣，對未來也沒有任何抱負。

除了與他人比較之外，也有不少家長喜歡拿孩子與其兄弟姊妹比較。有個孩子很聰明但成績表現不如預期的好，父母常責怪其不如姊姊用功，其實他並不是不用功，只是他想規避無窮盡的功課壓力。由於聰明，因此能很快把功課做完，他想休閒，母親卻不准，要求他不斷的做練習、讀書、溫習，他說：

「我跟姊姊智力不同，她不太會唸書，唸得很辛苦，我唸得比較輕鬆，我唸書只需要別人一半的時間，媽媽看我沒做功課，就會要我去複習、預習；做完了，她就要我做下一科、下一課，沒完沒了，覺得很煩，就開始混！」

他很感慨地說：

「聰明有什麼用，聰明就是要做更多，一想到要做那些，很無聊、很
麻煩，就不想做，我寧可我不聰明。我媽每次都拿我跟我姊姊比較，看你
姊那麼認真，你都在混！」

這個孩子覺得「我做完有什麼用？還是得繼續唸書啊！」，
因此他就以拖拉時間的方式來規避這些煩躁、單調的練習，偶爾
也會偷看其他書籍，父母認為他非常不認真，都在混，因此對他
的責罵也越來越多。

學生成績不好，表現不在預期中，原因很多。但家長不見得
都能理性面對，找出成績低落的真正原因。很多家長不了解孩子
的學習狀況，只在意分數、結果，不重視學習或努力的過程，不
了解孩子的問題所在，不協助其突破困境，只是不斷訂定要求、
標準，不斷的消極批評，不斷給予重複練習及催促唸書，讓孩子
在痛苦中掙扎。惡性循環之下，孩子功課非但不見進步，自信心
反而消磨殆盡。

在家長好還要更好的壓力下，孩子得不到喘息的機會，他們
不是繼續承受壓力，就是放棄努力；在失敗的時候，父母又十分
注意的給予指正、指責或懲罰，孩子得不到家長的支持、包容與
鼓勵，漸漸喪失信心，對課業逐漸失去興趣，同時更影響了親子
的關係。親子關係如果不佳，孩子更不願配合父母的要求，父母
覺得孩子不聽話，施加在孩子身上的壓力也許更大；壓力大，孩
子反彈也大，親子關係更形惡劣，教養則益加困難。

經常被比較為不如人的孩子，容易喪失自信，甚至產生退
化、仇視或敵意的行為，因此人際關係不佳，而人際關係不佳也

會進一步讓孩子自信心更低。

自信是經驗與環境造成的

信心不是天生的，是個人特質、成長經驗，加上外在環境影響所逐漸形成的。一個人在成長過程中，總會遭遇到成功和失敗，失敗挫折越多，信心易受打擊而低落；成功的經驗則能提升自尊心、增強信心。

在筆者研究的能力優異卻表現不佳的個案中，發現這些學生多半自我概念消極，對功課無法產生興趣與學習動機，但如果他們勇於面對現實，努力去改善課業，成績則明顯進步。深度訪談學生發現，他們只要成績有點進步，就能夠讓他們對自己產生信心，有了信心，他們更企圖往上衝，這種良性循環，使得他們成績越來越好，信心也越來越提升。此外，獲獎或受到父母師長的鼓勵、讚美，也都能夠使他們建立起自信心。

一位學生對自己信心提升的看法：

「國一下時，發現成績變好了一些，對我的影響滿大的。原先我對自己沒有信心，也沒有什麼動機去唸書，後來感覺自己成績有進步，覺得有信心了，就有強烈的心想要去爭取，看能不能再往上一點。」

高三的黃同學也說：

「自信心提升的原因是功課越來越進步，自信心相對提升，這是相互影響的；自信心提升後也會促使你更用功，覺得自己不錯，有信心，自己

應該可以做得很好，就會更有動機，要去做得更好。另外，學校爲了推薦甄試而把三年的成績發給我們參考，第一次才發現這三年的排名，每科都有向上提升的現象，由原先的2字頭到1字頭，再到個位數字；後來也陸續通過中山大學數理科資優生甄選及性向測驗，以及其他考試，這些肯定都讓我覺得自己頭腦應該不太差，對自己更有信心。」

　　有一位成績長期表現不佳的孩子，由於很少得到正面的回饋，信心一直很低落，功課也無任何進展。但是他籃球打得很好，學校老師鼓勵他參加球隊，並贏得冠軍。他在球場上的優異球技，令同學讚賞、老師肯定，從此信心大增，覺得自己很不錯。受此影響，連帶的他也希望除了籃球之外，看能不能在其他功課方面也受到同學、老師的肯定，於是他在課業上卯足了勁，結果成績由班上二十幾名進步至第四名。

　　無論是課業的進步或其他方面的優異表現，這些成功的經驗都對增進孩子的信心有正面的影響。因此，對孩子各方面的優點，要鼓勵孩子盡量發揮，並把握機會加以讚賞。不論是否在課業方面，只要孩子有任何優異表現並獲得立即的肯定，其信心都將因此而提升。

　　成功或失敗，除了受實際表現的影響外，個人的自我期望、父母、老師的期望，以及班級的競爭氣氛等，都會影響孩子成功或失敗的感覺與自信。父母、老師除避免期望過高外，也要幫助孩子訂定適宜的期望，孩子才不致因達不到自己的期望或父母、老師的要求，而導致挫折與信心大失。

　　此外，人際關係也會影響一個人的自尊、自信。人際關係

佳、人緣好的孩子，覺得受歡迎，信心因而滿滿；人際關係不佳，不受人歡迎，到處碰壁、被排斥，信心容易因此而脆弱。

當孩子因信心低落而影響到課業表現時，父母及教育人員可以多方去了解與協助，幫助孩子重建自信，千萬不要再對缺乏信心的孩子橫加指責，這只會讓他們更加沒信心。

鼓勵、讚美可以增進信心，提升成就

每個孩子都有個別差異，都有其優點與特有的能力，功課不行，或許他很善良、很體貼、很會幫忙做家事或精通電腦，父母可以針對這些優點去讚美，不見得只有課業好才值得讚美。父母應多發現孩子的優點，鼓勵他成長與學習，而非一味與他人比較。父母師長除了避免拿孩子與他人比較外，也應避免與自己的兄弟姊妹相互較量。多鼓勵孩子與自己比較，有進步、有努力就夠了。

當孩子表現好時，父母要積極回應、肯定；如果孩子沒有得到父母師長正向積極的回應，他根本不知道自己哪些地方是優點、哪些地方表現出色，當然也無法激起再度表現的動機。萬一孩子失敗時，父母應安慰他、鼓勵他，並鼓勵他欣賞別人的優點。但不可藉別人的優點來批評、指責他，放大他的缺點，因為負面的指責只會加深孩子不如人的挫折感，對其自信心的建立並無實質的幫助。

適當的讚美孩子，忽視其消極或不良行為是很重要的教育方式。一個經常被鼓勵、讚美的孩子比較能接納自己，自信心較強

而且也比較有自尊心。如果有自信心，孩子就較能積極去探索、主動去學習，聰明才智也就容易發揮出來。相反地，如果沒有信心，就會變得被動、依賴、不敢嘗試，潛能也不易發揮。

每個孩子總有優點，總有值得讚賞的地方，稱讚這些行為，讓他知道他也有做得不錯的地方。讚美鼓勵可以促進孩子的自我形象，並不斷重複這些良好的行為及值得稱許的地方，孩子的良好行為便能得到增強，繼續保持。因此，發現與肯定孩子的優點並欣賞它，是積極的教養方式。孩子在學習上落後，不代表其他方面沒有優點、沒有值得稱許的地方，以讚美、鼓勵代表斥責、處罰，更能激發孩子的成長與學習。因此，當孩子有好的表現時，應積極地給予正向的反應，表示關心，給予讚美、鼓勵，逐漸的，孩子才能建立積極的自我觀念，有助於自動自發的學習，增進學習興趣、提高成就表現。

一位曾經克服低成就的孩子認為，父母的鼓勵給他很大的幫助，他表示：

「當我一年級功課不好的時候，我爸也沒有刻意強求我，直到我考上資優班，他說：『你能不能再向前一點，不要每次都考到那麼後面。』他常鼓勵我；慢慢鼓勵到二年級的時候，他說：『你應該可以向前衝衝看。』然後，我就在功課上加緊努力，因為當時建立了信心，又加上家庭的鼓勵，成績就表現得很好，慢慢進入佳境。」

負面的批評、指責及缺乏鼓勵、讚美，容易造成孩子信心低落，進而影響課業；鼓勵、讚美則能提升孩子的自信心，有利孩子的課業成就。父母如果能改變消極負面的教養方式，改用積極

的鼓勵、讚美，孩子的信心及課業表現也會因此而增進。

　　許多學業表現不好的學生，他們的父母總認為孩子的表現沒有值得鼓勵、讚美的地方。事實上，如果父母將注意力放在孩子努力的過程或行為表現的進步上，而非結果上，就會發現孩子有許多值得鼓勵、讚美的地方。強調孩子自己跟自己比較，會發現要進步並不是那麼困難；即使進步一點點，給他肯定、讚美、鼓勵，都會使孩子產生信心，由內在激勵自己，繼續努力突破學習困境。

　　給孩子鼓勵、讚美並不是那麼困難，只要父母有心，就可以辦到。筆者曾透過父母成長團體幫助父母改變其低成就的孩子，後來這些成績進步的孩子對於父母從罕見鼓勵、讚美轉變到經常鼓勵、讚美，都認為是幫助他們學業進步的原因，他們都很喜歡這種轉變。有個孩子表示：

　　「媽媽去上課之後，嘮叨比較少，鼓勵、讚美比較多，以前她的責備總是多於鼓勵，現在好像天天努力的要來鼓勵我，好像努力的找機會來鼓勵我，我當然很喜歡，讚美、鼓勵的感覺總比被人責備好。」

　　人人都喜歡聽一些悅耳的讚美，討厭嘮叨、責罵，小孩也不例外，如果父母師長要孩子順意做你所期望的事，以嘮叨說教要求孩子去做，可能收效不大；但如果換成正面鼓勵的方式，則可發揮效果，誠如一位功課進步的孩子所說：

　　「媽媽現在常講我不錯，以前都是唸得多，讚美少，我很喜歡媽媽這種轉變，因為人好像聽到讚美的話，就會感覺很不錯啊！你下次一定要做

得更好給她看。唸、罵我的話，我就會想：妳既然認為我不好，我乾脆不要做。」

一位母親發覺孩子信心增強了，很高興地說：

「以前他做不好，我常常罵他，現在想到罵會產生負面的效果，我就會盡量克制自己。以前我很少讚美他，現在就像蔡教授說的要製造讚美的機會，所以一有機會，我就給他讚美、鼓勵，他所表現出來的就比較高興，就比較有自信。」

任何孩子在學習的過程中，都會有經歷挫折或喪失學習興趣的時候，他們極需父母的支持與鼓勵；尤其是功課不佳而信心低落的孩子，父母更應多給予讚美、鼓勵。對他們而言，鼓勵與讚美可以增加他們的自信心與企圖心，也是進步的原動力，其影響力有時是超乎想像的。

製造一次成功的經驗，反敗為勝就有希望

長期課業表現不佳的孩子，由於累積了許多失敗的經驗，信心低落；他們因缺乏信心，不認為自己有能力，也不相信自己會成功，甚至把別人的鼓勵與讚美都視為虛情假意。這類孩子不容易產生努力的動機，他們認為「反正不會成功，努力也沒有用」，由於他們沒有真正努力，失敗乃必然，信心依舊低落。

若孩子能藉由一點成功的經驗，則能激起學習動機與努力的意念。因此，只要父母師長能刻意製造一次成功的經驗，就能讓

孩子覺得成功還是有可能的，那麼他就會產生努力的動機；孩子一旦努力，反敗為勝就有希望。這樣的過程也就是以小成功培養更多的成功，良性循環之下，孩子的課業也會越來越進步。

　　把握住「事前注意、過程鼓勵、事後讚美」的原則，孩子的功課要進步並不是那麼困難。

　　一般來說，孩子考不好，無非努力不夠與事前欠缺準備。父母可以和孩子良性溝通，以其優點及過去表現不錯的地方鼓勵孩子，讓孩子明白其能力並非那麼差；也可舉本書中許多反敗為勝的例子，讓孩子相信反敗為勝是有可能的。

　　當孩子有意願努力，父母則可與孩子共同擬訂計畫，從其擅長的科目著手。先以校內平時考為目標，提早準備，不會的請教老師、同學徹底弄清楚，並加強溫習。父母在孩子努力的過程中，可多給予肯定鼓勵，孩子的成績一定會進步，信心也會隨之提升。比較不好的情況是父母事前不去注意、關心，一旦孩子考壞了，又不斷嘮叨，這只會使孩子更加挫敗。

　　功課進步會使孩子信心增強、努力的動機增進，其他方面的進步或優異表現同樣也會產生相同的效果，而且彼此產生良好的連帶關係。

　　偉生的小學課業表現與其能力差異很大，母親知道他有能力，但他偏偏對學校課業提不起學習動機。他之所以能夠反敗為勝，關鍵在小五、小六。那時他對自己開始有了信心，倒不是因為成績有所進步，而是他終於有了發揮的空間。

　　他的媽媽為了提高他的學習興趣及多方面試探，曾經刻意安排他去學電腦，後來發現他對這方面很有興趣，也學得很好。學

校老師也發現了他的電腦才華，很欣賞他、重視他，還讓他擔任電腦小老師，鼓勵他參加電腦比賽，並因此得獎。得獎的肯定，讓他對自己更具信心。後來在許多課程上，如自然、說話課、甚至音樂課，他發現原來自己並不比別人差；再加上擔任小老師、小組長的關係，與同學的互動機會增加，也比較敢發表。而真正決定性的關鍵是在於他考進了資優班，他才恍然發現自己真的不比別人差，自己是有潛力的，於是開始重視功課，成績也越來越好。

製造一次成功的經驗，反敗為勝就有希望，是偉生最好的寫照，因此，他很鼓勵同學去參與競賽，他認為：

「嘗試勉強自己去試一次，一定會得到成功的經驗，你會發現努力付出就會有收穫，所得到的快樂是滿大的，也就是有耕耘，就會有成就感。」

另一位陳同學一度成績很差，對課業失去興趣與學習動機，對自己也很沒信心。小四下學期，老師無意中發現其語文方面的潛能，因此派他參加國語文比賽；由於參賽獲獎，使其信心大增，對自己的潛力更加肯定。其父覺得國語文方面優異的表現，是孩子自信心增加的主要因素，他也很高興看到孩子重新拾回自信。

從孩子擅長的領域著手，較易成功

能力優異學生課業表現不理想，並不代表其全無其他長處。由筆者的個案中發現到，有些父母刻意安排孩子學習某一項才藝

或課外學習，企圖由孩子有興趣的項目來提高其學習動機，同時鼓勵其參與競賽，如學習電腦，鼓勵其參與電腦競賽；有的父母則鼓勵孩子參與球類比賽、演講、作文、科展等非課業考試的科目，而經由此類競賽，這些學生得以一展長才並獲得佳績。這些成就的激勵成為其加碼前進的力量，他們對自己有了信心，對學習有了興趣，覺得自己在班上還算是個不錯的人物，連帶的，使其更加重視學校課業，努力學習。

事實證明，孩子藉由比賽可以建立其信心，提高其學業。因此，如果孩子在學習上出現低落的現象，除找出原因改正外，也可藉由孩子的長處與興趣來激勵他，以提高其信心與學習動機。若覺得孩子一無長處，也可刻意培養，譬如利用較長的時間，如暑假、甚至一學期或一學年，找個孩子有興趣的題目做科展，或為拼字、網頁比賽做準備，給孩子努力的目標，讓他有機會一展長才，對其信心的建立是很好的方法；縱使沒得獎，他也可以從這些過程中獲得寶貴的經驗。

父母師長千萬不要因孩子功課不好，就否定孩子的一切，甚至拿功課不好來否定孩子其他方面的興趣與長處。孩子功課不好已經夠挫折、夠沒自信，如果連其他尚足以維持一點自尊的興趣與長處也被剝奪，會讓孩子認定自己真是一無是處，那麼要提升其信心將更為困難。

增進孩子信心的方法

一、對孩子的期望要適當合理，切忌太高。

二、重視孩子的優點，不要只關注其缺點與不如人的地方。

三、鼓勵孩子欣賞自己的工作表現與努力的行為，或想辦法去克服問題，強調自我比較而非與他人相較。

四、多製造機會，讓孩子有所表現。若有表現，則予以讚美；表現不如人意，也可以給予鼓勵，肯定孩子在學習過程中的付出與努力。

五、要針對孩子具體的行為或事件讚美。

六、讚美孩子要具體，避免過於籠統、敷衍，應讓孩子感受到確實是真誠讚美，不要讓孩子認為是虛應故事或灌迷湯。

七、讚美孩子對困難工作的努力與所獲致的成功，孩子若沒有經過任何努力，不要輕易奉承讚美，否則得來太容易，反而不懂得珍惜。

八、不要對孩子失去信心，也不要說些打擊孩子信心的話。

九、不要當眾責罰孩子或數落孩子的缺點。若要責罵，盡可能私下處理。

十、製造成功的機會，建立孩子的信心。以小範圍，孩子能力可及，做為努力的目標，較易成功，如找一個科目，以一次小考為目標，父母並從旁協助，做好應試準備；若成績進步，孩子會認為努力就有收穫，當他破除失敗的迷思後，對其信心的提升將有助益。

土、孩子如果靠努力及能力而成功了，父母師長可以告訴他未來成功也是可以預期的，可激發其學習動機與自信心。

土、針對失敗的科目檢討原因，討論對策。不要因一次失敗就否定孩子，尤應避免情緒性的字眼，如「笨」、「大笨豬」、

「白痴」、「智障」等，打擊孩子自信心。

圭、長期課業表現不佳的孩子，即使能力真的不錯，也不要期望孩子一次即能全盤改正，突飛猛進。要給孩子有改善的時間，一步步提升，只要有進步，就給予讚美，並鼓勵其繼續努力。

吉、讚美、鼓勵的方式要讓孩子感受到，而且是孩子喜歡的。最初可以使用具體物質的方式，以及喜悅的表情與口頭讚美；其後逐漸轉換成抽象的，以表情與言詞為主；最後則引導孩子自我肯定、自我讚美，不再依賴他人的讚美，自信則由內而發。這種信心建立的過程也就是由具體而抽象，由外而內。

宝、除了孩子的功課以外，平時也要注重待人處世。指導社會技巧，協助孩子建立良好的人際關係。人緣佳的孩子，信心往往比較高。

宍、盡量讓孩子做主，不要處處為孩子代勞、做決定；孩子能自己做決定、自己負責，比較會有信心。

七、孩子不可能一無是處，如果實在找不出一點可以讚美的地方，父母師長可能必須檢視一下，是否自己太嚴苛了？標準是人所訂，適度的放寬，努力找出孩子值得欣賞的地方，便會發現孩子仍然有許多不錯的地方。

六、想想看，我們給孩子負面批評、責罵多呢？還是正面讚美、鼓勵多呢？記得提醒自己：正面積極的方式效果較佳！

 **策略六**

建立正確的價值觀念

價值觀影響孩子的發展

一個人的行為常常受其價值觀念的影響，自己認為重要的，即會努力去做，強調學習是重要的文化價值觀，可產生正向積極的力量。一個重視教育的父母，不但自己在行為上會努力去做對孩子教育有幫助的事，在日常家庭生活中也會灌輸教育是重要的價值觀念；一個重視勤勞努力的父母常以勤奮持家，自己努力工作，也鼓勵孩子勤勞。子女成就動機的發展，需要靠父母對孩子成就的增強，孩子的課業進步受到父母的重視，學習的興趣自然會增進。

布魯姆（Bloom, 1985）曾經對美國一百二十名專業傑出人士研究，發現這些傑出人士所出生的家庭，具有重視成就及努力做好工作的價值觀念，他們的父母相信努力工作及盡全力的重要，他們充分運用時間，設定優先順序，也訂定完成工作的標準，強調紀律、盡全力，以及成就感，可稱之為「成就的價值觀」（value of achievement）。父母期望其子女學習並且實踐此種成就的價值觀，父母以身作則，不斷傳輸此種觀念給子女，這些特

性變成了這些家庭的風格，而此種重視成就及努力的家庭風格，則造就了傑出的孩子。

　　一個人要想有所成就，則必須付出心血，肯努力、有毅力。父母在教育子女時，要有正確的價值觀念，同時不要給孩子太多的物質享受，如果凡事來得太容易，孩子不知道要努力爭取，必然會影響到他的上進心。父母要灌輸孩子努力的觀念，讓他們去體驗努力的過程，以及努力後所帶來的成果。當然在過程中，難免會面臨某些挫折與失敗，這些不順利的經驗，對孩子而言也有正面的作用；它能夠培養孩子挫折的容忍力，特別是目前的孩子，物質享受豐富，忍受挫折的能力卻非常差，禁不起一絲挫敗。因此，父母不妨多給孩子機會，多鼓勵他們勤奮工作，培養他們堅強的毅力與彈性，成功地走出自己的大道來。

什麼樣的價值觀造成孩子功課不佳？

　　正向積極的價值觀能提升孩子的成就動機與努力程度，因而能幫助孩子發揮潛力，邁向成功。相反地，負面的價值觀則不利孩子的發展。

一、功課、分數不重要

　　筆者研究能力優異但表現不佳的學生及其家庭，發現許多家庭欠缺正確的價值觀。他們不強調勤勞、努力或灌輸孩子努力向學的態度，卻常灌輸子女分數不重要、分數不能代表什麼、功課也不是什麼重要的事；小學是自由發展的時期，不必在意功課、

分數;唸好學校、高學歷不見得找得到好工作等等。

很多孩子長期吸收這樣的價值觀,他們覺得功課好不好,無所謂,即使考壞,父母也認為沒什麼關係。功課對他們而言,不是重要的事,他們每天打電玩、看漫畫,和家人一起看連續劇,日子過得很逍遙,成績自然不會太好,且潛能也無法發揮。

家長這種價值觀念有些來自其成長陰影,如痛苦的求學生涯,或其本身深受高壓的家庭教育,痛苦萬分,不願孩子再承受此種痛苦。例如有位資優生的父親從小在其父高標準的嚴格要求下異常痛苦,因此,他目前教育孩子的心態就是不要讓孩子痛苦。

「我們一向的觀念是來自我爸爸,我爸都要我們考一百分,我是從那種環境長大的,我怎麼可能又是那樣。」

在教育上他強調:「分數不能代表什麼」、「功課也不是什麼重要的事」。孩子對這句「分數不能代表什麼」的認知就是功課不重要,考幾分也沒關係,對功課的要求並不積極,沒有企圖心、也不努力。他知道父母不會注重分數,因此考好、考壞並不在乎,打心底就認為課業不重要。孩子說:「考六、七十分,我也覺得沒什麼關係,爸爸也不會怎麼樣。」結果智商 142 的孩子,其成績在班上長期敬陪末座。

另一位家長的放任教育也來自其父母的教育方式,因為他從小就是一個在父親高壓政策之下的痛苦小孩,為了課業,他一度曾想自殺;因此,他不願意孩子再步其後塵,於是便給了孩子極大的自由。平常父子倆碰面只會叫孩子吃飯、洗澡、睡覺,很少

過問孩子的功課與學校的情形；加上父親本身又極愛看電視，孩子整天跟著父親看個不停。因此擁有智商 153.5 的孩子，就在這種放任的教育方式下，每天隨著老爸看電視、漫畫或打電玩，日復一日，逐漸荒廢了學業，表現與中等孩子沒兩樣。

　　一位低成就孩子的父親認為，成績不是唯一的價值觀，他說：「我的想法比較開放，不一定要他考一百分，只要有八十分就不錯了，九十分更好，一百分就很幸運了，我跟孩子說六十分及格。」孩子也認為「爸媽的想法是比較合理，他們的想法是『過得去』，基本上程度應該就夠了」。這樣的訊息讓孩子覺得功課好不好，爸爸也認為沒什麼關係，只要考試能符合爸媽「過得去就好」的標準就行了，對於這樣一個目標，孩子不太需要認真也很容易達成。

　　父母如果沒有提供正確的價值觀，孩子耳濡目染，對教育同樣不重視，不重視功課，不知勤奮努力，缺乏上進心、企圖心，功課草率應付，學習態度消極，孩子的功課當然不可能好。

二、努力有啥用？

　　筆者曾深度訪談了十個表現不佳而能力優異的學生及其家庭，發現全部家長都表示子女不用功、不努力、懶散。另外，問卷調查能力優異而表現不佳的一百二十八位學生，資料也顯示成績不佳的原因中，不用功是重要原因。其中，學生表示自己表現不好是因為努力不夠的有 75.3%，缺乏能力者僅占 14.2%。可見成績表現不好的孩子多不是因能力不夠，而是因為努力不夠。

　　孩子不努力會受父母強不強調努力的影響，有位學生表示，

他從未想過把「努力就會成功」用在實際生活中，將會使課業提升、獲得肯定，因為父母似乎不曾告訴過他要努力、鼓勵他努力向學。

一位父親對於孩子輕忽學業的態度覺得懊悔，他做了檢討說：

「他這種態度或許我們也有錯，因為我們從小沒有給他導正，沒有給他一個正確的途徑、正確的模式告訴他，沒有一個模式給他看。」

孩子是否努力，也會受到父母示範作用的影響。如果孩子平常在家裡看到父母總是守著電視，或一天到晚聽到父母抱怨薪水太低，認真工作也沒用；工作不順利，總是怪同事、怪上司、怪部屬，或嘲笑公司高學歷的同事薪水、職務比不上他，唸那麼多

書有什麼用等等。孩子在耳濡目染之下，想法也會如出一轍。當他功課不好或考試考差了，他就會沿用父母的態度，怨天尤人，抱怨老師不會教、題目出得那麼難、考前還給那麼多作業，自己即使努力也考不好，甚至認為功課好也不一定有用。孩子有了「努力有什麼用」的價值觀，就不會產生努力的動機，缺乏努力，功課自然不會好。

正向的價值觀幫助孩子成功

筆者曾在國內外訪問過許多傑出學生及其家庭，發現孩子的成就動機與努力，深受家人價值觀的影響。這些高成就學生都是相當努力的一群，他們的父母在平日生活中，或以言教、或以身教不斷地影響孩子，這些學生不仗恃聰明，而是靠長期的努力來獲取耀眼的表現，其家庭所提供的價值觀念是影響孩子成就的重要因素。

中國人一向重視家庭教育，例如「孟母三遷」的故事，市井小販耳熟能詳；中國人也說「養不教，父之過」；又說「言教不如身教」，傳統文化的價值觀念，甚至遠播海外，被認為是美國亞裔學生傑出表現的主要原因。

在一九九〇年，一個比較華裔父母及白人父母的研究，發現華人父母覺得孩子的功課自己也有責任，華人也視受教育是社會移動的管道，因此要孩子努力讀書。由於中國人強調勤能補拙，一分耕耘一分收穫，只要肯努力就會成功，而失敗則是因為不努力的結果，因此會要求孩子努力用功。華裔家庭重視努力的結

果，其子女也因而獲得優異的教育成就。

由於亞裔學生的傑出成就，而被美國學者譽為「模範少數民族」（model minority），究其原因，許多學者均強調中國傳統家庭文化價值的意義，例如：重視家庭觀念、尊師重道、光宗耀祖、勤奮努力、一分耕耘一分收穫、謙虛不自滿。一項針對馬里蘭大學一百三十九位亞裔學生所做的調查（Minatoya & Sedlacek, 1979），發現亞洲人的重要價值觀念包含了家庭責任、光宗耀祖、勤奮及努力等。

在美國的中國人保留了優良的傳統文化，而對子女的教育成就產生了積極的影響，這些傳統文化包括：強調教育的價值、視教育為社會升遷的工具、重視家庭、尊敬老師及長輩、努力勤奮、守紀律等，這些特質幫助了華人在美國社會的成功。

榮獲美國西屋科學獎，現為哈佛大學的成生，為美國第二代傑出華裔學生，其母生於美國，長於美國，為第一代移民，不會說中文，但卻是個價值觀念非常中國化的媽媽。成先生表示，不會說中文的太太，其價值觀卻是非常的中國化，他說：

「雖然她不會說中文，但她的價值觀卻是非常、非常的中國化。我認為中國人的傳統家庭觀念是有別於他人，而價值觀念是非常重要的，它影響孩子的一生。我們不曾告訴孩子『你不可以做有辱門風的事』，但我確信他已經有那種觀念，並努力成為一個有成就的人，以光宗耀祖，這種傳統價值在他身上可以發現。」

成先生又說：

「父母親對孩子的影響力，是超乎我們所想像的，你平日的一言一行，孩子會全盤模仿，當你領悟到時，可能為時已晚。你抽煙，孩子也抽煙；你懶惰，孩子也懶惰；你有好的價值觀，孩子也會有好的價值觀念，你根本不必逼他們。所以父母的身教、言教確實是非常重要的。」

如何培養正確的價值觀

　　孩子的行為受孩子價值觀的影響，而孩子的價值觀則受家庭的影響，父母的想法及一言一行是孩子形成價值觀的重要依據。因此，父母要思考本身的價值觀是正向積極，抑或是負面消極的。如果孩子已遭受負面價值觀的不利影響而低成就，父母能發覺並設法改正，就可以協助孩子反敗為勝。平日教養孩子也應運用適當方法，培養孩子正向的價值觀念。正確價值觀該如何培養呢？

一、以身作則

　　明尼蘇達大學心理學系曾發表一篇研究報告，發現家教和環境對一個人的企圖、進取心與對人親密關係上有較多的影響。因此要孩子有企圖心、進取心，父母就必須要教導孩子，可以自身為榜樣做給孩子看，或利用典範示範給孩子學習；典範的學習不要遙不可及，那會讓孩子覺得「反正我也達不到，乾脆放棄」。

　　要建立正向的價值觀念，最好的方法就是以身作則，價值觀要從生活互動中教導與學習；如果孩子喜歡，而且尊重你及你所

堅持的價值取向，那麼他們就會遵守並重視那些價值，而且將之內化為人格的一部分。因此，父母要注意平常的言行，對工作抱著積極的態度，職位即使低下，薪水也許不高，但仍能肯定工作的價值。平常父母對談或與他人談話時，能表達正向的想法。如果孩子看到父母工作時，態度總是努力、專注，經常聽到父母正向的談話，孩子耳濡目染，就會逐漸發展出正向的價值觀。

父母以身作則之外，也可鼓勵孩子多接近親戚中有成就的人、社區成功人物或品學兼優的同學，從良好的典範中，孩子也可以學到積極的價值觀念。

二、利用機會不斷啓發

有心的家長可以利用與孩子相處的機會，傳達正確的價值觀。例如有個母親利用孩子平日與她一同上班上學的機會，常常藉著聊天的方式灌輸他一些價值觀，「我經常以聊天的方式跟他講，自己的前途要靠自己，媽媽不可能一直陪在你身邊，很多事情要靠自己」，這種日積月累的潛移默化，讓他逐漸開竅，也促使他重視課業，更加用功。那位母親覺得很安慰，因為孩子現在唸書都是自發性的，而非被逼的，她認為要讓孩子自動自發，需要長時間不斷的開導，孩子最後終究會開竅、會想通；想通之後，自己就會努力，因此她經常鼓勵孩子；她覺得平常灌輸給孩子的東西，多少總會發揮一些作用的。

此外，這位媽媽平常也會舉一些成功的案例讓他知道，或提供一些勵志或對他有幫助的書給他看。這個孩子成績逐漸進步，並感受到成績好，除了得到父母的誇獎外，來自老師的重視與同

學欽羨的眼光，的確也帶給他很大的榮耀感。

同樣走出學業困境的另一位同學，也是經由父母與老師的醍醐灌頂，讓他了解讀書的目的與人生的價值而幡然醒悟。他認為人要會想，懂得反省，才有可能戰勝失敗，他說：

「其實我覺得，無論家長、朋友、師長給你什麼建議，我想最大的原因都在自己。要承認自己的失敗，自己考得不好，是有原因的，千萬不要覺得這絕對不是自己的錯誤，其實書不是那麼難唸。後來發現我投注的時間不需要很多，但成果就會有，有時發現自己只要花一小時，就可以做到複習功課，我每天投注一小時，很容易有成就感，要做到會玩、會唸書並不是那麼困難，這是指做到差不多。當然，你想要做到最好，就必須犧牲一些，要認真努力，就是要勇於認清事實，肯勇於承認自己的錯誤。」

價值觀念可利用平日與孩子相處的機會、全家出遊、每日接送孩子上學途中或家長間對話及老師課堂上傳達，讓孩子有機會聆聽到正確的價值觀、人生目標或父母、師長的期望，使得他們改變想法與態度，並對未來有明確的目標，而積極努力向上。

三、鼓勵閱讀勵志書籍

在筆者研究的個案中，有些學生願意努力去改變其低落的成績，願意洗心革面，這些觀念的轉變不見得全來自父母師長。有些學生接觸到勵志、人文、哲學方面的書籍，而讓他們幡然醒悟，他們開始懂得反省、檢討，並改正。

有個學生在克服學業低成就的過程中，閱讀課外書扮演著重要的關鍵。他表示：

「我覺得反省思考是滿重要的，我想最大的關鍵應該是我常看課外書吧！多看有關文學、哲學、勵志方面的書就會時常反省、思考，因為人要『會想』才會進步；如果你不會想，就不會有想要進步的原動力。」

因此，要培養孩子正向的價值觀，也可以透過鼓勵孩子閱讀好書，孩子書讀多了，思考層面開闊了，想通了，上進的動力就產生了。

四、了解孩子的價值觀

父母師長對孩子的教誨與正確價值觀的傳達，孩子是否了解、接納，父母也要去了解。如果父母的良好美意因溝通方式不良，如命令、嘮叨、責罰，導致孩子反感而排斥，則收不到效果。如能尊重孩子，多傾聽、多關懷鼓勵、少嘮叨，並循循善誘，相信孩子必能接收到父母傳達的訊息，而逐漸發展出正向的價值觀。

孩子的價值觀除家庭外，仍受學校、朋友、媒體及社會大眾等其他因素的影響。父母如果發現孩子的價值觀不正確，也要適時地與孩子共同討論，給予開導。父母之教誨，縱使一時之間無法讓孩子立刻改頭換面，但耐心的父母日積月累不斷地灌輸啟發，慢慢地孩子受到潛移默化，他們想通後，激發出向上心，努力認真，課業也會隨之進步。

 策略七

提高學習動機

　　孩子如果能力不差，懂得讀書的方法，努力用功，課業成績一定不會太差。努力耕耘，才會有收獲，這是天經地義的事。孩子要有好成績，根本之道就是努力讀書，認真做功課。父母希望孩子成績好，常用的方法也是叫孩子用功，許多父母常因孩子不用功而苦惱。

　　事實上，孩子用功與否，關鍵在於動機。一個學習動機強烈的孩子，有很強的意願想要在學習上有很好的表現，自然也會表現追求好成績的行為，例如：專心讀書、認真做作業、多做練習、課前預習、課後溫習、考試提前準備等，用功的行為受學習動機的驅動而產生。父母要孩子用功，一定要去了解孩子是否具有學習動機，如果孩子的讀書意願不高，父母一味嘮叨，逼迫孩子用功，甚至賠上自己的時間，亦步亦趨地盯著孩子做功課，孩子卻不情願，拖拖拉拉，效果不彰。父母如此犧牲，並沒有換來孩子的亮麗成績。

　　在此情況下，父母應用心探討孩子學習意願不高的原因，針對原因做一些改變，進而運用一些積極的方法提升孩子的動機。孩子受學習動機的驅動，努力的行為自然產生，孩子有了讀書的意願，不必父母逼迫，一樣會自己努力用功。這樣的方式，不但

孩子比較快樂，父母也不會覺得辛苦。

　　要做個有智慧、有效能的父母，一定要注意問題的癥結，在孩子的學習動機上多下功夫。

缺乏學習動機，成績不佳

　　高低成就學生在學習態度與動機上有明顯的差別，高成就學生的學習動機強，態度積極；低成就學生則學習動機較弱，態度消極。如何判斷孩子的學習動機低落？下列特徵可做為參考：

❖ 被動，要大人督促才做功課

❖ 覺得考試成績過得去就可以了，自我要求低

❖ 只做規定的作業，沒意願做其他功課

❖ 遇到困難一點的功課，容易放棄

❖ 對課業缺乏興趣，不喜歡做功課

❖ 學習態度不積極，不會主動學習

❖ 討厭上學，不喜歡學校老師

　　上列特徵對孩子的學習表現會有不利的影響，例如孩子被動，學習態度不積極，大人不可能每分每秒都看著孩子做功課；一旦大人不督促，孩子就會原形畢露，東摸西晃等，學習效率當然不好。自我要求低，覺得成績過得去就可以了，這種情形特別容易發生在能力不錯的孩子身上，他們根本不必努力很容易就可以達到標準。功課要好，需要預習、溫習或針對不熟練的多做練

習；如果規定的作業不得不做，其他功課沒意願做，那麼功課要好，無異緣木求魚。

　　小雄回到家裡，除了聯絡簿上交待的功課是屬於學校的事，只要把這件與學校有關的事做完，他就沒事了；一旦聯絡簿上寫「考試」，他根本就不理，他認為考試不是功課。小雄採用以「交作業為讀書之本」的讀書方法來應付學校，唯有老師出了作業他才做功課，而且做功課非要父母催、盯不可，否則他不會主動去做功課。做功課的習慣也不好，爸媽過來巡一下時，他才提筆寫一下，不然就是偷看課外書；有時也會為了急著去玩而草草率率地塗完功課，當然，更別提預習、溫習這檔子事了。因此，隨著年級的增高，他的成績也逐漸下滑。

　　大民一度成績不理想，因為他很少做課業練習或演算，他的母親表示：

　　「國小的學生可能要透過機械式的演練才會有很好的成績。越低層次的可能就要透過練習，我的小孩不喜歡重複的東西，不喜歡單調、機械的練習，所以國小成績特別差。」

　　豪生也曾經因為學習意願不高而課業不理想，豪生曾說：

　　「我只希望唸到國中，這個想法我沒讓爸媽知道，我也不知道爸媽希望我唸到哪裡；如果爸媽要我唸到大學，我不會願意的，因為我不喜歡唸書，唸書很不快樂，不想去唸，而且要做那些我不喜歡的作業。」

　　學習動機低落，影響成績表現，如果完全缺乏學習動機，那影響就更大了。

　　台中有個家庭，家中兩個小孩，哥哥非常優異，樣樣傑出。由於哥哥的出色，使得父母對弟弟的期望也很高，樣樣以哥哥為標準來要求弟弟；雖然弟弟的能力也不錯，但與哥哥相較之下，難免遜色。雖然弟弟努力向哥哥學習，但父母、老師總以哥哥的優秀來要求弟弟。國小階段，弟弟就在哥哥的陰影及父母老師的高壓之下掙扎；慢慢地，他覺得無論再怎麼努力，總是無法令父母滿意，偶爾他覺得自己也表現得不錯，但父母卻總是看到他不如哥哥的地方，這種感覺也越來越強烈。到了國中一年級，他撐不住了，決定放棄，不再努力了，因為他覺得反正再怎麼努力，別人也看不到他的用心。當他放棄時，這個孩子判若兩人，成績節節退步，甚至逃學，經常跟父母吵架，最後變成一個問題少年。

　　孩子如果完全缺乏學習動機，一點學習意願都沒有，父母又沒找出問題的根源，僅是一味嘮叨、要求孩子功課進步，對一個已經放棄自己的孩子，父母的要求不容易產生效果。

提高學習動機，成績進步

　　動機具有驅動、指引及維持行為的功能，缺乏學習動機的孩子，不容易產生學習的行為，不用功、不努力，功課表現不佳，這時如果能提升動機，孩子受強烈學習意願的驅動，努力的行為跟著產生，成績也隨之進步。

　　學習動機的形成及高低，影響因素相當複雜，包括學校、家庭及個人。孩子的學習動機之所以低落，總有原因。針對原因做

改變，影響因素改變了，孩子的動機也會跟著提升。在學校，老師可以思考：

❖ 課程是否具有挑戰性？
❖ 老師所教，學生是否已會了？（太簡單，學生容易覺得無聊；太難，則容易放棄）
❖ 教學方式生動活潑嗎？
❖ 教學能跟日常生活結合嗎？學生有興趣上課嗎？
❖ 師生關係如何？（學生喜歡老師，對所教的科目也會比較有動機學習）
❖ 學校文化重視課業表現嗎？
❖ 班級競爭是否過於激烈？（競爭太過激烈，學生經常感覺失敗、挫折，學習動機容易減弱）

　　大民曾有段時期因討厭單調、機械式的練習，對學校課程興趣缺缺而成績不佳。國小五、六年級時很幸運遇到一位很好的老師，這位老師是大民的導師，教自然。由於老師對昆蟲、自然科學很有興趣，假日常帶學生到戶外觀察、做標本、做研究、參與科展，老師邊玩邊教學的生動方式，引發學生的學習動機；而老師對教育的認真、熱愛與奉獻，也奠定了大民對自然方面的良好基礎，特別是在研究昆蟲方面。大民說：

　「王老師教法比較生動，時常帶我們出去玩，邊玩邊教我們植物、昆蟲的習性是怎樣，讓我對學習的興趣提高，動機也增強，也讓我覺得學習

不是死板的。」

學習動機常受一個人的一些特徵影響，例如孩子覺得功課重要，這樣的價值觀念容易產生學習動機；如果覺得功課沒什麼，考幾分又有什麼關係，有了這種想法，學習動機則不易產生。此外，孩子是否對未來設定目標、成功失敗的經驗及歸因、信心高低、認同對象等，都會對學習動機造成影響。因此，父母及教育人員要提升孩子的學習動機，也要對孩子的上列特徵進行了解。

孩子個人的特徵及學習動機也與家庭環境及父母管教有密切的關係。例如孩子不重視功課，常跟父母期望過低有關；也有不少父母樂於比較，常要求過高或過多，孩子做不到，很容易因此而放棄，學習動機反而不易提高。有個孩子就說過：

「我不喜歡跟人家比，我好像被比下去，就比較沒信心。他們沒有提過要我努力，只是說你功課那麼不好，你要怎麼辦，就是罵、嘮叨，說以後要怎麼辦？有時候我會覺得講這麼多，有什麼用。」

另一個孩子則說：

「像我做完功課，他們可能就會要我看些書啊！看那些完全沒有興趣的書，感覺就是你永遠沒辦法達到某一種標準，當你無法達到時，你的動力、動機全部都會迅速的冷卻下來。」

同樣的情形，另一個孩子表示：

「媽媽每天就是催我做功課，很煩，我先把學校功課做完，媽媽就會說還有補習的功課，叫我趕快寫；她會要求我在什麼時候一定要做完哪樣

功課，那樣做完，接著再做另外一樣。我不喜歡寫那些功課，寫了成績也沒有進步，沒有差別，我很勉強的在那裡寫，就在那裡磨時間，一直拖，拖到十點半一定要睡覺的時間，太恐怖了。我是故意拖的，因為不想寫啊！」

　　如果父母沒完沒了地不斷要求孩子做額外的功課，孩子覺得做完功課也沒用，因為依舊要做其他沒興趣的習作。一旦有了這樣的想法，做功課的動機就不會很強烈。

　　有些父母比較聰明，孩子回家後，先了解學校規定了哪些作業，如果不需要花太多時間，則與孩子討論還有哪些應該會有幫助的額外功課，並鼓勵孩子專心做功課。一旦上列功課做完，則給孩子自由的空間做自己喜歡的事，如打電腦、看課外書、聽音樂，甚至看電視。孩子覺得做完功課就可以做自己喜歡的事，比較會有學習動機，較專心，效率也較高。如果孩子做功課有效率，也能夠有自己的時間與空間，父母就不用逼得那麼辛苦。

　　孩子動機低落，跟缺少父母鼓勵致信心不足有關。筆者曾問一個孩子，其成績下滑與父母欠缺鼓勵有關嗎？他回答說：

「很有關係！我考一百分，拿給媽媽看，媽媽也沒有很高興，媽媽說標準是九十五分，只有說下次要繼續保持這樣；所以，我覺得考一百分也沒怎樣，如果媽媽表現很高興，我就會想下次要趕快拿到一百分。」

　　親子關係不佳，孩子可能故意做出一些與父母意願相違背的事，如父母要孩子用功讀書，孩子偏偏不唸書。一個孩子就說：

「國一時，一度聽媽媽唸太多，就跟她嘔氣，而故意不去看書、做功

課。」

　　父母教養態度不一致，孩子無所適從或選擇對其有利的一
方，也會造成孩子動機低落。

　　孩子學習動機低落總有原因，針對原因去改善，孩子的動機
可望提升，功課也會進步。一位幫助孩子反敗為勝的媽媽表示：

　　「我現在比較了解孩子，以前比較不會去注意孩子的行為、成績好不
好；以前成績差，只會用罵的、打的，而不會去找出原因來幫助他，現在
我會去注意他的原因出在哪裡，想辦法去輔導他。」

　　另一位母親也說：

　　「我想最主要的改變在孩子本身願不願意聽，以前也在講，但孩子只
是嘴巴回答好、好，卻沒有實際去做，因為過去我都是用命令、用罵、用
唸的在溝通，他根本不甩。現在我多用聽的，讓他自己來說覺得怎麼樣
……，不那麼嘮叨，不會那麼衝動，孩子配合的意願也高了。」

外在與內在動機

　　要提升孩子的學習意願，除了檢討其學習動機低落的原因，
並針對原因做改變外，也可以積極提供一些誘因來激發孩子的學
習動機。

　　動機有內在與外在的，所謂內在的，也就是孩子的學習動機
係受個人內在的誘因影響而產生學習的意願。內在的誘因也就是

個人本身的理由，而非受強迫的，例如為讀書而讀書，覺得讀書本身就是很快樂的事；也可能為了滿足自己的好奇心而讀書；有些則把讀書當做是自我的挑戰，讀完一本書，把書讀通，就覺得很滿足，有自我實現之感。類似這些理由都是個人內在的。

　　內在學習動機的產生要靠人生觀、思想及興趣。要激發孩子的內在動機，須培養樂於學習的人生觀及讀書的樂趣，因此比較困難，也需要較長的時間。但內在動機一旦形成，由於不受外在環境變化的影響，因此對孩子會產生自動自發、終身學習的長遠影響。

　　外在動機是指學習意願受外在誘因影響而產生，例如孩子讀書是為了成績、升學、文憑、好名聲（如模範生）、獎品、獎狀、獎金、讚美、看電影、打電玩、一餐美食或其他孩子喜歡的事物等等，由於這些事物都是外來的、別人給的，因這些誘因而產生學習的意願，就是外在的動機。

　　老師及父母一般都常用外在的誘因來激發孩子的學習動機，如果誘因是孩子所需要、覺得重要、喜歡的，很快便能達到影響孩子的效果，例如孩子重視成績，覺得分數很重要，那麼老師運用考試計分的方式，就會影響孩子讀書、準備考試的學習行為。孩子喜歡被讚美，大人針對孩子努力學習的行為持續給予讚美，孩子的行為也會受到增強而不斷努力學習。需要錢的孩子，則會為了獎金而拼命唸書。

　　外在誘因雖然效果可能較快，但由於是操之於人，是隨環境而改變，因此也可能較不穩定，例如為了成績才讀書，老師如果不考試或考試不計分，孩子就不唸書了；如果讀書是為了得到別

人的讚賞或拿獎金，沒人讚美或沒獎金可拿，讀書的動力就減弱了。

許多名校的老師曾告訴筆者說，有的學生一旦考取名校就不用功了，父母覺得納悶，於是質問孩子，孩子回答：「爸、媽，我已經替你們考上雄中了，你們還要怎麼樣！」從前父母總是叮嚀孩子用功讀書，說：「你只要給我考上雄中就好了。」孩子覺得讀書是應父母的要求，既然已經達到父母的心願，自己也就不必再辛苦唸書了。事實上，如果孩子喜歡唸書，為自己而讀書，比較能夠持之以恆、自動自發的唸書。

動機的誘因也可以分具體和抽象兩種。具體的如糖果、獎品、獎金等，抽象的如讚美的言詞、欣賞的表情、肯定的態度或熱情的擁抱等。孩子的發展階段係由具體到抽象，因此，小時候具體的誘因效果較大；長大了，抽象的誘因一樣有效。

要激發孩子的學習動機，可以視發展階段及孩子的特徵，兼採外在與內在，以及具體與抽象的誘因，並注意由外而內，由具體而抽象的原則。剛開始可多用外在的具體誘因，並輔以抽象的誘因，引導孩子逐漸發展內在誘因，以及降低具體的外在誘因，最終形成自動自發，不必依靠外力就能努力學習的特質。例如孩子小時可用獎品鼓勵他用功讀書，發獎品時以讚美的言詞及欣賞的表情肯定孩子的努力行為；另一方面，運用方法培養孩子讀書的興趣，並利用機會啟發孩子正確的價值觀念。依此方式，往後即使沒有具體的獎勵，只要給予精神上的肯定，就足以激勵孩子用功讀書，當孩子自己能自動自發讀書，父母也就不需操什麼心了。

激發學習動機的方法

一、學校方面

1. 課程教材難易適中，允許學生濃縮已經會的課程。
2. 讓學生了解教學目標及目標的價值。
3. 教學內容與活動盡量和日常生活結合。
4. 教材、教法生動活潑，例如：運用視聽媒體、動手操作、角色扮演等變化教學活動。
5. 上課風趣幽默，表達清楚。
6. 新舊教材及經驗要相互連結。
7. 多讓學生發表，並肯定學生的表現。
8. 允許學生依自己的興趣有一些彈性選擇。
9. 培養重視課業的班級風氣。
10. 重視學生的優點及特長，鼓勵學生將自己的特長運用在課業學習上。
11. 鼓勵學生自我比較，多強調努力的過程。
12. 引導學生將成功失敗歸因於內在的自己可以控制的因素，如努力、方法運用等。

二、父母方面

1. 注意孩子的優點，給予正向的肯定，不要只看到孩子的缺點。

2.找機會鼓勵、讚美孩子，提高其信心。

3.對孩子的期望及要求應適當，不宜過高或過低，孩子做到，
則予以讚美、鼓勵。

4.不要以負面的批評逼迫孩子用功，應以正向積極的方式誘導
孩子。

5.多製造孩子成功的經驗，此種經驗容易讓孩子產生上進的動
力。

6.對孩子的學校生活及課業學習表現高度興趣，讓孩子覺得父
母很重視他的學習狀況。

7.鼓勵孩子結交學習態度積極的同學。

8.避免對孩子要求太高或太多，孩子覺得做不到時，容易降低
學習動機。

9.孩子有主動學習的行為時，要把握機會予以鼓勵、讚美。

10.獎勵要依具體而抽象，由外而內的原則，如果內在動機已明
顯存在了，不要再過度使用外在獎賞，因為有可能會減弱內
在動機。

11.引導孩子將成功歸因於努力及自己能力不錯，並藉此鼓舞孩
子相信未來也會成功。

12.孩子考試失敗了，不要情緒失控地一味嘮叨、責罵，要理性
地引導孩子檢討，並鼓勵孩子針對原因去改進。

13.父母以身作則，養成終身學習的特性，平常喜愛閱讀吸取新
知，表現積極的學習態度。

 策略八

設定目標

　　孩子的時間有限，卻有許多事情該做，如上學、做功課、補習、娛樂休閒等不可勝數，缺乏目標指引，行動及精神就不容易集中。若隨孩子所好，任其隨性發展，他們常會傾向選擇休閒安逸的活動，甚至於終日無所事事，不知該做些什麼，時間很容易流逝。一個人如果沒有方向、目標，茫無頭緒，在學習上是很難有所成就的。每個孩子的時間都是相同的，若想突出，表現比一般同學要好，就必須設定目標、集中精力，善用時間，全力以赴。

　　在學業上設定目標，可以讓孩子專注於課業上，同時也能抵擋外在環境的引誘。例如同學都在玩，有目標的孩子卻能孜孜矻矻用功讀書，而把玩的快樂與滿足延緩。設定目標可以協助孩子發揮潛力，一個功課表現不佳的孩子，一旦想通了，有了目標，也會因此而反敗為勝。

挑戰的目標，可以幫助孩子發揮潛能

　　一個人依其能力選定目標，而此目標具挑戰性的話，那麼隨著這些較困難的工作，使得其必須更加努力來完成，因此常會產

生較突出的表現，因為人們感覺工作困難時，常會傾向於更努力
來達成目標。因此，協助孩子設定具有挑戰性而符合實際能力的
目標，可以幫助孩子發揮潛能。

許多聰明的孩子，常常覺得課業的學習內容過於簡單，他不
必多下功夫，課業就可以表現得不錯，由於缺乏挑戰，以致無法
將其潛力發揮出來，殊為可惜。

有些家長對於孩子潛能的開發不遺餘力，他們尋求各種比賽
的機會，透過競賽，逐漸了解到孩子多方面的才華，進而為他們
設定挑戰的目標，協助他們實現目標、發揮潛能。

有一位美國新澤西州的傑出華裔學生鍾定文，他在數學、物
理、化學、生物等方面都有相當傑出的表現，曾獲西屋科學獎，
並入選化學、數學兩項世界奧林匹亞代表，數學能力為全美排名
第八，化學獲得世界奧林匹亞的銀牌獎，這麼耀眼的表現，著實
令人刮目相看。筆者曾就其傑出的表現訪問過其父母，他們提到
很重要的一點，那就是不斷的挑戰孩子。

首先，他們發現孩子數學很有天份，於是設定孩子能力可及
的目標，一試果然拔得頭籌，孩子自信心大增，於是父子倆共同
擬定出新的目標，逐步提升能力。當每個階段目標實現後，再進
行下一個階段，一步步往上，逐步完成目標，孩子的潛能因而逐
漸被開發出來。

鍾先生夫婦所訂的目標，事先會與孩子討論，讓他明白，為
達目標該做哪些準備，例如下個星期可以做些什麼，下個月可以
達到什麼程度，下學期可以參加什麼比賽；而為達成這些目標，
該唸些什麼書，該唸到什麼程度才能有優異的表現。目標既定

後，付諸實際行動，孩子多方閱讀相關書籍，不懂的地方，請教老師、教授，對於自己較弱的部分，則去參加研習營、週末班以補強實力。慢慢地，每個階段目標均實現後，其目標也不斷往上提升，由參加校內、校外、全州、全國，乃至於世界性的各項學術競賽，不僅縱橫於數學領域，進而跨向化學、物理、生物等其他領域，其數理的傑出能力受到各方矚目。

孩子究竟有多少潛力，父母不一定了解，而孩子究竟有沒有發揮出他的實際能力，父母也很難看出。因此，透過比賽，不失為一個激發其潛力的好方法。許多聰明、有潛力的孩子，往往很輕鬆便能獲得很好的成績。如果他不知道認真、努力，養成敷衍的學習態度，長久以往，將會對他形成不利的影響。

父母不妨從日常生活中提供孩子自然的嘗試機會，鼓勵他設定目標，以孩子的興趣與能力為主，訂定一個個別化、合理可行的目標，讓孩子朝這個目標努力、實現。在挑戰的過程中，偶爾會經歷失敗、挫折，但這卻是培養孩子忍受挫折力最好的機會；因為聰明的孩子，如果一直生活在平順的環境中，從來不曾遭遇過挫折、失敗的打擊，他承受挫折的能力一定相當脆弱，或許一敗不起。因此，多鼓勵孩子去接受挑戰，激發他的上進心，培養他堅毅的性格，他的能力將會不斷被開發出來，而走出自己的成功大道。

有了努力的目標，孩子成績進步

一個人若沒有一定的目標，就無法專心去做一件事，也會失

去幹勁；如果有目標，並預見到後面的結果，就會產生克服的力量，工作也會更起勁。設立目標可以幫助孩子集中精力、發揮潛力。許多課業表現不佳的孩子，不是缺乏目標、不知努力，就是覺得讀書是為父母、為老師，因而被動、懶散，提不起勁。一旦孩子想通了，找到努力的目標，有了自己的目標，覺得成功、失敗都是自己的責任，自然會產生努力的行為，成績常因此而進步。

筆者從訪談克服低成就的學生中發現，他們原先對自己沒有信心，也沒有什麼目標，考試考幾分、考幾名都無所謂；即便有目標，也是訂了比其能力還低的目標，學習起來也沒什麼勁。但是一旦他們找出目標後，便覺得踏實多了，唸起書來也較有衝勁，朝目標努力邁進，終於逐步提升課業成績，成功的扭轉低成就的現象。

小齊討厭父母替他訂下的期望目標，覺得很累，沒有勁去達成，但相較於他自發性的設定目標，他不僅充滿信心，同時也有高昂的鬥志，成績表現自然達到令人滿意的程度。如與妹妹打賭，與補習班女生較量，一旦他找到競爭對手，他就可以在設立的目標上去挑戰它。

有個功課進步頗多的高中同學表示：

「高中時想去考調查局，那很難考，但因為有了目標，所以自己就會有往前唸的精神。」

偉生上了國中之後，為自己設定一個挑戰的目標，他訂出最低的目標，一定得考多少分以上，再與小學一同考上資優班的五

位同學去比較。

「像我都會訂一個上限或下限，往上有一個預定的目標，能夠贏他當然最好，就算沒贏，也不能輸給這個下限。」

最初他總是排第五，慢慢地他贏過兩個女生，後來便不把她們當目標，接著再往前追趕，現在只剩兩位競爭對象，但他覺得贏過他們的機率不是很大，因此，一旦考得比他們好，他就頗有很大的成就感。

把同學當競爭目標是多數低成就學生扭轉成績的關鍵之一，有位名校高中生就是這樣走過來的，他說：

「我自認為自己資質也不會輸給國中同學，於是一開始把那位同學當目標，想辦法超越他。超越他時，你就會發現自己成績有進步。之後，就拿班上某個同學當目標來超越，接著再把班上第幾名的同學當目標，慢慢累積，逐漸進步起來，但因為有了目標，所以自己就會有往前唸的精神。」

他能夠不靠補習而憑著自己的毅力與努力，從全班第四十三名進步到第十一名，這樣的進步就是因為有了目標，並逐次把目標提高，最後也如願推甄進入國立大學。

同校的黃同學自從有了目標之後，不再茫茫然，他說：

「我喜歡生物，把醫學系當成自己的目標，當我把目標確立後，我就更認真、更努力的朝目標前進。」

由此可知，設定一個目標對一個學生來說是多麼重要，因此，父母應幫助孩子擬定一個具體的目標，讓他們清楚目標在哪

裡，唯有讓孩子知道目標的重要性與可行性，接下來的努力才會有用。當孩子有了努力的目標、有了理想，生活才會充實，如果他心中充滿強烈的憧憬，才有可能產生努力認真的學習動力。幫助孩子設定一個具體可行的目標，如目標設定在第一次月考進步至第幾名、考幾分，第二次月考再繼續進步至第幾名或幾分等，或參加某種競試，或進入哪個高中、大學、研究所等，讓孩子有個目標可追求。開始的時候，先不要急著由大目標著手，而應由小目標進行，待小目標達成後，孩子有了信心，再繼續向大目標邁進，把眼光放在未來的大目標上，自然會產生讀書的動機與認真努力的態度。

父母或老師可以與孩子共同討論一個個別化、合理可行的目標，而這個目標一定要比現有的能力再高一點點，這樣短距離的目標對孩子而言，較具可行性，孩子才會願意努力。孩子透過小小的目標累積成功的經驗，漸漸建立起自信心，父母再適時誠懇地讚美與鼓勵他，那麼孩子成功的經驗越多，自信心、企圖心不斷地增強，學習效果必然提升，成就感油然而生，而此成就感就會支持他繼續往下個目標邁進。

短程與長程目標

目標可依時間分為短程與長程目標，「長大後，小明要當一個偉大的科學家」，這是長程目標；若目標是「提早準備下週數學考試，或計畫先做完後天要交的國語作業，或星期三要交的美勞作品。」這是短程目標。長程目標能幫助個人維持大方向，需

要長時間努力才能達成，如果個人相當執著，能產生深遠的影響，但仍需配合短程目標，採取具體的努力行為，才能逐步實現。

反敗為勝的大民，對於有類似情況的低成就學生，以過來人的建議是：自己必須立志，確立人生的目標，自己將來想做什麼，要如何去達成。他說：

「最重要要『有心』，是不是把功課看那麼重要？想想我爲什麼要把那麼多時間放在功課上？這會不會達到我想要的東西或什麼夢想？我覺得持久是很重要的，假如人沒有夢想，就只有三分鐘熱度。人要有堅定的夢想，持之以恆的去做，才能有效。」

立志和確立人生的目標就是遠程的。本書序中提到，筆者原是一個功課很差的放牛班孩子，但初中一年級時，導師曾提醒要用功讀書才能改善環境；由於老師的一番話，使筆者立定志向將來要改變家裡貧窮的環境，這樣的目標影響了筆者下定決心用功讀書，從此課業由谷底爬升，優異的成績由初中持續到高中、大學、研究所，終至教授，也如願改變家裡貧窮的環境。能夠由放牛班搖身一變成為成績優秀學生，關鍵就在立志；當人生目標確立後，全力以赴，堅持到底去達成。

目標的特性除了長程與短程之外，還有困難與簡單、特定與一般，以及自選與被指定的。

較困難而具有挑戰性的目標能增進個人的努力行為，因為必須努力才能達到目標，潛力較易發揮。因此，孩子在設立學習目標時，若是太簡單，輕易就可達成，則不易產生努力的行為。但

目標也不能太難，難到讓孩子覺得再怎麼努力也不可能達成，他只好放棄，這樣的目標反而沒有效用。

特定的具體目標能提供資訊以指引完成工作所需的努力，因此，比較能產生影響；而一般籠統的目標則較為抽象，不易產生指引的功效，特別是年齡小的孩子，欠缺抽象思考能力，太籠統的目標不易發揮作用。

目標如果是自選的，是孩子自己設定的，比較會被孩子接受而產生影響；如果是被指定的，孩子不接受，目標的功效較難發揮。

因此，協助孩子設定目標時，要說明理由，與孩子一起討論，注意孩子是否接受。父母如果不顧孩子的能力，不了解孩子的想法，不論其是否接受，只是設個固定目標要孩子去達成；孩子如果不了解或排斥，父母難免因看不到成果而覺得挫折。

設定目標的方法與步驟

一、平常鼓勵孩子閱讀成功人物的傳記，接近成功的親友或社區人士，利用機會鼓舞孩子追求成功的未來。

二、與孩子討論未來，探詢孩子將來想從事何種職業，過什麼樣的生活，並鼓勵或幫助孩子實地去了解。

三、協助孩子根據其本身的能力、個性、興趣，思考未來的方向並設定長程目標。

四、探詢孩子達成長程目標的方法，依據長程目標設定具體之短程目標，如三年後、下學期或下個月要達成什麼？

五、正面清楚的敘述目標，例如下週數學考試進步到全班前五名內、每天專心做功課兩小時等，應避免負面籠統的敘述，例如數學不要考差了、不要懶惰等。

六、鼓勵孩子思考所定目標的理由，也與孩子共同討論，確認目標對孩子的價值，注意孩子是否有接受及達成的意願。

七、目標要具有挑戰性而又不會太難，要根據孩子的能力與過去的表現，不要一味跟別人比較。

八、長程目標要配合短程目標及具體的實行步驟。

九、與孩子討論，完成所定目標可能遭遇的困難及克服的方法。

十、給孩子必要的協助，支持孩子去達成目標。

十一、注意努力過程，在過程中評估目標達成的情形，給予正面鼓勵。

十二、鼓勵孩子將目標置於明顯處，隨時提醒自己。

 策略九

培養良好的學習習慣

習慣是一個人不必思考或決定的自動反應，所謂習慣成自然，良好的學習習慣，例如專心、主動、作息固定等，能提升孩子的學習效率；尤其良好的習慣一旦養成，孩子受習慣影響，每天都有高效率的學習成果，經年累月長期努力，成就自然可觀。相反地，孩子如果養成了不良習慣，例如讀書不專心、被動、作息不定，沉迷於電視、漫畫、電玩等，不是無效使用時間，就是把時間浪費了，成績當然受影響。尤其習慣具有長期影響作用，不良習慣一旦養成，要改變將耗時費力。

因此，有智慧的父母要重視孩子良好習慣的培養，孩子有了良好的習慣，每天自動自發專心讀書，不但孩子成績好，父母也不需辛勞地督促孩子做功課。

什麼樣的習慣造成孩子成績不好

學習習慣不佳是造成孩子課業成績低落的重要原因，筆者訪問低成就孩子的父母，多數都抱怨孩子的習慣不好。經常被孩子及其父母提到的不良習慣包括：不專心、被動、作息不定、作業拖延、花太多時間在電視、漫畫、電玩及玩耍上。

　　有的父母會抱怨說：「我每天都看著孩子做功課，為什麼他的成績還是那麼差？」

　　孩子花在課業上的時間不少，但成績還是很不理想，如果不是孩子真的很笨，可能就是讀書方法不對或讀書不專心。不專心的孩子即使整晚坐在書房裡，心不在焉，書的內容沒半點進腦子，充其量做個讀書的樣子給父母看而已，效果無法顯現，成績當然不理想。父母如果發現孩子已經花了不少時間做功課，成績依然無起色，可針對孩子是否不專心，以及造成孩子不專心的原因進行了解。找出原因後做些調整，避免不利的影響因素繼續增強孩子不專心的習慣；進一步則運用一些積極的方法培養孩子專心的習慣。

　　不專心習慣之成因林林總總，如學校課程簡單、缺少挑戰性、教材教法單調乏味或課程艱深等，都可能造成孩子不專心。孩子學習動機低落，長久下來也容易形成不專心的習慣。此外，孩子不專心跟家庭也有關係，如讀書環境不安寧、家人愛看電視、父母從小陪伴做功課、做完學校功課又另給額外功課，以及不適當補習造成重複學習等。

　　不少孩子唸書，家長會陪侍在旁，猶如「門神」似的，隨時緊盯著孩子的一舉一動，只要一看孩子不認真的樣子，立刻糾正或責罵，當然也就影響孩子的專心程度；有些孩子會邊做功課邊與父母聊天或邊看電視邊做功課，這樣的讀書方法，都是造成孩子不專心的原因。也有些家庭父母經常爭吵或親子不和諧，常造成孩子情緒起伏不定，這都會影響孩子專心的效果。

　　還有些家長深怕孩子學習份量不夠多，學習不夠周全，因

此，一再逼迫孩子學習，做完一項功課，再給另一項功課；孩子無奈，只好選擇不專心、拖拖拉拉的方式來逃避沒完沒了的課業壓力。

豪生就像許多聰明的學生一樣，喜歡富挑戰性的東西，對於機械式、重複練習的東西很厭煩。每天放學回家，媽媽常催著他把學校功課做完，做完之後，又有參考書的練習，做完練習，又準備坊間機械式的數學功課讓他練習。這沒完沒了的功課只有等到就寢時間一到，才能解除。豪生無可選擇，只有從命。但上有政策，下有對策，豪生便以拖拖拉拉的方式來逃避這沉重的課業壓力。他說：

「媽媽每天就是催我做功課，很煩，我先把學校功課做完，媽媽就會說還有補習的功課，叫我趕快寫；她會要求我在什麼時候一定要做完哪樣功課，那樣做完，接著再做另外一樣。做完這項，又有練習。我會邊寫邊玩，媽媽看到了，就說我把休息的時間都用掉了，也就不用休息了。我不喜歡寫那些功課，寫了成績也沒有進步，沒有差別，我很勉強的在那裡寫，就在那裡磨時間，一直拖，拖到十點半一定要睡覺的時間，太恐怖了。我是故意拖的，因為不想寫啊！」

像這個例子，孩子覺得做完功課也沒用，反正媽媽還會給更多討厭的功課，孩子為了逃避額外的功課，連學校的功課都拖拖拉拉地做，久了反而養成不專心的習慣。有的父母比較聰明，孩子回家後，先了解孩子學校有多少功課；如果不多，則會與孩子討論做哪些功課會對他有所幫助，鼓勵孩子專心去做，孩子做完後，可以做自己喜歡的事。當孩子做完功課後可以有自己的空

間，就會專心努力的做功課，不但讀書效果好，長久下來，也養成了專心的習慣。

孩子因不良習慣而課業表現不佳，父母可以運用方法幫助孩子改變。一位媽媽曾透過習慣的改正，使孩子成績進步，她說：

「我現在會去關心孩子的功課，之所以有這些改變，就是上了蔡教授的課以後。原先我就覺得有問題，但是不曉得要如何去面對它。以前他們功課、考試我都不管，我認為孩子應該要自動自發，如果每次考試都要幫他複習，我覺得會有一種依賴。現在上了課，我知道要先幫小孩養成讀書習慣、循序漸進，讓他漸漸自動自發。」

有個反敗為勝的學生表示：

「其實我成績上的改變很微妙，自己覺得是比以前用功一點，但我以前也沒在混，現在也沒把自己逼得很緊，只不過現在有養成讀書的習慣。我覺得每天唸一點書，久了就會成為一種習慣，不會覺得要唸書、要考試好痛苦、好累，當然也就不會覺得把自己逼得很緊。」

有個唸名校的孩子，高一時成績幾乎墊底，讓他很沮喪，檢討反省之後，他改變了讀書的習慣。到了高二，他減少逛街、打球、看電視、聊天等活動，增加每天的讀書時間。放學後，他找了幾個同學一起留在學校唸書，一直唸到學校自修室關門才打道回府。這樣每天約有四、五個小時的唸書時間，成績明顯進步許多。

要幫助孩子提升課業成就，父母須協助孩子建立有效的時間管理習慣，善用時間，讓孩子學習規畫自己的作息，養成平時溫

習功課的習慣,而非臨時抱佛腳;養成良好的生活規律,並有效運用時間於有意義的學習上,而非任其隨意浪費寶貴時光於電玩、電視、漫畫等無益的東西上,導致荒廢了學業,浪費了自己的潛能。

父母平時應關心孩子的課業、考試,花點時間督促其課業學習,因為事前的注意、準備要比事後責罵來得重要;一旦孩子養成每日溫習功課的讀書習慣後,成績自然會進步,等到讀書習慣建立了,父母再慢慢放手。孩子一旦建立起自動自發的讀書習慣,發揮潛能,成就表現自然提升。

良好習慣能幫助孩子提升成就

筆者研究高成就學生的家庭,發現這些孩子普遍具有良好的學習習慣,其家長重視孩子的良好習慣,而且從小就加以注意與培養,如專心的習慣、閱讀的習慣、規律的生活等,這些良好的習慣對他們的學習與成就都有極佳的影響。

專心,是古今中外傑出成就人士常有的共同特性,他們無論在學習或工作方面都能保持著高度的專注力。

筆者訪問過的高成就學生父母多數認為自己的孩子唸書非常專心,因此才有優異的表現。

這些孩子中,有些自己體認出專心的好處;有些則是父母從小刻意培養出來的習慣,他們平常以實例告訴孩子專心的結果,或藉各種活動來培養孩子的專注力。

美國有個華裔家庭,家裡三個孩子全唸哈佛大學,母親從孩

子學前階段就以遊戲的方式訓練孩子的專注力。從幼稚園起，每天孩子上學離家時，她總不忘叮嚀孩子「專心、認真」；放學回家後，規定做完功課才可以做別的事，每回孩子功課做完，陳太太總會誇讚一番，而他們做得越快，陳太太則越加讚賞。孩子專注的行為受到鼓勵，自然地，孩子就了解專注的重要了。

尤同學是個能玩又能讀的孩子。同學對他的印象總覺得他平常都在玩，功課卻唸得那麼好，尤同學自己也覺得對同學來說有些不公平。尤太太認為最主要的原因是孩子唸書非常專心。

尤同學把功勞歸之於母親。小時候他非常好玩，尤太太為了要讓他養成專心的習慣，特別把弟弟送到幼稚園上全天班，以免影響他做功課的專心度。放學回家後，母親會要求他做完功課才准玩，為了爭取較多的玩樂時間，他單獨一個人集中心力專注於功課上，因此，在很短的時間內就可以把功課做完。之後，他可以完全支配自己的時間，看電影、下棋、遊戲或看書等，尤太太都不會加以限制。

筆者曾至一位父母只有初中程度的西屋科學獎傑出學生家庭訪問，父親談起孩子成功的關鍵就在專心的習慣。孩子小時，越簡單的數學題越粗心，越困難的反而能專心做好不出錯；這位父親認為不論難與易都應該要專心做正確，通常他會在孩子做完功課後，加以檢查，遇有錯誤則要孩子更正，如果完全正確，父親會對孩子的專注行為加以讚美。慢慢的，孩子知道父親很重視專心的學習，也特別留意，久了，他就養成了專心的習慣。

在筆者研究成績表現不佳的能力優異學生中，發現許多學生都不太喜歡寫字。尤其在需要文字較多的作文、造句、習作或報

告時，常常以拖延、不交或三言兩語交差了事，他們文字表達能力不良，經常絞盡腦汁寫不出任何東西，這或許與其接觸文字過少有關，因為這些學生大半課餘時間都被漫畫、電玩、網路、電視等圖像的東西占據了。他們習慣於影像、圖形的想像和理解，接觸文字過少，理所當然生疏。閱讀能力不佳，欠缺思考能力，當然厭惡文字表達的功課。尤其現在學生幾乎人人上網，大量使用網路語言，片段、不成語法的文字運用，更使得學生語文程度低落。

事實上，閱讀能力是大部分知識獲得的重要依據，凡是知識、文化、理念均需透過文字來延續和闡述，少了這些文字閱讀，思考能力、理解力必然無法提升，課業低落乃必然的現象。

鼓勵孩子多閱讀是幫助孩子成功的方法之一，能夠走出學業困境的學生中，有的就是從小有閱讀的習慣，他們廣泛的閱讀，奠定了良好的基礎，同時也成了幫助他們扭轉劣勢的一項工具。學業表現不佳時，他們仍然從閱讀中吸取課外知識，當學校課程中出現他們喜愛的科目時，他們就能比其他同學表現更好。例如有的學生喜歡自然科學的東西，從小閱讀了大量自然科學的書籍，到了國中，有了理化、生物等課程時，他就找到了揮灑的空間，這些廣博的科學知識，讓他在理科方面表現突出，連帶的使其學業提升。

學生處於低成就狀況時，可藉由閱讀勵志書籍、名人傳記獲得慰藉與激勵，或閱讀增進課業的讀書方法，或考試書籍，以幫助自己改善功課或建立未來的目標，閱讀因而能幫助孩子反敗為勝。

　　有位學生在其克服學業低成就的過程中，獨立思考與反省，扮演著重要的關鍵，而多看書則能啟發思考，他表示：

　　「我覺得反省思考是滿重要的，我想最大的關鍵應該是我常看課外書吧！多看有關文學、哲學方面的書就會時常反省、思考，因為人要『會想』才會進步，如果你不會想，就不會有想要進步的原動力。求學時，能碰到好老師是運氣，但是，你可以去找可以學習的東西，書要看很多，這是很重要的；因為書看得多，知道的事情越多，可以想得更廣闊，即使沒有碰到好老師，也可以自己掌握。」

　　除了專心習慣及閱讀習慣外，其他許多良好的習慣也值得父母用心培養，例如作息、運動、飲食、自律、禮節、節儉等，良好的習慣一旦養成，孩子將會終身受益。

培養良好習慣的方法

一、專心習慣

1. 經常灌輸孩子專心的重要性，建立讀書與工作應專心的價值觀念。
2. 與孩子討論專心與不專心的利弊得失，讓孩子了解專心的好處。
3. 盡量安排一個安靜、無干擾的讀書環境，以免孩子分心。
4. 避免過於嘮叨、責罵或父母經常爭吵，否則孩子情緒會受影響而無法專注於課業。父母用心經營一個安定和諧的環境，

孩子也能專心、安心而快樂的學習。

5. 對於孩子專心的行為予以讚美、鼓勵；不專心則應予提醒、糾正。

6. 一個人對於喜歡的事情、有興趣的活動比較會專心。從孩子有興趣的科目去觀察，可發現孩子的專注、執著，由此給予增強。若孩子不專心習慣已養成，仍可找到專心的行為，給予增強、鼓勵。

7. 提供適當的誘因鼓勵孩子專心做功課，如果他能夠有效率、高品質地做完功課，則允許孩子做自己喜歡的活動。

8. 不要沒完沒了地要求孩子做額外的功課，特別是孩子認為無用又厭煩的功課，強迫其做，可能導致孩子以拖延來規避，而造成不專心的習慣。

9. 重複性的補習，容易讓孩子因已學過或存著反正補習班還會再教的心理而不專心聽課。應鼓勵孩子上課專心，將時間做最有效的安排。

10. 不要坐在孩子身旁督促功課，並無時無刻糾正，如此易讓孩子分心，而且形同大人在分擔孩子的專心責任。

11. 鼓勵孩子自行檢核自己的功課，更正錯誤。最初，父母可在孩子做完功課時協助其檢查，提醒、糾正其不專心的地方；若沒錯誤，則給予讚美、鼓勵，以增強其專心行為，並逐步引導孩子做功課能自己專心注意。

12. 專心與否不能光看表面的行為，例如乖乖坐著讀書，不表示一定就很專心。專心與否的關鍵在效率，讀書有效率，孩子也自認專心，就可算是專心。如果孩子確實在讀書而且也讀

出效果，並不一定要拘泥於正經八百端坐讀書，或依父母認為專心的方式讀書。

二、閱讀習慣

1. 多講故事給孩子聽。
2. 陪孩子看圖畫書（文少圖多），讀書給孩子聽。
3. 讓孩子聽內容有趣的有聲故事書，注意發音清晰。
4. 鼓勵孩子講書或讀書給父母聽，父母表現有興趣的態度並給予鼓勵、讚美。
5. 與孩子一同表演書中內容，提高孩子對閱讀的興趣。
6. 看到孩子自動自發讀書，及時予以鼓勵、讚美。
7. 鼓勵孩子多與書接近，常帶孩子逛書店、參觀書展，讓孩子自己挑選喜歡的書。父母若財力許可，可多購書給孩子。
8. 鼓勵或帶孩子到圖書館借書、看書。
9. 鼓勵孩子與愛讀書的同學做朋友。
10. 父母以身作則，培養讀書的樂趣，平常也愛看書，並經常與孩子分享書中有趣或有意義的內容。

（以上方法，在幼兒階段，可參考第 1 項至第 10 項方法，孩子逐漸長大後，可參考第 6 項至第 10 項方法）

策略十

改善讀書方法

　　孩子成績要好，除了努力用功讀書之外，懂得讀書方法也是相當重要。讀書有方法，學習技巧佳，學習效率比較高。每個孩子可以運用的時間不相上下，若同樣用功，則學習效率高的孩子成績會比較好。高成就學生一般都比較懂得讀書方法，例如妥善管理時間、提早準備考試、預習、溫習、練習、先理解後記憶、重點系統整理、記筆記，甚至也注意臨場考試的方法等。

　　方法運用得當，學習就會有效率，如先理解，再有系統加以整理，之後再記憶，記憶的效果就會比死記、死背好。如果題目一變化，靠死記死背的孩子可能就不會回答了；徹底理解教材內容的孩子，則比較能靈活運用、應付裕如。因此，有智慧的父母要注意孩子的讀書方法是否有效，讀書效率提高，成績也會進步。

怎樣的讀書方式造成孩子成績不佳

　　孩子如果具有下列特徵，可能表示學習方法還有待改進：

❖ 做功課時，受周圍環境干擾也不會去排除

❖ 浪費許多時間，不會時間管理

❖ 考試很少提前準備，經常臨時抱佛腳

❖ 很少事先預習功課

❖ 除學校規定的作業，很少做額外練習

❖ 上課不做筆記

❖ 對學習內容缺乏系統整理

❖ 對課程內容沒有徹底理解，以死記、死背的方式唸書

❖ 過多的重複練習

　　讀書要有效果，專心很重要，外在的環境會影響孩子的專心程度。外在環境如果吵雜、髒亂，容易讓孩子分心，如電視、電玩、人聲、貓、狗或桌上堆滿雜七雜八的東西等。因此，做功課的周圍環境不理想，要懂得用方法去排除干擾，讀書才會有效果。

　　時間管理不當，常是低成就學生的問題。孩子總希望考試成績好，但許多孩子不懂得時間管理，東摸西晃就把時間用掉了，考試臨頭才急忙熬夜抱抱佛腳，不但書唸不完，第二天更是筋疲力盡，昏頭昏腦，如何能考出好成績？如果能妥善時間管理，提前準備，能力不差的孩子，要考出好成績並非難事。

　　聰明的孩子記憶力強，小學低年級課程簡單，憑其超強的記憶力，很容易將課程內容背起來。由於試題簡單，考試總是得高分，結果反而習慣以背誦為讀書方法；到了高年級以後，課程複雜、內容增多、考題變化大，若仍沿用背誦方式，不預習、複習、理解、系統整理，不僅唸得辛苦，成績也會退步，反而成了

能力優異的低成就學生。

熟能生巧，功課要好，有必要適度練習，尤其數理、語文方面的練習更不可少。欠缺練習，無法熟悉教材，考試成績必受影響。適度練習確有必要，但過多的練習，不斷重複，徒然浪費時間，容易讓孩子厭煩，對提高成績的幫助也有限。一般來說，能力越高的孩子需要的練習較少，能力較低的孩子需要較多的練習；父母可以留意孩子真正需要多少的練習，與孩子討論，不必存著非要與其他孩子相較量的心理，別的孩子做三樣，我的孩子非做五樣不可，否則會被別人趕上。這樣競相比較之下，孩子越做越多，除了浪費孩子時間外，孩子也會厭煩而降低學習動機，影響其學習效果。

改善讀書方法，成績進步

父母看到孩子成績不好，難免會嘮叨幾句，要孩子用功，可是有些孩子總會說：「我唸了，就是記不起來啊！」事實上，在筆者研究的個案中，成績表現不佳的學生中有不少小孩不是不用功，而是因為錯誤的讀書方法影響了他們的課業表現。但他們修正了讀書方法後，成績逐漸提升，唸書再也不覺得是一件痛苦的事。

基本上，如果讀書能做到課前預習、上課專心、課後複習，成績通常不會差。有些學生雖然用功，但卻是以讀死書的方法來唸書，唸得辛苦又沒效果。他們讀書靠的是瀏覽、死記、死背，對於不懂的東西，囫圇吞棗，不求甚解，不懂得融會貫通，一旦

課程多了、難了，這種方法就徒勞無功。

　　讀書要有效，就要有方法，例如增加讀書時間；每日固定讀書若干小時，包括複習當天的功課、預習第二天的課程；花較多的時間在練習上：將課程做有系統的整理，以理解的方式代替死記、死背；對於不懂的功課，不再打混，想辦法徹底弄清楚，包括請教同學或老師；針對自己的弱點，尋求補救，如上補習班或請家教等，補習的功課也務必去做，不會的東西多演算、練習，並精讀；遇有考試則提早準備，不再熬夜臨時抱佛腳。

　　孩子成績不好，不是光靠努力、用功就行了，要找出成績不好的原因，再針對原因去改進，雙管齊下，才能事倍功半。如果自己知道弊病而能自己改正最好，不然靠家長、老師或他人的協助也是一個好方法。

　　有個名叫俊雄的小孩從國小到國二，成績一直沒進展，平常很少看書，考試則瀏覽瀏覽，只求交差了事。孩子不認真讀書，黃媽媽也很苦惱，常逼他，逼久了，覺得逼也沒意思，更逼不出什麼名堂，所以只好順其自然。俊雄也常抱怨，「我唸了，就是都記不起來啊！」後來媽媽發現孩子唸書都是死記、死背，於是她導正孩子的讀書方法，孩子才有後來的轉變。黃太太說：

　　「他常說唸了都記不起來，我告訴他死記的話永遠會很累，我經常提醒他『讀書，不要讀死書』，要有系統地整理，這樣永遠不會忘記，而且蒐集相關資料也很重要。後來他漸漸學會利用電腦做有系統地整理，像地理，他都拿全班最高分，這種讀書方法是很有幫助的。」

　　她又說：

「我覺得讀書方法很重要，我一直強調要整理出一個系統來，讀書才會事半功倍；因為我覺得他以前讀書都是用死記的方法，很辛苦，高中功課多，如果還是死記，會唸得更辛苦。」

有個學生從小一到小四成績一向很好，到了五、六年級時，父母經商失敗，雙雙入獄，兩年來他跟著祖父母過日子。家逢變故，造成孩子心靈創傷，無心課業且無人指導功課，因此他的成績一落千丈。

到了國一他的成績仍舊不好，數學更差。但其父是個認真的好父親，為了彌補這兩年的遺憾，他每天與孩子談心，陪孩子做功課，親自指導數學，想辦法拉拔孩子的課業。這個學生幾乎每天都在做數學，做很多題目，不懂的就問父親。因為這樣，到了國二時，他終於把前面的差距補回來，而且數學已是全班最好的。他每天固定唸書三小時，揚棄死記、瀏覽的讀書方式，改為理解的方式，並有系統的重點整理，加以專心、有毅力的認真態度，成績因而大逆轉，從原先的中等成績一躍到全班第一、二名。

有個高中生覺得自己國中銜接高中出了問題，他反省後認為自己的讀書方法不對，於是先到書店去找找如何增進讀書方法、如何有效讀書之類的書，再試著去做。結果他發現每天讀一點書的分散方法，對他而言是滿有效的。他說：

「其實國中的題目滿簡單的，只要前一天唸一唸，八、九十分都沒問題，上了高中之後，數理就差很多，如果沒有長時間累積的話，前一天去

唸，絕對考不好，一定要每天分散著唸。」

於是他便力行每天複習學校功課，保持每天唸一點書的習慣，老師今天教完，他就唸一些，遇有考試則提前兩、三天準備好。

一個改變讀書方法而成績進步的孩子也說：

「以前，文科就是死記、死背；數學、理化那方面，一直相信自己會考得不錯，然後就不管它了。現在就是比較了解的東西，我會去多做一些題目，然後像那種要背的東西，我就會試著用自己的方法去整理起來，考試也會提早準備，不會臨時抱佛腳。」

另一個反敗為勝的高中學生表示：

「在讀書方面，改變自己的學習方式，對時間的安排做較妥善的管理與規畫，增加讀書時間，每晚固定維持三小時的讀書時間，包括複習當天所教功課，預習第二天的功課，並花較多的時間在練習上。對於不懂的功課，不再打馬虎眼，務求徹底弄清楚，包括請教老師或同學。對數學補習班的作業，也務必去做，我認為多做練習，的確很有幫助。」

「工欲善其事，必先利其器」，給孩子魚，不如教孩子釣魚的方法，孩子一旦懂得讀書的方法，在學習路上才不會走得辛苦，讀書效率高，成就也隨之提升。

如何協助孩子改善讀書方法

一、經常跟孩子強調讀書方法的重要,讓孩子明白讀書要有效率,成績才會好。

二、留意孩子的讀書方法,利用機會與孩子討論,並鼓勵孩子檢討所用的讀書方法是否有效。

三、鼓勵孩子閱讀讀書方法及如何學習的相關書籍。

四、平常注意觀察孩子的讀書方法,發現方法不錯或孩子自認方法有效時,給予正面的增強。下列好方法值得鼓勵:讀書的地方整潔安靜、課前預習、課後練習、適度練習、重點系統整理、記筆記、先理解後記憶、考試提前準備等。

五、鼓勵孩子接近功課好的同學,請教他們讀書方法。

六、協助孩子做好讀書環境布置:

❖ 家中有個固定的讀書環境

❖ 讀書環境安靜

❖ 書桌除必要的課本及文具外,避免放置易讓孩子分心的雜物

❖ 讀書的地方光線充足、溫度適宜

❖ 桌椅高度適當,能讓孩子維持適當姿勢,不會感覺不舒服,但也不要太舒適而容易讓孩子睡著

❖ 環境不適當時,孩子要能改善,必要時可請家長協助改善

七、協助孩子做好時間管理：

❖ 時間管理的目的在於充分有效地運用時間

❖ 時間管理包括時間的預算（有多少時間）、計畫（打算如何使用）及執行（用了多少時間）

❖ 使用週曆或月曆登錄本週或本月要讀的書、要做的功課及考試

❖ 將預習、溫習、練習、作業及提早準備考試等配合課表及考試日程，妥善規畫可運用的時間

❖ 時間管理要合理，容許適度的休息、運動與休閒

❖ 孩子是時間管理的主人，如何使用最有效，孩子較為清楚。該如何管理，要尊重孩子的意見，父母不要不顧孩子的能力、體力，越俎代庖訂定孩子做不到的計畫

❖ 利用過去使用時間的經驗，計畫各項功課所需的時間

❖ 功課或工作太多時，應做優先順序的選擇

❖ 時間管理的方法，需要從經驗中學習，孩子在時間管理上有了進步，父母應積極給予鼓勵

八、鼓勵孩子做筆記：

❖ 筆記可以幫助孩子有系統地整理教材，增加記憶效果

❖ 做系統整理時，應充分理解書本及老師上課的內容

❖ 下列現象可能代表老師強調的重點：語氣加強、屢次強調其重要性、寫在黑板或投影片上的內容、舉例說明、提醒

學生可能會考、以圖表或公式講解、提及本課重點地方
❖ 書本如果是自己的，可以在閱讀時將重點標示出來
❖ 可與同學分享筆記重點，交換整理心得
❖ 重點如能系統整理、畫成圖表，可幫助記憶

九、鼓勵孩子改善考試技巧：

❖ 孩子考試成績要好，除提早準備、徹底了解，以及熟練教
　材外，還要加上考試技巧佳
❖ 考前應清楚考試範圍以及老師評分標準，針對要求去準備
❖ 盡量先行了解老師考試方式，如選擇、問答、填空題，針
　對需求去準備
❖ 作答前先看清題意及作答方式，並注意例題說明
❖ 注意時間的分配，會做的先做，不要在一個題目上花掉太
　多時間，尤其是艱深難題
❖ 注意是否倒扣，有倒扣者，若無把握，不要草率作答
❖ 遇有申論題，把握時間，先想綱要，組織好之後再下筆，
　並盡量使答案條理分明、段落清楚、正確表達及字跡工整

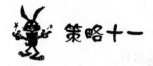 策略十一

完美主義由消極導向積極

　　完美主義者自我要求高，樣樣要十全十美，因而造成拖延、害怕嘗試、太在意缺點，以及過度工作而無效率，這樣的影響是消極的。孩子如果有完美主義的消極特徵，對課業成績也會造成不利影響。

　　孩子成績不理想，可能的原因很多，不一定是完美主義造成的，而也不是每個成績不好的孩子都是完美主義者。但若發現孩子自我要求很高，表面上也很努力，成績與能力間卻有落差，這時，也許可從孩子是否受消極的完美主義所影響，來探討成績不佳的原因。

消極的完美主義不利潛能發揮

　　孩子如果具有多項下列特徵，表示有可能是完美主義者：

❖ 對課業要求過高，樣樣要求滿分
❖ 常跟別人比較，要贏過別人才會滿意
❖ 總覺得作業做得不夠好，因而常拖延
❖ 很注意自己的缺點，焦點總放在不完美的部分

❖ 常覺得做得不夠好而自責

❖ 對自己不錯的表現不放在眼裡,除非全都完美

❖ 忽略眼前的成就,總擔心未來是否能做好

❖ 除非有把握表現很好,否則不輕易嘗試

❖ 為了完美,寧可挑簡單的工作做

❖ 排斥進階式或難度較高的工作

❖ 對別人也要求完美,用很高的標準批評別人

　　每個人都有個別差異,有所長短,不可能各方面樣樣頂尖;如果沒有自知之明,樣樣都要贏過別人,每科都要滿分,一定會有很大的壓力和挫折失敗。事實上,即便是世界上傑出的成功人物,也是無法樣樣均傑出。父母應注意孩子能力是否發揮了?如果能力已發揮,在其擅長的地方有優秀的表現,便可說是很成功了。

　　一個人要能肯定自己的成就和優點才會有自尊、自信。孩子如果覺得自己有許多優點,經常覺得自己表現不錯,自尊心能獲得滿足,比較會有信心。這樣的孩子讀書會較為安心、積極,容易有較佳的成績並持續下去;相反地,如果看不到自己的優點,只是注意到自己的缺點、不完美、不如人的地方,這樣的孩子其自尊心及自信心比較低。自尊心是人類的基本需求之一,一旦孩子自尊心不能獲得滿足,情緒容易起伏不定,比較不會安心讀書。自信心低的孩子比較不相信自己會成功,因而不易產生學習動機。

　　孩子如果太在意完美而專挑簡單的工作,總是避免具有挑戰

性的工作,即使潛力不錯也很難發揮,因而有可能形成能力優異而成就低。

　　孩子功課表現不佳,如果不是因為上列特徵的關係,有可能就是受到消極完美主義的影響,這時父母及教育人員就要檢討形成這些特徵的肇因,並加以改變;進一步輔導孩子由消極的完美主義轉變成積極的完美主義。積極的完美主義者會注意到自己的優點,在自己擅長的地方追求卓越,力求完美;另一方面,他也能認清自己並非樣樣擅長,因此,不要求所有領域都十全十美。孩子如果能由只注意到自己的缺點轉變成注意到自己的優點;由不能容忍缺點提升到能接受非擅長領域之不完美表現,這樣不但自己信心提高,能更安心的讀書,讀書效率及課業成績將因此而提升。

如何輔導完美主義的孩子

一、跟孩子討論完美主義的特徵,比較消極的完美主義與積極的完美主義及影響。

二、父母思考自己是否同樣具有消極完美主義的一些特徵,例如樣樣要求完美、要求孩子每科都滿分、只注意孩子的缺點,對孩子的優點很少留意等。父母能針對自己的消極特徵予以調整,並讓孩子了解父母也同樣努力改變,將可帶動孩子提高改變的意願。

三、對於必須完成的作業或功課,鼓勵孩子設定期限,並按期完成,避免拖延。

四、幫助孩子設定一個合理可及的目標與自我期望，指出太高、不合理部分，鼓勵孩子調整。

五、幫助孩子全面了解自身能力，肯定其擅長領域，並協助孩子認清、接納自己並非樣樣擅長的事實。

六、引導孩子重視自己的優點與成就，對孩子的優點與成就經常鼓勵、讚美。

七、關心孩子本身，而非僅只成績，讓孩子明白即使沒得滿分，成績不如他人，父母仍然愛他。

八、鼓勵孩子自我比較，將自己的能力做最大限度的發揮，做到自己能力所及的最佳表現，而非處處與他人比較，樣樣要得第一。

九、鼓勵孩子多學習幽默、自我解嘲，失敗已無可挽回，追悔無用，重要在於檢討原因，從失敗經驗中學到下次成功的方法。

十、讓孩子明白某個科目不盡理想，只是該科成績不如人，並非自己一無是處，全盤皆輸。而一時考試失敗，不代表永遠都失敗，只要虛心檢討、努力改正，將來還是會進步。

土、完美主義之形成是長期發展所致，改變需要時間，父母與孩子彼此要有耐心共同改變。

圭、不以責罵的方式要求孩子改變完美主義，讓孩子了解完美主義的積極面，鼓勵孩子改變消極的部分，而保留積極的部分。

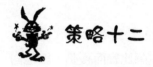 策略十二

協調學校老師共同努力

　　學校是孩子學習的主要場所，成績是反映學校課程的學習成果；學習要有成果，主要靠努力，而努力則與學習興趣及動機關係密切。學習興趣與動機除受家庭環境與父母教養影響外，主要還是受學校環境影響，如課程、教材教法及師生關係等。孩子成績不理想，除家庭協助外，父母也要注意學校的影響力，積極協調學校老師共同努力。親師共同合作，協助孩子反敗為勝最為有效。

孩子功課要變好，學校是重要舞台

　　筆者問卷調查曾經表現不佳、後來反敗為勝的能力優異學生，他們表示能讓他們成績進步的學校因素包括：老師適時的支持及鼓勵；學校調整課程，提升了興趣與動機，換了自己喜歡的老師；參加競賽獲獎而信心增加；參加獨立研究或科展而增進自己對學習的興趣；老師的期望合理等。

　　受到老師的重視，賦予責任，如擔任小老師、小組長都有助孩子信心的建立。孩子受到老師的器重，會用心、花更多時間在該科的課程上，自然也會考得較好，因而也會帶動其去把其他科

目唸好，成績進步是可以預見的。

　　一個課業不佳卻擅長於電腦的孩子，受到老師的欣賞與重視，請他擔任電腦小老師，鼓勵他參加電腦比賽而獲獎，讓他對自己更有信心。孩子的母親表示：

　「他受到老師的器重，並請他擔任『小老師』指導其他同學，他也因此而花更多時間在功課上。」

　　另一位功課進步的孩子同樣也是受到老師的重視，請她擔任地理「小老師」，她覺得擔任小老師豈能不把地理唸好呢？因此，她在地理方面就更下功夫，成績也越來越好。

　　課程如果調整或更換教學活潑的老師，能引起學生興趣的話，有些孩子的成績會因此而進步。有位媽媽說：

　「我的小孩對實驗、操作、標本或思考性的東西很喜歡，所以國二的許多課程都是他喜歡的，像理化，每次都拿最高分，就跟同學拉大了距離，名次自然往前提升。」

　　事實上，這個孩子對自然的興趣是受到國小六年級老師的影響，孩子表示：

　「王老師教法比較生動，時常帶我們出去玩，邊玩邊教我們植物、昆蟲的習性是怎樣，讓我對學習的興趣提高，動機也增強，認為學習不是死板的。小六的訓練對我功課是有影響的，像學習是有趣的，而科學的訓練，使我觀察、思考、整理的能力都變得較好，這樣對我物理、化學、生物都很有幫助。」

　　有個學生，國一成績表現不好，國二則進步很多。國一成績低落的原因，他認為是因為不喜歡所教科目的老師，班上有一半的科目都是由等待退休的老師擔任，他們無心教學，所以他根本對那些科目提不起興趣。到了二年級，多數老師換新，且教學認真，同時一些科目也符合他的興趣與特長，成績因此大幅改善了。

　　反敗為勝成功的學生認為，能夠幫助他們成績進步的老師具有下列特徵：

❖ 關心個別學生，學生感受老師關心他、喜歡他、相信他，
　願意像朋友一樣的跟學生溝通
❖ 具有教學熱誠，熟悉教材
❖ 教學方法活潑生動，不呆板、機械式
❖ 對學生課業表現期望高而合理

　　一個孩子說：

　　「老師關心學生實在很重要，老師表現出他們真的很在意你，心裡想到對學生好的事情，這可說影響很大。」

　　另一個孩子說：

　　「老師認為我的成績應該可以更好些，遇到我，就問我怎麼回事，老師該怎麼幫我，他對我期望很高，但不會壓迫我。」

　　成績不好有很長一段時間的孩子說：

「老師相信我，我不知道別人是否認為我聰明，但老師她認為我是，所以我一定要證明給她看。」

一個老師上課生動活潑，經常讓學生有討論、發表的機會，學生很喜歡，學生說：

「我想上課不只是老師講，班上應該有更多的討論，學生才會積極參與，光叫學生參與就好比叫一隻狗參與一樣，參與是不能強迫的，要讓學生有興趣，學生自然就會參與。」

老師如何幫助學生反敗為勝

一、關心學生，建立積極的師生關係，讓學生喜歡你。

二、了解學生的能力與成績，針對成績落差的領域與學生討論哪些科目還可以表現更好，並給予鼓勵。

三、即使學生課業表現不佳，也不要對學生失去信心，要相信學生一定會進步。

四、多注意學生的優點，不時給予肯定鼓勵，可以透過讚美、鼓勵，就擅長的部分請他們擔任小老師或重要工作，表示肯定重視。

五、教材教法要生動活潑，除了傳授知識外，更要注意培養學生對所教科目的興趣，一旦學生有興趣，學習動機強烈，成績也會進步。

六、給學生一些彈性，例如已經會的不必再重複學習；已經熟練

　　的作業可以改以其他作業代替；作業的展現有時可以讓學生選擇，如口頭、展示板、操作、表演、書面報告或其他學生喜歡的方式。

七、鼓勵學生跟自己比較，避免以公布成績排名的方式造成激烈的競爭；課業成績不理想的學生，更會因成績差而信心低落，反敗為勝將更困難。

八、注意教育階段的銜接；規畫教材教法及評量，能考慮學生對於所教科目的基礎，同一科目過去老師的教學及評量方式，以及學生過去的表現等，也要觀察學生的反應，對不適應者要特別予以個別協助輔導。

九、針對學生擅長的領域，提供資訊，鼓勵並指導學生參加競賽。若有不錯的表現，則趁機予以表揚鼓勵，以提升其信心，信心提升也會有助課業的進步。

十、鼓勵學生針對有興趣的主題以自己喜歡的學習方式進行深入探索，甚至參加科展或獨立研究發表。

士、特別幫助能力不錯而表現不佳的學生進步一次，打破不可能考好的想法，一旦學生相信成績進步是有可能的，反敗為勝就有希望。

圭、製造機會、安排活動讓能力不錯而功課不佳的學生有所表現，累積小小成功經驗，也能提升其信心。

父母如何協調老師共同努力

一、體諒老師教導整個班級的辛勞，多給老師鼓勵，不要一味苛

責批評老師。

二、了解老師的優點，多給予肯定。

三、不要期待老師主動關懷你的孩子，因為老師有三、四十個學
　　生要照顧，不可能像父母般以自己孩子為中心，因此，父母
　　要主動與老師聯絡、請教。

四、與老師協調時，針對孩子表現不錯的地方，提供可以佐證的
　　相關資料，如孩子過去在同一科目曾經表現不錯、同一領域
　　的校外活動表現很好或閱讀許多課外書等，避免只是空口說
　　孩子很聰明，就要求老師做這做那。

五、以討論及請教的態度跟老師協調，要視老師為受過教育訓練
　　的專家，討論時間不要太短，配合老師方便的時間，事先約
　　定。父母可以陳述孩子在家的情形，把自己的疑惑或建議，
　　以請教的方式提出。

六、不要一味要求老師配合改變或做努力，孩子是自己的，父母
　　要針對家庭可以做的努力，以及可以配合學校的事情，盡量
　　提出跟老師說明請教。

七、協調的結果，父母可以做的就要積極進行，以肯定的態度支
　　持老師的努力，並常在孩子面前提及老師的優點。

八、觀察孩子的發展與變化，跟老師保持密切聯繫，經常跟老師
　　分享父母的發現與心得，孩子進步，要讚美老師的努力與用
　　心。

九、要讓孩子了解老師及父母的努力與用心，鼓勵孩子負起自己
　　的責任，老師、父母、孩子三方共同努力，反敗為勝一定成
　　功。

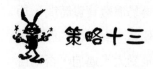 策略十三

運用同儕的力量

由於人都需要朋友，需要被團體接納，因此，孩子與同學朋友間彼此互動，對孩子的影響很大。通常孩子都很重視同學朋友，而這些人所重視的也會受到孩子重視。若同學都很用功，強調課業，孩子也會跟著重視；同學如果普遍都討厭學校，排斥功課，孩子也會跟著模仿；而常與重視課業的同學在一起，耳濡目染之下，也會喜歡讀書、重視功課，成績得以進步。因此，父母要注意孩子交友情形，鼓勵他們結交益友。

不良同儕造成成績退步

每個孩子都需要朋友，需要被團體接納，接納與否，除身心特質外，待人處事的能力與技巧也不可少。孩子如果不懂待人處事，欠缺社會技巧，不容易交到朋友，甚至與同學衝突，造成人際關係緊張。由於同儕關係很受孩子重視，一旦孩子與同學相處不來，孩子容易焦慮、煩惱，無法專心讀書，使得成績退步。

研究發現，如果青少年的朋友們課業成績不是很好的話，這些青少年的課業成績會退步；反之，如果他們的朋友都是功課好的，則成績會進步（Rimm, 1995）。因此若孩子不會擇友，不懂

得如何結交益友，狐群狗黨混在一起，很容易浪費寶貴時間，功課也會受影響。一般來說，愛玩樂的一群死黨，對學校的態度常較消極，例如認為學校是令人痛苦的，只是受大人逼迫，否則自己才不願意上學；他們也認為功課不重要，會嘲笑用功讀書而不知玩樂的同學，視他們為書呆子、只會啃書本。存有這些想法，就是反智主義。一群反智主義的死黨聚在一起，用功讀書的人會受到排斥，會玩樂才是好伙伴，相互影響之下，成績自然受影響。

大民國小時，功課不是很好，常常同學一吆喝，門一甩就出去玩。到了國一，他和這些死黨仍在同一個學校，還是經常一起出去玩，成績當然沒有進步。他表示：

「如果要在功課方面進步，最主要還是在於自己，看你有沒有興趣讀書。國一時，我和一些死黨經常出去玩，沒有真正想讀書，成績當然沒進步。」

在常態編班的班級中，同學的課業成績以中等為多數，表現優異者，就顯得特別，尤其聰明的孩子，各方面才華出眾，表現機會也多，常會令人羨慕與嫉妒，甚至排斥，因此他們缺少朋友，容易覺得孤單。有些人為了不被嫉妒、排斥，就採取認同多數的做法，不去努力而讓成績與多數同學一樣平平，結果造成成績與能力間的落差，雖然能力不錯，但表現卻不怎麼樣。

同儕如何影響孩子成績進步

筆者問卷調查學生課業進步的原因，許多學生認為是受到同學的影響，他們相互砥礪、見賢思齊，一起做功課或相互競爭。相較於反智主義，他們重視的是課業，學習態度比較積極，也期望朋友上課專心，認真課業，彼此也相互研究功課；在這樣的一群朋友中，如果輕忽學業，就會被看扁、遭排斥，而用功讀書則會受到朋友肯定，相互影響之下，課業成績因而進步。

有位學生表示在他扭轉學業低成就的過程中，同學扮演著很重要的角色。在教室裡，他座位旁都是些功課不錯的同學，他們彼此競爭激勵，互相模仿，他常拿成績相當的同學當參照目標，如果贏過這位同學，他會覺得很有成就感。不僅如此，他也常拿某科目很好的同學當競爭對手，拼拼看。

我們很難想像，從前他是完全不在乎分數，只要感覺有唸就可交差了事，至於是否有機會拿到好名次或考上高中名校，他壓根也沒想那麼多。到了國中三年級，他看四周同學個個都在拼命唸書，自己不唸，好像很怪異，於是他也學同學唸書的精神，並修正自己的讀書方式。有一次月考，他拼命唸到凌晨三點，努力的結果，竟讓他拿到了全班第一名，他異常高興，且覺得讀書也沒有那麼困難嘛！從此，他時刻捧著書本，每天幾乎讀到凌晨兩、三點。問他不累嗎？他說只要熬過睡意，就可以撐下去。憑著這股毅力，他到了高中，仍舊名列前茅。

他媽媽提到：

「我覺得選哪個班級也很重要，如果把他放在另外的班級，可能永遠也沒辦法把他的潛力發揮出來，我覺得班級氣氛很重要，他說班上同學都在讀，我不讀怎麼可以呢？」

小敏從國小一年級起就是班上的第一名，唸起書來輕輕鬆鬆，每回考試前一、兩天抱個佛腳，通常都能拿到不錯的成績，她對自己相當有信心。但是到了國中，她還是沿用小學的讀書方式，考試當然就吃了敗戰，眼看著同學個個都比她強，心慌之餘，更加沒信心，她回憶那時的情境，

「國一時，自己好爛，考壞之後，更不想唸，很想放棄，但是又不得不唸。」

她看到班上成績好的同學常聚在一塊，自己好像邊緣人一樣，心中有許多感慨。她想重拾小學階段受到老師與同學重視的光輝歲月，也想打入好學生的圈子，她痛下決心：

「我這麼沒信心是不行的，我決定要讓人家注意到我，所以我就想去好好認真的讀書。」

有心，也有些能力，小敏的成績在她的努力下，漸漸爬升，自己也越來越有信心。

大民認為自己能扭轉低成就，有個重要的關鍵，就是同儕的互相模仿學習與競爭。國小到國一，由於經常跟不愛讀書的朋友玩，成績表現因而不佳。到了國二，重新分班，他分到比較好的班級，在陌生的環境裡，熟識的朋友少了，他只好把心思擺在課

業上，這時同儕間的互相模仿與學習也發揮了作用。他說：

> 「國一時，我們班上有個成績很好的同學，他好像都不用唸什麼書就
> 能考得很好，他在玩，大家也跟著玩，沒有想過要唸書。國二時，那個成
> 績很好的同學很用功，一直都在唸書，連下課也在唸，我看在眼裡，我想
> 如果成績要好，就要像他一樣。」

同儕間的相互學習模仿很重要，但相互較量的競爭心理也激
發出不少潛力。大民說：

> 「那時，我也想壓過另一個成績很好的同學，以證明自己的能力，想
> 跟他做比較，有時候會輸給他，但拼了一、兩次之後，發現成績有很大的
> 進步。後來想乾脆要考就考得更好一點，看能不能真的把他壓過去。」

此外，大民媽媽朋友的孩子跟他是好朋友，高他一屆，成績
非常好，媽媽常提起他，他對那位大哥哥的優異表現相當折服；
大民反觀自己的成績，又看看好友的表現，他覺得很慚愧，

> 「我想我的好朋友成績都這麼好，我這樣是不行的，就想要追上去，
> 想跟他一樣，所以也以他為榜樣，努力用功。」

大民因為受到同儕的影響，加上自己心態的調整與努力，終
於使自己走出成績不佳的困境。

偉生的媽媽也常拿大民走過低成就的例子來鼓勵他，讓他有
個學習的榜樣，同時也讓偉生不喪失自信心。

立德從名列前茅的前段生變成倒數的後段生，倍受同學毒言
惡語的嘲笑，讓他難堪與沒自信，對課業更沒興趣，但他還是抱

著鴕鳥的心態，自我安慰：「能考上這所學校的，都是來自各國中的佼佼者，程度本來就是比我好。」他繼續混。直到有一次去參加國中同學會之後，感受特別深刻，也讓他幡然醒悟。立德說：

> 「明明國中成績比我差的同學，唸得反而比我好，在這種比較和刺激的心態下，我自認為自己資質也不會輸給他，自己反省後，覺得是自己不用功，於是一開始把那位同學當目標，想辦法超越他。超越他時，你就會發現自己成績有進步。之後，就拿班上某個同學當目標來超越，接著再把班上第幾名的同學當目標，慢慢累積，逐漸進步起來。」

成績落後的同學，有時因自慚或其他因素，不易找到功課好的同學做好朋友，請他們指導功課或相互競爭。但在班級總可以找到幾個程度相當的朋友，彼此可以互相討論，一起研究，進而設定一個短距離可以實現的目標，如依自己的能力設定這次月考某科要進步幾分或進步幾名，給自己一個可行的挑戰目標。相信透過這種互動方式，成績多少都會進步。成績提升後，再繼續努力，邁向高峰指日可待，誠如走過低成就的偉生所說：

> 「要功課好，除了自己努力外，找一個程度相當的同學，可以互相比較、挑戰，也是滿重要的。」

孩子的朋友、同學對孩子的學習有極大的影響力，從前面的許多例子都可得到印證。孩子的行為常受同儕的影響，如果一群孩子愛玩，孩子受到影響，也會參一腳；如果接近愛讀書的孩子，孩子受到的影響則會是正面的，正所謂「近朱者赤，近墨者黑」。因此，我們對孩子的交友情況還是必須注意。

　　記得筆者曾經在美國訪問過一位西屋科學獎的學生，父母對獨子的交友情況自是重視。但不可能成天要孩子放學回家就待在家裡，孩子畢竟還是需要友伴、社交；放孩子出去玩，他們又不放心，後來想了個法子：媽媽經常準備許多美食、點心，讓孩子邀同學到家裡玩，他們並從中觀察、了解孩子的交友情況，並給予一些建議。

　　現今的社會對孩子來說常充滿不可測的危機，尤其對低成就的孩子而言，因為成績差，在學校往往得不到老師的關愛與同情，也不易交到朋友，在家裡如果又經常被斥責，倍受冷落的孩子，很容易往物以類聚的朋友或團體而去，誤交損友的可能性很大，也許就此走上歧途。聰明而表現低成就的孩子若誤入歧途，其危害社會的能力更甚於平庸之輩。因此，家長對於孩子的交友是必須特別留意的。

如何輔導孩子結交益友

一、與孩子討論朋友的影響及選擇朋友的重要。

二、對孩子的朋友表示高度興趣，鼓勵孩子講述朋友的事情及交往情形。

三、鼓勵孩子邀請常在一起的好友到家裡，父母可從中觀察認識。

四、鼓勵孩子結交重視課業的朋友，多跟成績與品行好的朋友在一起，如一起讀書、討論功課及運動休閒等。

五、隨時了解孩子交往的情形，發現結交不好的朋友，要技巧性

地予以糾正，並協助孩子疏遠。

六、利用孩子與同學交往之愉快與不愉快經驗，指導孩子待人處世及處理人際衝突的方法。

七、鼓勵孩子以成績比自己更好的同學為榜樣，多學習他們的讀書方法及用功的精神，但避免彼此猜忌，做惡性競爭。

八、支持孩子參與有興趣的課外活動、社團或夏令營，可藉此擴大交友的範圍，並結交到興趣相同的朋友。

九、發現孩子的同學或班級有反智主義的傾向，要協助孩子克服同儕的壓力，給孩子心理上的支持，並協助尋找及結交重視課業的朋友。

十、平常多鼓勵孩子，肯定讚美孩子的優點，建立孩子的自信，信心強的孩子比較能抗拒同儕壓力，交友上也會比較積極主動。

圭、鼓勵孩子以其擅長去幫助同學。

圭、指導孩子社交技巧，例如：讚美別人的優點、具有同理心給予別人支持安慰、不看低別人、不搶著出鋒頭，以及尊重別人。

圭、鼓勵孩子自我肯定課業成績的價值，無論同學重視與否，把書讀好、拿到好成績，受用的是自己，不必太在意別人的眼光。

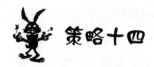 策略十四

利用資優教育

在常態編班的大班級教學之下，課程及教材教法的安排，常以中等智能的大多數學生為主要考量依據，個別差異較大學生之需求常被忽略。例如較聰明學生具有記憶力強、理解力高、反應快的特質，受這些特質的影響，他們比一般學生可以學得更多、更深及更快；因此，在課程的安排上需要加廣、加深、加快，也就是在一般課程之外，額外安排特殊教育課程。如果缺少較具挑戰性的課程，聰明的學生很可能會覺得老師教的太少、太淺、太慢，他們不必努力，輕易地就可以達成老師的要求，潛能因而未盡發揮，形成成就與能力間的落差。雖然表面成績看似不錯，但實際上卻是受了教材難度不高的限制。

除了潛能未盡發揮外，聰明的學生面對不具挑戰性的課程，也可能因太簡單而養成不專心的習慣。有些孩子的成績甚至還低於普通班學生，成就與能力間落差明顯。另外，聰明的學生由於心智早熟，與一般學生差異大，在人際關係上也常遭遇困難，需要特別的輔導。

特殊教育法第一條即規定資賦優異之國民，有接受適性教育之權利。所謂「適性」，也就是適合孩子的身心特性。聰明的孩子既然可以學得更多、更深、更快，學校就應該提供加廣、加

深、加速的特殊教育課程，並依學生的聰明特性給予適當的心理
輔導。目前很多學校依特殊教育法的規定也提供資優教育，辦理
聰明孩子的適性教育。因此，明智的父母不要讓孩子的權利睡著
了，要讓他接受適性教育，有效利用資優教育的資源，可以幫助
聰明的孩子發揮潛能，反敗為勝。

進資優班，對孩子有什麼好的影響

　　資優班設置目的就是要為資優生提供適性的教育，其課程教
材教法的安排，主要考慮的對象為資優生，不像學校的一般課
程，主要以中等智能的學生為考量。因此，資優班的課程通常都
比較適合資優生，課程深度增加，較具挑戰性；有些學校還提供
選修課程，學生依興趣選課。此外，教學方式也較活潑、多變
化，例如：討論、表演、辯論、資料蒐集、戶外教學、獨立研究
等；作業的方式也較具思考性，不會有一大堆單調機械式的練
習。筆者經常有機會訪問許多學校的資優班，學生絕大部分都表
示喜歡資優班；他們喜歡的理由就是資優班的課程及教學比較有
趣，比較有深度。

　　能力優異的低成就學生，透過選擇自己喜歡的題目做獨立研
究，老師給予必要的指導，一九九五年有學者研究（Baum, Renzulli
& Hébert）也發現，這樣的措施能成功地幫助學生克服低成就。
其原因乃是學生在其擅長的領域，選擇自己有興趣的主題做研
究，而成功的研究也提升了孩子的成就感與信心；他們在研究過
程中，也學到做學問的方法及時間管理的技巧；加上個別指導老

師的鼓勵，孩子在其他領域的學習動機與成效也都跟著提升了。

　　聰明的學生在普通班級中，受到中等智能同儕壓力的影響，若因此認同一般同學，刻意不努力，以平平的表現來博取班上同學接納，有可能因此而造成能力與成就間的落差。而在資優班內有許多能力優異且功課好的同學，能彼此認同、相互切磋，因此，可以激勵孩子的潛力。另一方面，資優班學生的能力與身心特性比較一致，容易彼此了解與接納，比較能夠交到朋友，有助於社會需求的滿足，因此，也能安心學習。

　　資優班可說是一種能力優異的象徵，孩子如能考進資優班，受到資優班的標記影響，信心增強，自我期望也會提高，學習動機與努力程度容易因此而提高，潛力也就更能發揮。可見資優班對聰明的孩子有許多好處，父母不要輕言放棄。

　　從克服低成就資優學生的訪談中發現：能夠考進資優班對他們的信心增強不小，他們肯定自我，相信自己是有潛力的。而這樣一個肯定，讓他們對自我期望提升，要求自己不能太差勁，於是更用心在功課上；而資優班活潑、多元的課程也容易激起他們的學習慾望。

　　有位低成就學生轉變的真正關鍵在於考進了資優班，才恍然發現自己並不比別人差，自己是有潛力的，於是開始認真唸書，他說：

　　「既然考上資優班，就不能太爛，如果沒有比同學好，怕被同學取笑；而老師對我的期望比較高，只要考不好，看到老師都會很愧疚，只好比以前更用功。」

另外一位資優生認為，考上分散式資優班對他的影響是正面的，一方面自信心大增，另一方面他也很喜歡資優班活潑的課程，他說：

「當時我對班上的功課沒什麼興趣，資優班算是我休息的一個地方，讓我覺得學校生活不那麼緊張；而資優班的課程有深度，也讓我成績有進步，因為資優班老師教學比較有方法、有系統，讓我比較知道開拓我的學業，讓我抓到一個學習的方向。」

進資優班，該如何準備

資優教育的發展，已朝向回歸主流及融合教育的方向，不強調把所有資優生集中在一個班級，而採目前的趨勢，以資源班的方式，也就是資優生大部分時間在普通班接受一般課程，部分時間則到資源教室接受資優教育。這樣的安排，使得資優生能接觸一般學生及其他班級的資優生，符合社會多元的特性，孩子進入社會，不必重新適應。資優孩子在普通班級中由於表現好、信心容易建立，也有較多機會擔任幹部，培養其領導能力，有助於資優生未來發展，聰明的孩子如果能通過甄試進入資優資源班，應是不錯的選擇。

進入資優班必須先通過甄試。父母可先行了解學校是否辦理資優教育，或附近哪一所學校有資優班。辦理資優教育的學校都會有資優班學生甄試辦法，父母可先蒐集學校甄試辦法，並按甄試辦法去申請及準備。

　　各校的甄試標準不一定相同，目前都強調多元指標及多階段的觀察甄試。所謂多階段，也就是長期觀察，經初試、複試，有的甚至到第三試。多元指標也就是甄試的項目多樣，如智力、性向、成就等測驗，段考成績、研習營表現、面談、特殊才能、創造力測驗、教師觀察等。

　　上列項目，段考成績及成就測驗，可以鼓勵孩子提早準備；面談則可以協助孩子練習接受面談的臨場經驗。至於智力或性向測驗，主要在評估孩子的能力，不必刻意去準備。有些父母為了要孩子進資優班，用盡各種方法找智力測驗讓孩子練習，造成孩子智力測驗的分數高過其實際能力而進入資優班。這樣勉強進入，使得他在面對其他優秀孩子的競爭時，表現不如人，反而容易壓力過大或經常挫折而信心低落，這是愛之適足以害之的後果。

縮短修業年限

　　聰明的學生由於學習能力強，學習速度比一般學生快，甚至老師沒教之前，有些學生就已經會了。如果課程沒有做一些調整，學生重複學習已經會的教材，或本來可以很快的學完，卻必須等待別的同學而緩慢學習，潛力就會因此而浪費了。為了適應學生的不同程度及學習速度，教育部頒布了「資賦優異學生降低入學年齡縮短修業年限及升學辦法」。所謂縮短修業年限，是指縮短專長學科學習年限或縮短各該教育階段規定之修業年限，共有七種方式可以採用，包括：學科成就測驗通過後免修該科課

程、逐科加速、逐科跳級、各科同時加速、全部學科跳級、提早
選修高一年級以上之課程、提早選修高一級以上教育階段之課
程。

　　父母如果發現孩子某些能力特別優異，或有的科目學習已經
超前，可以根據該項辦法向學校提出縮短修業年限申請。學校經
過進一步鑑定，會對孩子擅長或超前的學科擬訂縮短修業年限方
式及個別輔導計畫，報請教育局核定後實施。透過這種方式，學
校調整教學速度或以免修所節省的時間，個別規畫加深、加廣的
課程，孩子擅長的潛力就能充分發揮，成就也可以提升。以這種
方式，孩子在其擅長的科目可以獲得資優教育。學校即使未設資
優班或有資優班而孩子未獲甄試錄取，父母可就聰明孩子擅長的
科目申請縮短修業年限，一樣可以幫助孩子獲得個別規畫的資優
教育。父母如果發現孩子某些科目特別擅長或超前，應考慮善用
此項辦法來要求學校給予適性教育。

父母如何配合資優班老師或學校辦理資優教育

一、帶一個聰明孩子是滿費心的，何況是一整班的資優生。因
　　此，父母應多鼓勵資優班老師，多體諒其辛勞。
二、資優班學生常要配合課程做報告、找資料，父母應給孩子必
　　要的協助。
三、資優生興趣廣泛，為配合學生的不同需求，資優班的課程規
　　畫或教學活動具多樣性，因此，除了資優班老師擔任教學工
　　作以外，需要較多的人力、物力資源，才能配合做完整的規

畫。父母應積極參與，提供物力支援，或在自己擅長的地方，協助擔任指導老師。

四、具有專業能力的父母，可以擔任學生獨立研究的指導老師。

五、資優教育強調配合學生的特殊需求，規畫課程與教學，父母對孩子知之甚詳，也應讓資優班老師了解；親師座談會也要參加，並提供孩子的需求或課程規畫的意見，供學校參考。

六、主動跟資優班老師聯繫，了解老師辦理資優教育的需求，積極給予協助。

七、配合學生的能力，資優教育強調高層次的學習，應避免要求資優班老師只是加強升學準備，過多、過度的練習，反而浪費資優生的學習潛力。

八、縮短修業年限個別輔導計畫所需經費，學校不一定有充裕的預算，對於自己孩子個別輔導所需的額外經費，父母財力許可的話，應全力予以支援，畢竟獲益的是自己的孩子。

九、超前補習而使得孩子在補習的科目上超前，不表示孩子在該科目上的能力也超前，應避免採用此種方式達到縮短修業年限的目的。

十、縮短修業年限強調針對孩子擅長領域之超前學科做縮短修業年限或加速學習的調整。對於只是單科或部分科目超前的孩子，父母應避免虛榮，一味要求學校輔導孩子提早畢業或升學，以免造成孩子過大的壓力。

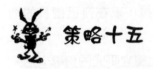 策略十五

妥善運用補習

　　社會上，父母普遍重視孩子的教育，加上升學主義長期的影響，補習已蔚為風氣，許多父母受補習風氣的影響，一窩蜂的安排孩子到各補習班、才藝班，孩子的課餘時間幾乎都花在補習及交通上。父母若能選擇好而適當的補習，有效運用，等於增加了許多教育資源。不過，補習並非萬靈丹，有些補習不僅沒效果，甚至還帶來不良影響，造成孩子成績不升反降。雖說補習是多數孩子生活的一環，但父母仍應注意補習的影響，盡量減少補習；若真有需要，一定要留意其是否適當與有無效果。

為什麼要補習？

　　補習可以是補救學習或補充學習，孩子在正常教育體系下，如果因能力不足，而學校老師又未能提供適時、適當的補救教育，孩子的學習成效因而不彰；這時如果能利用孩子多餘的時間，針對缺點及不足的地方，安排適當的補習進行補救，一旦缺點及不會的地方改進了，課業成績會因此而進步。另外，學校老師難免良莠不齊，運氣不好碰到教學能力與熱誠較差，甚至不適任的老師，即使孩子能力不差，也可能因教學效果太差而影響學

習成效，父母只好自己花錢補救。這樣的補習等於是彌補老師教學成效的不足，一旦教學功能達到了，孩子的學習效果也得以提升。

所謂補充學習就是額外增加的學習。能力比較好的孩子，在老師以配合一般學生程度的教學安排下，對孩子成就的提升可能有限。如果學校又缺乏資優教育，不能調整課程的深度，而孩子也有多餘的時間，這時針對孩子擅長的地方，安排較具挑戰性、深度較高的補習，就可以再提升現有的成就水準。此外，孩子的學習興趣可能超出學校所能提供的範圍，例如電腦軟體設計、第二外語、鋼琴、小提琴、跆拳、空手道、漫畫、攝影等，如果孩子課餘仍有充裕的時間，針對孩子的興趣安排補習或才藝班，等於是擴充了孩子學習的廣度。

補救係針對孩子學習的弱點及不足的地方進行補強。孩子學習效果會有不足，可能是孩子的能力較低或是學校老師教學效果不佳。因此，除非孩子能力較差或老師教學效果不佳，否則補救式的補習就是多餘。補救的目的是把學校沒學好的，透過補習來學好，若不由此著手，反又安排補充式的補習，補習內容多且深，孩子無法消化，形成另一道學習壓力，甚至影響到課內的學習，成績不見得會提升，更可能因沉重的負荷而使得成績繼續往下滑落。

能力較佳或興趣較廣的孩子，可以安排補充式的補習或才藝班，補習的內容不是程度比學校教的深就是超出學校所提供的範圍。如果孩子能力不錯，補習的內容與學校重複，等於是補救式的補習而非補充式的補習，很容易造成時間的浪費或反效果，例

如孩子因重複學習，造成上課不易專心而逐漸形成習慣。

因此，父母安排孩子補習，一定要慎重選擇，不論是補救式或補充式，都要適合孩子的需求。

補習也會造成反效果

很多家長一發現孩子成績落後，最常做的就是找一家補習班，送孩子去加強訓練。孩子是否有意願，那不是重點，重要的是課業要提升。因此，成績表現不好的學生，十之八九都被父母送進補習班，甚至有些根本不需要補習的學生，也在父母或學生求安心之下，進入補習一族。

是不是所有進補習班的學生在課業上都能突飛猛進呢？那倒不見得，因為它牽涉許多因素。例如補習班的師資及任教條件並沒有嚴格的審核與限制，師資的良窳影響了教學的效果；環境的安全與設計是否合格？學生在補習班教室上課的舒適與否，也會影響其專心度與學習成效；有的採大班級教學，如五十人，甚至一、兩百人，效果必受影響；學生鎮日在學校與補習班長時間上課，身心的負荷都會影響其學習的效果，甚至使得學校功課都沒有時間好好準備，而影響了其學校成績。因此，補習不見得適合所有學生。

有個國中生在資優班的成績屬後段，親子間常為不理想的課業而衝突，媽媽主動替孩子安排各類補習，國一該補的科目一科也沒放過，未雨綢繆又添加國二超前的課程；這個孩子每天疲於奔命地忙國一、國二的功課，學習步調弄亂了，結果這個學生國

一成績不僅沒進步，國二超前的課業對他而言也沒幫助，只是徒增孩子課業的負擔而已。

也有些家長認為大家都在補，不補不放心，別人補一科，我一科補兩個補習班，甚至三個補習班，這樣一網打盡，孩子成績總會高人一等。事實上，這樣的學習不見得有效果，因為有些孩子學習速度快，不喜歡單調、缺乏挑戰及重複性的課程內容。在學校裡，他已經上過一遍，到補習班再上一遍，甚至又到別的補習班再重複學習；這樣一而再，再而三的聽多了，一直重複那些已知的東西，對孩子而言是一種折磨，他會厭煩、覺得無聊，上課就會不專心。

也有些家長只要聽說哪項才藝補習對孩子有幫助，即使路途遙遠也會送孩子去補。

有個學生四歲開始上鋼琴課，接著小提琴、心算、珠算、畫畫、書法、作文、電腦，最近又加上數學補救教學、英語、合唱等，每天從學校放學回來就背著另一份書包奔波於各式才藝班之間。學生說：「我覺得我好忙好忙，人家下課回來都在玩，我就要去上課了。」除了正規上學外，一星期中只有一天不用補習，其餘時間完全排滿了各式才藝補習；放學回家連喘息的時間都沒有，緊接著又到各補習班報到。過多的才藝班讓孩子疲於奔命，他每晚九點多回到家才開始做學校的功課，剛開始還有精力能規規矩矩的寫得漂漂亮亮，後來體力不支就只好敷衍了事、草草交差，甚至有些功課只好留到第二天清晨來趕工。早餐也不正常，不是太晚起床，就是沒食慾，一星期中能吃早餐的只有兩、三天，學校沒福利社，媽媽也沒給零用錢，偶爾有錢時則會利用販

賣機買些薯片等垃圾食品充饑，因此，肚子常常咕咕作響，當然也沒辦法集中精神聽課。

他的學校成績並沒有因為補習而變好，反而常被媽媽罵懶散、不用功；老師也認為「他很聰明，但是沒有用心在功課上，再怎麼聰明也沒有用」。孩子則認為：

> 「我每天都好忙、好累，我也不想每天出去補習啊！我寧可在家裡自己唸，但是我不敢跟爸媽講，因為都是他們叫我補的，只是怕他們罵我，說我懶散，說我不行，又不去補。」

像這樣，家長為孩子教育的付出，不是在幫助孩子。事實上，過多的課程，他不僅無法吸收，也沒有多餘時間練習。在家裡他很少練琴、做英文功課等，憑著自己的絕佳記憶力就能應付才藝班老師的功課；至於補習的效果如何，母親也不過問，她只負責接送，回家來也僅問問有哪些功課，但並沒有真正去看孩子是否學會？是否練習？是否確實做了功課？孩子常打馬虎眼，他說：

> 「反正媽媽也不會管我，回家也沒練琴，有時候才藝班要上課前或上課時才隨便寫寫、弄弄。」

父母以自己的價值判斷來安排孩子的生活方式，安排各式補習，被逼迫學習的孩子，缺乏自己獨立的思考空間、學習空間與自我發展的空間，孩子得不到主動學習的機會，無法揮灑自我的空間，才華被壓抑，潛能因而無法發揮。

也有些學生不是被父母逼迫上補習班，而是他們自己要求補

習。這有兩種情形，一種是主動想學更多東西，另一種則是避難。為什麼說是避難呢？因為有些學生功課很快做完，父母一看孩子沒唸書就很緊張、很在意，於是不斷要求孩子做功課，為逃避父母一連串的課業壓力與嘮叨，這些學生會選擇到補習班，一方面可以做自己的事，另一方面又可以有同學聊天、打鬧，紓解壓力。

有個孩子表示：

「像我們班同學，父母管得很嚴，嚴到說他覺得到補習班、到學校是一種放鬆，因為沒有父母盯著。他們去補習班只是要逃避父母的緊迫盯人而已，並不是真正要去學習。」

減少不必要的補習，孩子成績進步

對於能力不錯的孩子，重複式的補習，徒然浪費時間且影響專心程度，甚至形成不專心的習慣，不利於孩子。如果減少補習，免除不必要的重複，孩子的時間使用更有效率、更專心，成績反而會因此提升。此外，如果不顧孩子的能力與時間，安排過多的補習，所有課餘時間都花在補習上，反而沒有時間專心做好學校的功課，而體力、精神也在忙碌的補習中耗盡，導致上課無精打采，因此，太多的補習可說是孩子成績低落的原因之一。

父母或孩子如果能重新檢討補習的功效，減少不必要的補習，孩子便有精力學習，有較多的時間做學校功課，上課專心，不懂的地方請教老師、同學，自負學習責任，自己整理重點，不

必處處依賴補習，讀書更具效率，自己也有較充裕的時間。對孩子而言，補習越少，孩子反而有更大的發展空間；另一方面，父母不必花錢繳補習費，也不必耗時接送孩子。

筆者曾問一位深受過多補習之苦而成績不佳的學生，若不要有那麼多補習的話，成績會進步嗎？他很肯定的表示「應該會！」他說：

> 「反正我就是覺得補習很累，睡眠不足。如果家裡不要讓我補那麼多，我的成績就會進步，因為學校會教啊！補習班教太多的話，學校也用不到，在學校專心聽就好。」

立德覺得補習與否，自己要有主見，如果補習沒有效果，要跟父母溝通或讓父母能接受你不補習的意願。他曾經因為功課退步被媽媽硬逼到補習班，但是立德上了一學期之後，覺得補習班和學校的課程重複、空間狹窄，他坐不住，除時間浪費外，也無法專心上課，他非常不能適應補習一族的生活，於是跟媽媽說：

> 「我把成績拼給妳看，證明我不用補習，成績一樣可以進步，省下的補習費也可以當作我的零用錢。」

為了這個承諾，他努力用功，成績進步，媽媽也就放心了。

另一個孩子也表示：

> 「媽媽現在滿聽我講話，我覺得補習很累，媽媽就說隨我要不要補，以前她不會聽我的，反正不管我願意不願意，去補就對了。現在我所補的都是我有興趣的，所以不會很累，我現在比較快樂，自己的時間也比較

多。」

如何安排妥善的補習

一、安排補習之前請三思，是否可以不用補習？孩子成績要進
　　步，除補習外，還有什麼其他的方法？

二、補習的目的是在幫助孩子提升學習效果與成就，不要與人競
　　相比較數量多寡而安排了無益的補習。

三、不要強迫孩子補習，安排補習前先與孩子討論，並了解補習
　　班的特性，盡可能讓孩子試聽，再決定是否補習。

四、補習班的師資、教室空間、物質環境、班級人數多寡、教學
　　內容、風評等應事先了解清楚，條件不佳或情況不明的補習
　　班，不要讓孩子去冒險。

五、能力不高的孩子或學校教學效果不彰而導致孩子成績不佳，
　　父母應考慮針對孩子的弱點，安排補救式的補習。

六、能力較佳的孩子或孩子有興趣的項目，可以安排補充式的補
　　習。

七、補習要考慮孩子的能力、興趣、意願及課餘時間的多寡，不
　　要安排超出孩子體力與時間的補習。

八、發現補習無效，即使不能退費，也不要勉強孩子繼續補習，
　　孩子的時間與發展比金錢重要。

九、補習不一定都要上補習班，針對孩子的個別需求，找到好老
　　師個別補習，效果較佳。

十、補習也是孩子學習課程的一部分，應與學校的課程整體去評估對孩子的影響，避免重複教學。

土、留意孩子補習後的反應，多傾聽孩子在補習班的情形，隨時了解補習對孩子的影響。補習不是義務，若發現對孩子不利，不必勉強孩子繼續忍受。

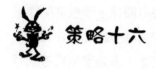

策略十六

訓練思考與獨立自主

　　一個人的行為受其決定所影響，而決定又受思考的影響；因此，行為的關鍵在於思考。孩子如果會思考，一旦想通，讀書就比較積極，功課常因此而進步。在筆者研究的個案中，許多反敗為勝的孩子都認為，他們以前成績不好是由於缺乏動力，總認為讀書是為父母、老師；但是當他意識到讀書是自己的責任，是為自己而非為別人，成績好壞的關鍵在自己，那麼他就會變得很積極，能自動自發地用功，成績也隨之揚升。

孩子被動依賴，不會思考，成績不佳

　　過於被動依賴的孩子，處處要大人督促、協助，一旦少了這些，孩子能不唸則不唸，讀書效率不彰，功課當然不好；無人協助時，則又無所適從。孩子之所以被動依賴，有些是家庭造成的，如父母無微不至的照顧、越俎代庖；孩子溫習功課時，父母在旁監督、協助、主導；孩子在做完學校功課後，又派一大堆額外功課；父母管教過於權威，常用命令的方式等。此外，孩子會不會獨立思考，又與其主動或被動有關係。懂得獨立思考的孩子，自己會主動探索，知道自己該做什麼，不會處處等人指示。

　　孩子會不會獨立思考，與教育方式很有關係。學校老師除了知識的傳授外，也應重視思考訓練，例如上課多提思考性問題、鼓勵學生獨立思考、一些作業可採彈性答案、多讓學生思考或考題多出思考性題目等。孩子在這樣的學校環境中受教育，其獨立思考能力會日益精進。相反地，若老師照本宣科、考試強調記誦課本內容，沒有提供獨立思考的機會給學生，也不鼓勵學生思考，以這種方式培養出來的學生，可能就是長於記誦而不善獨立思考。

　　家庭教育也影響孩子獨立思考能力的發展。當孩子腦中有疑問時，他們便開始一連串的問「為什麼？」，父母親如果正確引導，不壓抑他的好奇、好問，孩子的求知慾必定會越來越強烈，因為孩子的好奇正是探究新奇事物的開始。很多父母在面對孩子的好奇、好問，剛開始時還很高興，孩子竟然會問這種問題，當下立即給予滿意的答案，認為如此方能讓他得到許多知識，孩子只要一開口，立即可以獲得現成的答案。長久下來，孩子懶得動腦筋，一遇問題、困難就求助他人，他們的思考能力便逐漸退化，當然也無法提高學習能力了。

　　還有些父母對於孩子提出疑問時，剛開始很有耐心，漸漸的，問多了煩了，乾脆隨便塞個答案或一笑置之不管，甚至叫孩子閉嘴；孩子得不到鼓勵，他的好奇心也就越來越弱了。

　　也有些好奇的孩子喜歡把家中的東西拆開來研究，或做些其他學習的研究，父母一看孩子「不務正業」，只會破壞，不知道要認真讀書，不把心思放在功課上，當然少不了一頓責罵，孩子的好奇心也就跟著漸漸消失了。

人的大腦是越用越靈活，小學靠天資可能可以表現不錯，如果不注重思考能力的訓練，不重視正確的讀書方法，到了中學，功課會越來越吃力，孩子所承受的壓力也越來越大。因此，要孩子讀書輕鬆又有效率，平日就要注重思考能力的訓練。

父母平日不妨拋些問題讓孩子去解決，從中讓他們多方思考、探索，尋求多種途徑和方法去開拓思路，由各種解決問題的可能方法中，找出最好的答案。孩子如果表現出創意、思考性的行為，要藉機給予讚美鼓勵。孩子經此長期訓練，必可提高其思考力，對於學習的效果將有很大的幫助。

學習是一條長遠的路，父母應該給孩子發展的空間，讓孩子自由自在地主動探索，找到他們自己的天空。尊重孩子自己學習的意願，容許孩子自由地選擇學習，讓他們擁有自主權，可以決定自己的事，並為自己的事負責；容許孩子有犯錯的機會，讓他能夠健康地面對錯誤與失敗，鼓勵他們再試一下；父母在孩子身旁耐心地看待他的成長，不斷給予掌聲鼓勵、支持與協助；不揠苗助長，不給予過大的學習壓力；給予他們思考的空間、鼓勵他們創造思考、力求突破，不必事事模仿別人，尊重孩子的資賦與潛能，給予適當的啟發與教導，讓他們彩繪出自己絢爛的天空。

孩子想通，主動積極，成績進步

懂得獨立思考的孩子，一旦想通，覺得讀書是自己的責任，會更主動積極用功，成績必然進步。筆者曾訪問反敗為勝的孩子，他們多數認為想通後，因而能靜下來用功讀書，成績也就不

斷進步。其中一個孩子表示：

「其實我覺得無論家長、朋友、師長給你什麼建議，我想最大的原因都在自己。要承認自己的失敗，自己考得不好，是會有原因的，千萬不要覺得這絕對不是自己的錯誤。」

經常閱讀課外書，也有助於獨立思考，一旦想通，功課就會進步。一個喜愛閱讀的孩子說：

「我覺得反省、思考是滿重要的，我想最大的關鍵應該是我常看課外書吧！多看有關文學、哲學方面的書就會時常反省、思考，因為人要『會想』才會進步，如果你不會想，就不會有想要進步的原動力。」

父母的啟發也很重要，一個孩子說：

「會經常思考父母的用意，明白父母的苦心，自己覺得過去貪玩、浪費時間的情形感到可惜，現在會要求自己花較多的時間看書，比以前更用功。」

另一個孩子也說：

「每次段考之後，我會根據自己的成績做一個檢討反省，哪個地方比較不好，就去調整那個地方。」

另一個原先相當被動的孩子也說：

「以前我總認為讀書拿好成績是為了父母，因此常需要父母督促才會讀書做功課，現在我想通了，讀書是為自己，成績是自己的，因此唸起書

也就很起勁，不必爸爸媽媽督促。」

　　可見要幫助孩子成績進步，父母也要了解孩子的想法，多跟孩子討論讀書的價值、功課好對孩子本身的好處、孩子未來想做什麼？過什麼樣的生活？未來的期望與目前用功讀書的關聯等。當孩子想通後，讀書就會自動自發，成績隨之進步。平常則要多給孩子思考及自主的空間，鼓勵孩子多用腦筋，自做決定，並為自己的決定負責。要讓孩子會思考、主動，父母要避免一些會造成孩子被動依賴及阻礙思考的教養方式，多給孩子積極發展的空間。

訓練思考與獨立自主的方法

一、以民主、關懷、尊重的方式教養孩子，營造和諧安全的家庭氣氛，有了安全的家庭氣氛，孩子才會放心去獨立思考。

二、鼓勵孩子有自己的想法，不必凡事跟別人一樣。

三、針對孩子的問題，父母不要急著回答，鼓勵孩子自己找答案。

四、孩子有主動的行為，如自動自發做功課或協助家事，要把握機會予以讚美、鼓勵。

五、孩子的事讓他自己決定，父母可提供參考意見，不必凡事替其決定，尤忌孩子未及思考前就先行替其決定。

六、孩子犯錯或考試失敗，鼓勵孩子檢討原因，並思考改進的方法。

七、鼓勵孩子多閱讀課外圖書，並多思考書中含義。

八、即使有了正確答案，也可鼓勵孩子多想想是否仍有其他答案。

九、不以權威強迫孩子接受父母的想法，但可以說明理由及分析討論的方式啟發孩子。

十、鼓勵孩子對自己的功課或工作負責，例如按時完成、錯誤自行訂正。父母關心孩子的功課，可先讓孩子完成後再說，不要坐在旁邊，事事督促或代勞。

圡、提醒孩子做功課時，不要使用「你給我去做功課。」「你給我考好一點，行嗎？」「你給我考上建中就好了。」「考這麼差，我的臉都給你丟光了。」這些話容易誤導孩子以為讀書是為了父母。

圡、「想」需要時間，不要把孩子空間都填滿了。讓孩子有思考的時間與空間。

圭、引導孩子自我肯定，重視內在誘因，不要太重視別人的眼光與批評，太重視別人的讚美或批評，容易形成被動依賴。

◖ 參考資料 ◗

一、中文部分

王文科（1995）：低成就的原因與矯治。**高師大特教中心特教叢書**，44輯，16-29。

王文科（1995）：資優低成就的學習輔導與矯治。**學生輔導通訊**，38，48-55。

王淑敏（1989）：低成就學童的輔導策略。**輔導月刊**，25（3/4），14-18。

王淑敏、陳秀蘭譯（1982）：影響低成就資優學生的相關因素。**資優教育季刊**，9，10-12。

李乙明（1992）：關注低成就資優生。**特教園丁**，8(1)，27-31。

李明生（1973）：影響才賦優異兒童教育之家庭因素。**台灣師大教育研究所集刊**，15，130-231。

李咏吟（1990）：改進國中低成就學生學習技巧之團體輔導模式。**輔導學報**，13，53-77。

身心障礙及資賦優異學生鑑定標準（2002）：教育部。

林義男（1988）：國小學生家庭社經背景、父母參與及學業成就的影響。**國立彰化師範大學輔導學報**，11，95-141。

林清江（1972）：家庭文化與教育。**台灣師大教育研究所集刊**，

14，89-109。

林淑玲（1982）：**家庭社經地位與學前教育對兒童學業成就的影響**。國立政治大學教育研究所碩士論文。

林麗容（1995）：**國小資賦優異學生之歸因型態與成就動機及學業成就期望關係之研究**。彰化師範大學特殊教育學系碩士論文。

周麗端（1980）：家庭環境與才賦優異兒童教育。**家政教育**，8(3)，48-51。

金樹人（1981）：低成就資優兒童面面觀。**資優教育季刊**，3，10-14。

吳裕益（1983）：低成就資優生的教育。**資優教育季刊**，9，1-5。

吳武典（1983）：「低成就」輔導的原則。**資優教育季刊**，9，13。

吳武典、簡茂發（1999）：人事智能的理念與衡鑑。載於中華資優教育學會主編「**資優教育的全方位發展**」（p.75-98），台北：心理。

吳秀玲譯（Gallagher, J. J., 1992）：美國教育的改革與資優學生。**資優教育季刊**，45，18-25。

洪嘉麗（1996/2/29）。勤勉、自信、人人可以是天才。中國時報，第29版。

洪儷瑜（1985）：資優女性的低成就及其輔導。**資優教育季刊**，16，26-29。

孫中瑜（1991）：國小低成就兒童學習輔導方案之設計。**輔導月**

刊，27（7/8），4-8。

特殊教育法（2002）：教育部。

陳玉蘭（1987）：國小低成就學生自我觀念與學校態度之比較研究。**教育研究**，1，75-84。

陳李綢（1997）：智力理論的發展及研究趨勢。載於中華特殊教育學會主編「**資優教育的革新與展望——開發潛能培育人才**」（p.121-136）。台北：心理。

陳國泰（1995）：**國小低學業成就生的學校經驗之意義形成**。屏東師範學院初等教育研究所碩士論文。

郭生玉（1972）：國中低成就學生心理特質之分析研究。**台灣師大教育研究所集刊**，15，451-534。

郭素蘭（1984）：**國小資優兒童與普通兒童在家庭社經背景與父母管教態度上的差異**。國立政治大學教育研究所碩士論文。

黃裕惠譯（Passow, H. A., 1992）：培育和發展資賦優異者：學校、家庭及社區。**資優教育季刊**，45，13-17。

黃富順（1973）：**影響國中學生學業成就的家庭因素**。國立台灣師大碩士論文。

黃瑞煥（1982）：**國小低成就學生抱負水準之實驗研究**。高雄，復文圖書出版社。

張淑真（1994）：國小兒童學習障礙之探討——以低成就兒童為中心。**國教輔導**，34(2)，47-51。

張馨文、曹志宏（1998）：國小資優兒童在「低成就資優兒童行為檢核表」呈現的性格差異探討。**資優教育季刊**，66，21-25。

曾建章（1996）：低成就資優學生之學習輔導。**特教園丁**，11 (4)，16-21。

曾建章（1996）：**國中資優學生與普通學生之他人期望與壓力感受及成就動機之比較研究**。彰化師範大學特殊教育學系碩士論文。

曾淑容（1983）：低成就資優學生自我概念的增進。**資優教育季刊**，9，6-9。

詹秀美（1989）：低成就資優生的鑑定與輔導。**測驗與輔導**，96，1897-1899。

楊憲明（1988）：**國中學生家庭社經地位、父母管教方式及學業成就與師生互動關係之研究**。國立高雄師範大學碩士論文。

趙鎮洲譯（1992）：如何增強低成就學生的學習動機。**國教世紀**，27 (4)，33-37。

廖永堃（1991）：國小資優兒童學業低成就問題及其影響因素。**資優教育季刊**，39，15-26。

蔡玉瑟（1996）：國小高成就與低成就資優兒童的父母教養方式與學習行為、生活適應、成就動機之比較研究。**台中師院學報**，10，526-567。

蔡典謨（1994）：**高成就青年學生家庭影響之質的研究**。台北：心理。

蔡典謨（1998）：**低成就資優學生家庭影響之質的研究㈠**，行政院國家科學委員會專題研究計畫成果報告（NSC87-2413-H-017-005）。

蔡典謨（1999）：**低成就資優學生家庭影響之質的研究㈡**，行政

院國家科學委員會專題研究計畫成果報告（NSC88-2511-
S-017-029）。

蔡典謨（2000）：協助孩子反敗為勝——以低成就資優生為例。
載於中華資優教育學會主編，「**資優教育的全方位發展**」
（p.415-462），台北：心理。

蔡典謨（2001）：**資優學生克服低成就之相關影響因素**。行政院
國家科學委員會專題研究計畫成果報告（NSC 89-2413-
H-017-021）。

蔡典謨（2001）：低成就資優學生家庭影響之質的研究。**資優教
育研究**，2001，1 ⑴，57-84。

蔡典謨（2001）：**協助孩子出類拔萃——台灣、美國傑出學生實
例**。台北：心理。（再版六刷）

蔡典謨譯（2001）：**濃縮課程：調整能力優異學生一般課程的全
盤指引**（Reis, S. M., Burns, D. E., Renzulli, J. S.（1992）. *Cur-
riculum Compacting: The Complete Guide to Modifying the
Regular Curriculum for High Ability Students.* CT: Creative
Learning Press.）。台北：心理。

盧美貴（1985）：父母教養方式與國小資優、普通兒童學習行為
之比較研究。**國立台北師範學院學報**，16，123-201。

盧富美（1976）：**國民小學低成就兒童家庭背景之分析研究**。台
中：教育廳。

歐陽萌君（1992）：**資優者成年入社會後之人格適應、自我實現
及其生涯歷程之研究**。碩士論文。

鍾瑞文（1992）：父母教養方式與子女的認知複雜性。**中等教**

育，43 (5)，72-73。

魏美惠（1997）：實際生活智力本質之探討。載於中華特殊教育
學會主編「**資優教育的革新與展望——開發潛能培育人才**」
（p.137-146）。台北：心理。

魏麗敏（1989）：學習障礙資優兒童的鑑定與輔導。**測驗與輔
導**，96，1900-1901。

簡茂發、蔡玉瑟、張鎮城（1992）：國小資優兒童父母教養方式
與生活適應、學習行為、成就動機之相關研究。**國立台灣師
範大學特教學刊**，225-247。

簡茂發（1999）：資優概念與資優教育。載於中華資優教育學會
主編，「**資優教育的全方位發展**」（p.25-38）。台北：心
理。

蘇清守（1987）：父母的人格對資優子女的影響。**資優教育季
刊**，22，20-22。

二、英文部分

Adderholt-Elliott, M. (1989). *Perfectionism. Minneapolis*, MN: Free
Spirit Publishing.

Adderholt-Elliott, M. (1991). Perfectionism and the gifted child. In M.
Bireley & J. Genshaft (Eds.), *Understanding the gifted
adolescent*. NY: Teachers College Press.

Albert, R. (1978). Observations and suggestions regarding giftedness,
familial influence and the achievement of eminence. *Gifted Child*

Quarterly, 28, 201-211.

Alderman, M. Kay. (1999). *Motivation for achievement*. Mahwah, NJ: Lawrence Erlbaum Associates, Publishers.

Au, T. K., & Harackiewicz, J. M. (1986). The effects of perceived parental expectations on Chinese children's mathematics performance. *Gifted Child Quarterly*, 32 (4), 383-392.

Baker, J. A., Bridger, R., & Evans, K. (1998). Models of underachievement among gifted preadolescents: The role of personal, family, and school factors. *Gifted Child Quarterly*, 42 (1), 5-15.

Baum, S. M., Renzulli, J. S., & Hébert, T. P. (1994). Reversing underachievement: Stories of success. *Educational Leadership*, 52 (3), 48-52.

Baum, S. M., Renzulli, J. S., & Hébert, T. P. (1995). Reversing underachievement: Creative productivity as a systematic intervention. *Gifted Child Quarterly*, 39 (4), 224-235.

Bloom, B. S. (1985). Generalizations about talent development. In Bloom, B. S. (Ed.), *Developing talent in young people* (p. 507-549). N.Y.: Ballantine Books.

Bogdan, R. C., & Biklen, S. K. (1982). *Qualitative research for education: An introduction to theory and methods*. Boston: Allyn and Bacon.

Borkowski, J. G., & Thorpe, P. K. (1994). Self-regulation and motivation: A life-span perspective on underachievement. In D. H. Scbunk & B. J. Zimmerman (Eds.), *Self-regulation of learning* and practice (p. 45-74). Hillsdale, NJ: Lawrence Erlbaum.

Boxtel, H. W. Van, & Monks, F. J. (1992). General, social, and academic self-concepts of gifted adolescents. *Journal of Youth and Adolescence*, 21 (2), 1992. 169-186.

Brown, B. B., & Steinberg, L. (1990). Skirting the "brain-nerd" connection: Academic achievement and social acceptance. *Education Digest*, 55, 57-60.

Butler-Por, N. (1982). The phenomenon and treatment of academic underachievement in children of superior and average ability. (Doctoral dissertation, University of Wales, United Kingdom, 1982). *Dissertation Abstracts International*, 49, 09A.

Butler-Por, N. (1987). *Underachievers in school: Issues and intervention*. Chichester, England: John Wiley and Sons.

Carey, V. A. (1997). A study of the relationships between high school on the Scholastic Assessment Test. *Dissertation Abstracts International*, 58, 3A.

Carr, M. M. (1987). A comparison of models of achievement and underachievement. (Doctoral dissertation, University of Notre Dame, 1987). *Dissertation Abstracts International*, 48, 06B.

Carr, M., Borkowski, J. G., & Maxwell, S. E. (1991). Motivational components of underachievement. *Developmental Psychology*, 27 (1), 108-118.

Clark, B. (1992). *Growing up gifted*. N.Y.: Macmillan Publishing Company.

Clasen, D. R., & Clasen, R. E. (1995). Underachievement of high able students and the peer society. *Gifted and Talented International*, 10 (2), 67-76.

Clinkenbeard, P. R. (1991). Unfair expectations : A pilot study of middle school students' comparisons of gifted and regular classes. *Journal for the Education of the Gifted*, 15, 56-63.

Clooney, M. (1998). *Reversing underachievement through the strengthening of the teacher-student-parent liaison.* (ERIC Document Reproduction Service No. ED 425215).

Coil, C. (1992). *Motivating underachievers*——172 strategies for success. Dayton, OH: Pieces of Learning.

Colangelo, N., & Dettmann, D. (1983). A review of research on parents and families of gifted children. *Exceptional Children*, 50, 20-27.

Colangelo, N., Kerr, B., Christensen, P. & Maxey, J. (1993). A comparison of gifted underachievers and gifted high achievers. *Gifted Child Quarterly*, 37 (4), 155-160.

Compton, M. F. (1982). The gifted underachiever in middle school. *Roeper Review*, 4, 23-25.

Crittenden, M. R., Kaplan, M. H., & Heim, J. K. (1984). Developing effective study skills and self-confidence in academically able young adolescents. *Gifted Child Quarterly*, 28, 25-30.

Cubbedge, G. H., & Hall, M. M. (1964). A proposal for a workable approach in dealing with underachievers. *Psychology*, 1 (4), 1-7.

Daniels, Paul R. (1983). *Teaching the gifted/learning disabled child.* Rockvill, MD: An Aspen Publication.

Davis, G. A., & Rimm, S. B. (1985). *Education of the gifted and talented.* Englewood Cliffs, NJ: Prentice-Hall.

Davis, G. A., & Rimm, S. B. (1998). *Education of the gifted and talented* (4th ed.). Boston: Allyn and Bacon.

Delisle, J. & Berger, S. L. (1990). *Underachieving gifted students.* (ERIC Identifier: ED 321483)

Díaz, E. I. (1998). Perceived factors influencing the academic underachievement of talented students of Puerto Rican descent. *Gifted Child Quarterly,* 42 (2), 105-122.

Díaz-Rivera, E. (1994). Underachievement among high ability Puerto Rican high school students: perceptions of their life experiences (academic achievement)(Doctoral dissertation, The Pennsylvania State University, 1994). *Dissertation Abstracts International,* 55, 06A.

Díaz Soto, L. (1988). *The home environment and Puerto Rican children's achievement: A research's diary. Paper presented at the National Association for Bilingual Education Conference* (Houston, TX, April 27-May 1, 1988) (ERIC Document Reproduction Service No. ED 299 341).

Divoky, D. (1988). The model minority goes to school. Phi Delta Kappan. 219-222.

Dowdall, C. B. & Colangelo, N. (1982). Underachieving gifted students: review and implications. *Gifted Child Quarterly*, 26(4), 179-184.

Doyle, R. E., Gottlieb, B., & Schneider, D. (1979). Underachievers achieve——a case for intensive counseling. *The School Counselor*, 26, 134-143.

Emerick, L. J. (1990). Academic underachievement among the gifted: students' perceptions of factors relating to the reversal of the academic underachievement pattern. (Doctoral dissertation, The University of Connecticut, 1988). *Dissertation Abstracts International*, 49, 12A.

Emerick, L. J. (1992). Academic underachievement among the gifted : students' perceptions of factors that reverse the pattern. *Gifted Child Quarterly*, 36 (3), 140-146.

Fearn, L. (1982). Underachievement and rate of acceleration. *Gifted Child Quarterly*, 26 (3), 121-125.

Fehrenbach, C. R. (1993). Underachieving gifted students: Intervention programs that work. *Roeper Review*, 16, 88-90.

Fine, M. J., & Pitts, R. (1980). Intervention with underachieving gifted children: Rationale and strategies. *Gifted Child Quarterly*, 24 (2), 51-55.

Ford, D. Y., Alber, S. R., et al. (1998). Setting motivation traps' for underachieving gifted students. *Gifted Child Today Magazine*, 1998. 21 (2), 28-32.

Ford, D. Y., & Thomas, A. (1997). *Underachievement among gifted minority students: problems and promises.* (ERIC Document Reproduction Service No. ED 409660). Retrieved January 11, 2002, from Http:// www.ed.gov/databases/ ERIC-Digests/ed409660. html.

Freeman, J. (1994). Some emotional aspects of being gifted. *Journal for the Education of the Gifted,* 17, 180-197.

Freedman, J. (2000). Personal and school factors influencing academic success or underachievement of intellectually gifted students in middle childhood (Doctoral dissertation, Yale University, 2000). *Dissertation Abstracts International,* 61, 05B.

Galbaraith, J. (1983). *The Gifted Kids Survival Guide. Minneapolis,* MN: Wetherall Publishing.

Gallagher, B. B. (1985). *Teaching the gifted child.* MA: Allyn and Bacon.

Gallagher, J. J. (1991). Personal patterns of underachievement. *Journal for the Education of the Gifted,* 14 (3), 221-133.

Galloway, J. (1992). Parent-teacher consultation: forging home-school partnerships in treating academic underachievement.(Doctoral dissertation, The University of Utah, 1992). *Dissertation Abstracts International,* 53, 07A.

Gardner, H. (1983). *Frames of mind: The theory of multiple intelligence.* NY: Basic Books.

Gonzalez, J., & Hayes, A. (1988). Psychosocial aspects of the development of gifted underachievers : review and implications. *The*

Exceptional Child, 35 (1), 39-51.

Gown, J. C. (1955). The underachieving child: A problem for every-one. Exceptional Children, 21, 247-249, 270-271.

Green, K., Fine, M. J., & Tollefson, N. (1988). Family systems charac-teristics and underachieving gifted adolescent males. Gifted Child Quarterly, 32 (2). 267-272.

Gurman, A. (1970). The role of the family in underachievement. *Jour-nal of School Psychology*, 8, 48-53

Haggerty, M. (1971). The effects of being a tutor and being a counselee in a group on self-concept and achievement level on underachiev-ing adolescent males. *Dissertation Abstracts International*, 31, (9-A), 4460.

Heacox, D. (1991). *Up from underachievement*. Minneapolis, MN: Free Spirit Publishing.

Heinemann, A. (1977). *Underachievers among the gifted and talented*. In Star power providing for the gifted and talented, (Module 6). Austin, Texas: Education Service Center. (ERIC Document Re-production Service No. ED 176 505)

Huang, H.W. (1997). Relationships of students' academic self-con-cepts and students' perceptions of teacher attitudes to academic underachievement across subject areas: A study of fifth-grade Tai-wanese students. (Doctoral dissertation, State University of New York at AbBany, 1997). *Dissertation Abstracts International*, 59, 02A.

Hyatt, L. L. (1994). Perception of underachievement in gifted students between parents of gifted students and elementary teachers (Doctoral dissertation, Walden University, 1994). *Dissertation Abstracts International*, 55, 09A.

Jackson, R. M., Cleveland, J. C., & Merenda, P. F. (1975). The longitudinal effects of early identification and counseling of underachievers. *Journal of School Psychology*, 13 (2), 119-128.

James J. G. (1991). Personal patterns of underachievement. *Journal for the education of the gifted*, 14 (3), 221-233.

Jeon, K. W., & Feldhusen, J. F. (1991). Parents' and teachers' perceptions of underachievement in Korea and the United States. *Gifted international*, 7 (1), 64-72.

Kanoy, R. C., Johnson, B.W., & Kanoy, K.W. (1980). Locus of control and self-concept in achieving and underachieving bright elementary students. *Psychology in School*, 17, 395-399.

Kolb, K. J., & Jussim, L. (1994). Teacher expectations and underachieving gifted children. *Roeper Review*, 17 (1), 26-30.

Krouse, J. H., & Krouse, H. J. (1981). Toward a multimodal theory of underachievement. *Educational Psychologist*, 16, 151-164.

Laffoon, K. S., Jenkins-Friedman, R., & Tollelson, N. (1989). Causal attributions of underachieving gifted, achieving gifted, and non-gifted students. *Journal for the Education of the Gifted*, 13 (1), 4-21.

Leung, J. J. (1990). Aspiring parents' and teachers' academic beliefs about young children. *SEX Roles*, 23(1/2), 83-90.

Lincoln, Y. S. & Guba, E. G. (1985). *Naturalistic inquiry*. CA: Newbury Park : SAGE Publications.

Lupqrt, J. L. & Pyryt, M. C. (1996). "Hidden Gifted" students: Underachiever prevalence and profile. *Journal for the Education of the gifted*, 20 (1), 36-53.

Manazer, M. S. (1986). Giftedness, underachievement, and depression: A comparative study using lars friend's theory of depression (Doctoral dissertation, United States International University, 1986). *Dissertation Abstracts International*, 47, 11B.

Mandel, H. P., & Marcus, S. I. (1988). *The psychology of underachievement : Differential diagnosis & differential treatment*. New York: John Wiley & Sons, Inc.

McCall, R. B., Beach, S. R., & Lau, S. (2000). The nature and Correlates of underachievement among elementary school children in Hong Kong. *Child Development*, 71 (3), 785-801.

McCall, R. B., Evahn, C., & Kratzer, L. (1992). *High school underachievers*. London: SAGE Publications.

McCombs, B. L., & Pope, J. E. (1994). *Motivating hard to reach students*. American Psychological Association.

Minatoya, L. Y., & Sedlacek, W. E. (1979). *Another look at melting pot : Asian-American undergraduates at the University of Maryland*, College Park. (research Rep. 14-79). Maryland : University of Maryland. (ERIC Document Reproduction Service No. ED

224377).

Mordkowitz, E., & Ginsbury, H. (1986). *The academic socialization of successful Asian-American college students.* Paper presented at the annual meeting of the American Educational Research association, San Francisco, CA. (ERIC Document Reproduction Service No. ED273219).

Mufson, L., Cooper, J., & Hall, J. (1989). Factors associated with underachievement in seventh-grade children. *Journal of Educational Research,* 83 (1), 5-10.

Mukhopadhyay, S., & Chugh, A. (1979). *Developing a strategy for minimizing underachievement through teacher classroom behavior.* (ERIC Document Reproduction Service No. ED 207725).

O'grady, A. L. (1995). The onset of academic underachievement among gifted adolescents: Causal attributions and the perceived effect of early interventions (Doctoral dissertation, The University of Connecticut, 1995). *Dissertation Abstracts International,* 56, 10A.

Olszewski, P., Kulieke, M., & Buescher, T. (1987). The influence of the family environment on the development of talent : A literature review. *Journal for the Education of the Gifted,* 11, 6-28.

Pang, V. O. (1990). Asian-American children: A diverse population. *The Education Forum,* 55 (1), 49-66.

Peters, A. M., & Boxtel, H. W. (1999). Irregular error patterns in Raven's standard progressive matrices: A sign of underachievement in testing situations? *High Ability Studies,* 10 (2), 213-232.

Peterson, J. S., & Colangelo, N. (1996). Gifted achievers and under-achievers: A comparison of patterns found in school file. *Journal of Counseling and Development*, 74 (4), 399-411.

Pirozzo, R. (1982). Gifted underachievers. *Roeper Review*, 4(4), 18-21

Raph, J. B., Goldbery, M. L., & Passow, A. H. (1966). *Bright under-achievers*. NY: Columbia University, Teachers College Press.

Redding, R. E. (1989). Underachievement in the verbally gifted im-plications for pedagogy. *Psychology In The Schools*, 26 (3), 275-191.

Redding, R. E. (1990). Learning preferences and skill patterns among underachieving gifted adolescents. *Gifted Child Quarterly*, 34 (2), 72-75.

Reis, S. M., Burns, D. E., Renzulli, J. S. (1992). *Curriculum Compac-ting: The Complete Guide to Modifying the Regular Curriculum for High Ability Students*. CT: Creative Learning Press.

Reis, S. M., Hébert, T. P., Díaz, E. I., Maxfield, L. R., & Ratley, M. E. (1995). *Case studies of talented students who achieve and under-achieve in an urban high school. Storrs*, CT: The University of Connecticut.

Reis, S. M., & McCoach, D. B. (2000). The underachievement of gifted students: What do we know and where do we go ? *Gifted Child Quarterly*, 44 (3), 152-170.

Renzulli, J. S. (1983). Rating the behavioral characteristics of superior students. *Gifted Child Today*, 29, 30-35.

Renzulli, J. S. (1986). The three-ring conception of giftedness: A developmental model for creative productivity. In R. J. Sternberg & J. E. Davidson (Eds.), *Conceptions of giftedness* (p.332-357). NY: Cambridge University Press.

Renzulli, J. S. (1990). Torturing data until they confess: An analysis of the analysis of the Three-Ring Conception of giftedness. *Journal of Education Gifted*, 13: 309-331.

Renzulli, J. S., & Reis, S. M. (1985). *The schoolwide enrichment model : A comprehensive plan for educational excellence*. Mansfield Center, CT : Creative Learning Press.

Renzulli, J. S., Reid, B. D., & Gubbins, E. J. (1992). *Setting an agenda: Research priorities for the gifted and talented through the year 2000*. Storrs, CT: University of Connecticut, The National Research Center on the Gifted and Talented.

Rice, T. P. (1988). Underachievement among gifted students : Its association with perceived competence (Doctoral dissertation, Tulane University, 1998). *Dissertation Abstracts International*, 49, 09A.

Richert, E. S. (1991). Patterns of underachievement among gifted students. In Bireley M. & Genshaft J. (Ed.), *Understanding the gifted adolescent: educational, developmental, and multicultural issues* (p.139-162). NY: Teachers College Press.

Rimm, S. (1988). Identifying underachievement: The characteristics approach. *Gifted Child Today*, 11 (1), 50-59.

Rimm, S. (1993). *Underachievement syndrome causes and cures* (8th ed.). Watertown, Wisconsin: Apple Publishing.

Rimm, S. (1995). *Why bright kids get poor grades*. NY: Crown Publishers.

Rimm, S. B. (1997). Underachievement syndrome: a national epidemic. In Colangelo N. & Davis, G. A. (Ed.) *Handbook of gifted education* (2nd Ed.). Boston: Allyn and Bacon.

Rimm, S. B., Cornale, M., Manos, R., Behrend, J. (1992). *Guidebook for implementing the trifocal underachievement program for schools*. (2nd. ed.). Watertown, Wisconsin: Apple Publishing.

Rimm, S. & Lowe, B. (1988). Family environments of underachieving gifted students. *Gifted Child Quarterly*, 32 (4), 353-359.

Rimm, S. B. & Lovance, K. J. (1992). The use of subject and grade skipping for the prevention and reversal of underachievement. *Gifted Child Quarterly*, 36 (2), 100-105.

Robinson, A. (1986). Brave new directions: Needed research on the labeling of gifted children. *Gifted Child Quarterly*, 30, 11-14.

Robinson, A. (1989). Gifted: The two-faced label. *Gifted Child Today*, 12 (1), 34-36.

Runne, J. (1996). Mediating factors in the underachievement of school-aged children: effects of motivation, metacognitive strategies, and self-regulation. (Doctoral dissertation, Northern Illinois University, 1996). *Dissertation Abstracts International*, 57, 07A.

Schneider, B. & Lee, Y. (1990). A model for academic success : The school and home environment of east Asian students. *Anthropology & Education Quarterly*, 21, 358-384.

Seeley, K. R. (1993). Gifted students at risk. In L. K. Silverman (Ed.), *Counseling the gifted and talented* (p.263-276). Denver: Love Publishing.

Siegle, D. (2000). Parenting achievement-oriented children. Home & School Report, Parentig for High Potential 2000, 6-7 & 29-30.

Siegle, D., McCoach, D. B. (2001). Promoting a positive achievement attitude with gifted and talented students. *NAGC Social/Emotional Layout*.

Stevenson, H. W., Lee, S., & Stigler, J. W. (1986). Mathematics achievement of Chinese, Japanese, and American children. *Science*, 231, 693-699.

Strauss, A. L. (1987). *Qualitative analysis for social scientists*. NY：Cambridge University Press.

Strauss, A. L., & Corbin, J. (1990). *Basics of qualitative research : Grounded theory procedures and techniques*. Newbury Park, CA: SAGE Publication.

Supplee, P. L. (1987). Listen to the children: an analysis of a program to reverse underachievement among the gifted (Doctoral dissertation, Columbia University Teachers College, 1987). *Dissertation Abstracts International*, 48, 07A.

Supplee, P. L. (1989). Students at risk: The gifted underachiever. *Roeper Review*, 11, 163-166.

Supplee, P. L. (1990). *Reaching the gifted underachiever program strategy and design*. NY: Teachers College Press, Columbia University.

Suzuki, B. H. (1977). Education and the socialization of Asian Americans: A revisionist analysis of the "model minority" thesis. *Amerasia Journal*, 4 (2), 23-51.

Terman, L. M. (1925). *Genetic studies of genius: Vol.1, Mental and physical traits of a thousand gifted children*. Stanford, CA: Stanford University Press.

Terman, L. M., & Oden, M. H. (1947). *Genetic studies of genious: vol. 4, The gifted child grows up*. Standford, CA: Stanford University Press.

Thorndike, R. L. (1963). *The concepts of over and underachievement*. N.Y.: Teachers College Press.

Thomsen, A. K. (1985). Depression and underachievement in the gifted male adolescent (Doctoral dissertation, Seton Hall University, 1985). *Dissertation Abstracts International*, 47, 06A.

Toth, L. S., & Baker, S. R. (1990). The relationship of creativity and instructional style preferences to overachievement and underachievement in a sample of public school children. *Journal of creative behavior*, 24 (3), 190-198.

Tsai, D. M. (1999). *Parenting strategies to facilitate vs. lesson excellence*. Paper presented at the 13th World Council for Gifted and Talented Children, Istanbul.

Tsai, D. M. (2002). Factors Influencing the Reversal of Underachievement in Taiwanese Gifted Students. *The Journal of NACE, The National Association for Able Children in Education*, 6 (1), 35-45.

Tuss, P., & Zimmer, J. (1995). Causal attributions of underachieving fourth-grade students in China, Japan, and the United States. *Journal of Cross-Cultural Psychology*, 26 (4), 408-426.

Vlahovic-Stetic, V., Vidovic, V. V., & Arambasic, L. (1999). Motivational characteristics in mathematical achievement: a study of gifted high-achieving, gifted underachieving and non-gifted pupils. *High Ability Studies*, 10 (1), 37-49.

Walberg, H. J. (1984). Families as partners in educational productivity. *Phi Delta Kappan*, 397-399.

Wees, J. (1993). Gifted/learning disabled: Yes, they exist and here are some successful ways to teach them. *Gifted International*, 8 (1), 48-51.

Whitmore, J. R. (1980). *Giftedness, conflict, and underachievement.* Boston: Allyn and Bacon.

Whitmore, J. R. (1985). *Underachieving gifted students* (ERIC Identifier: ED 262526).

Whitmore, J. R. (1986). Understanding a lack of motivation to excel. *Gifted Child Quarterly*, 30 (2), 66-69.

Wood, J., & others (1988). Family environment and its relationship to underachievement. *Adolescence*, 23 (90), 283-290.

Zuccone, C. F., & Americaner, M. (1986). Counseling gifted underachievers: A family systems approach. *Journal of Counseling and Development*, 64 (9), 590-592.

◀ 附錄 ▶

資賦優異學生降低入學年齡縮短修業年限及升學辦法

中華民國八十八年二月三日

教育部台（八八）參字第八八○一○九五一號令

修正發布全文九條。（原名稱為「特殊教育學生

入學年齡修業年限及保送甄試升學辦法」）

中華民國八十八年六月二十九日

教育部台（八八）參字第八八○七五八九六號令

修正發布第六條條文

第一條　本辦法依特殊教育法（以下簡稱本法）第九條第四項、
　　　　第二十八條第一項及藝術教育法第十一條規定訂定之。

第二條　資賦優異學生之入學年齡得依本法規定予以降低，不受
　　　　各級學校最低入學年齡之限制。

第三條　資賦優異之未足齡兒童提早入學國民小學，應由其父母
　　　　或監護人提出申請，並經特殊教育學生鑑定及就學輔導
　　　　委員會鑑定符合下列規定者為限：

　　　　一、智能評量之結果，在平均數正二個標準差以上或百
　　　　　　分等級九十七以上。

　　　　二、社會適應行為之評量結果與適齡兒童相當。

前項申請程序由直轄市及縣（市）主管教育行政機關定之。

第四條 各級學校應依資賦優異學生身心發展狀況、學習需要及其意願，擬訂縮短修業年限方式及輔導計畫報請該管主管教育行政機關核定。

前項所稱縮短修業年限，指縮短專長學科學習年限或縮短各該教育階段規定之修業年限，其方式如下：

一、學科成就測驗通過後免修該科課程。

二、逐科加速。

三、逐科跳級。

四、各科同時加速。

五、全部學科跳級。

六、提早選修高一年級以上之課程。

七、提早選修高一級以上教育階段之課程。

各級學校對前項各款方式之採用，應針對個別學生，就其超前之學科，逐科評估其學習起點行為及能力，其實施內容由各級主管教育行政機關定之。

第五條 提前修畢各科課程之高級中等以下學校資賦優異學生，得由其父母或監護人向學校提出申請，經學校就其社會適應行為之評量結果，認定與該級學校畢業年級學生相當後，報請該管主管教育行政機關認定其畢業資格；該校並應予以追蹤、輔導。

依前條第二項第七款提早選修高一級以上教育階段課程者，該校對其及格科目於其入學後得予以抵免。

第六條　各類資賦優異學生，經認定合於下列情形之一者，得以
　　　　推薦、保送、甄試或其他入學方式升學：
　　　　一、在校肄業期間經主管教育行政機關核定參加國際性
　　　　　　或核定有案之全國性有關學科、藝術才能或創造發
　　　　　　明等競賽活動，獲前三等獎項者。
　　　　二、參加主管教育行政機關指定或委託學術研究機構長
　　　　　　期輔導有關學科研習活動成就特別優異，經該機構
　　　　　　推薦者。
　　　　三、從事獨立研究、創作發表或領導才能優異，經相關
　　　　　　學術研究機構所組成之審查委員會推薦者。
　　　　前項入學方式，升學高級中等學校者由省（市）主管教
　　　　育行政機關辦理，升學大專院校者，由各校依招生相關
　　　　規定辦理。
第七條　依前條方式升學並經錄取之各類資賦優異學生，其重複
　　　　參加入學考試者，前經錄取之升學資格應予註銷。
第八條　資賦優異學生於本辦法修正施行前入學者，仍依原規定
　　　　參加保送甄試升學高一級教育階段，以一次為限。
第九條　本辦法自八十八年八月一日施行。

國家圖書館出版品預行編目資料

協助孩子反敗為勝：他不笨，為什麼表現不夠好？／
蔡典謨著. --初版.-- 臺北市：心理，
2003（民 92）
面；　　公分.--（親師關懷系列；45016）
參考書目：面
ISBN 978-957-702-563-0（平裝）

1. 親職教育　2. 父母與子女

528.21　　　　　　　　　　92000903

親師關懷系列 45016

協助孩子反敗為勝：他不笨，為什麼表現不夠好

作　　者：蔡典謨
執行編輯：陳文玲
總 編 輯：林敬堯
發 行 人：洪有義
出 版 者：心理出版社股份有限公司
地　　址：台北市大安區和平東路一段 180 號 7 樓
電　　話：(02) 23671490
傳　　真：(02) 23671457
郵撥帳號：19293172　心理出版社股份有限公司
網　　址：http://www.psy.com.tw
電子信箱：psychoco@ms15.hinet.net
駐美代表：Lisa Wu（Tel: 973 546-5845）
排 版 者：辰皓國際出版製作有限公司
印 刷 者：玖進印刷有限公司
初版一刷：2003 年 2 月
初版四刷：2011 年 3 月
I S B N：978-957-702-563-0
定　　價：新台幣 390 元